The Real Chinaman

本色中国人

〔美国〕何天爵 著
冯岩 译

译林出版社

译者序

俗话说："当局者迷，旁观者清。"在看待同一事物时，局外人往往会比当事人冷静、客观，因此看得也会更加清楚、全面。何天爵就是这样一位旁观者，他看待中国人甚至比中国人自己还要透彻。

何天爵（Chester Holcombe，1844—1912），美国传教士、外交官，于1869年来到中国，在北京负责"公理会"创办的教会学校，1871年担任驻华使馆翻译，1876年升任头等参赞，此后又几度担任代办，1880年参与起草了关于华人移居美国的条约，1885年回国，1895年出版《本色中国人》一书。

《本色中国人》对晚清社会各阶层进行了一次全方位的解剖。正如何天爵本人所说，他在中国居住了十余年，几乎与中国社会各个阶层的人都有过接触，甚至与其中一些人建立了亲密的关系，所以比较了解中国，通过他的所见所闻和亲身经历积累了一些心得和体会，故能够以一个旁观者的立场清醒地认识"真正的中国人"这一形象。

在这本书中，何天爵力图用"大视角""粗线条"来描绘在西方人看来有些不可思议的中国式思维模式和社会风尚，书中内容涉及中国的政治制度、教育状况、社会生活、官民关系、礼仪习俗、宗教信仰、商业精神等各个方面，虽然其中不免有偏见、误解，但这并不代表西方人对中国人的批判，只是作者依据自己的认识对中国当时的状况做出的反映。它大体勾勒出了晚清社会的真实面貌，有些认识不能不说是深刻的。本书是近现代西方人中国观的代表性著作之一，对如今的中国人和社会仍然具有强大的借鉴意义。它像一面镜子，让我们隐约看到了那个熟悉而又陌生的自我，同时也让我们警醒。

作者对于中国国民性的分析，有不少是一针见血的。某些国人也许一时无法接受，不过，只有敢于正视问题，才有机会解决问题。局外人特有的视角，会帮助我们真正地认识自己，完善自己。

本书的翻译，在确保文字准确的同时，亦力求语言能够深入浅出、形象生动，为此，我们参考了其他几个中译本，在此对同行们表示谢意。

前　言

有一位老太太，住在茫茫青山之间的一个角落。她之所以选择这样一个住处，为的是躲避街坊和邻居，以求得安静而又平和的快乐时光。在夏季的一天，有个陌生人路过老太太那里，想讨一杯水喝，便敲响了老太太家的门。老太太问他从哪里来。陌生人说，他是从波士顿城过来的。听他这么一说，老太太顿时惊讶地叫起来："天啊，您住的地方，那么遥远，不会感到很孤独吗？"

在老太太的观念中，与她的小木屋相比，波士顿就是一片原始落后的地区。她的小木屋虽然总是经历风吹雨打，却是她心中的天堂，甚至是宇宙的中心。与她的想法一样，人世间的大部分人莫不如此。

正如那位老太太，我们在与他人相处的时候，每个人倾向于以自我为中心，喜欢用自己的标准去衡量一切。而其他人正确、明智与否，在我们看来，唯一的判断方法就是，看他们对我们是否惟命是从，与我们的意见或想法是否完全一致。这时候，就自身所持的评判尺度和思维模式而言，或许很蛮横、专制和狭隘，但是我们一点也不在乎。

在中国，人们在冬季穿棉衣，夏季穿单衣。一年四季，人们随着季节的交替而不断更换服饰。他们很少有不按时节换衣服的时候，其做法相当刻板、机械。还有，他们会遵照某一个人的意志，在一个特殊的日子里，共同更换衣服。诸如此类的做法，还有很多。对此，我们不但感到可笑，而且对其冷嘲热讽。然而，只要去美洲或者欧洲转一圈，就不难发现，那里有很多贵妇人或盲目或刻意地追求新奇的服饰。尽管自称很有修养，但是在“时尚”外衣的追捧下，她们所做出的极端行为，与中国人的习惯相比，其实没有什么两样。如果说有区别的话，那么，两者之中，谁的做法更为理智一些呢？

在您做出一个合理的判断之前，可以仔细看一看，欧美妇女们曾经自然而又优雅的线条，现在变成了怎样一种奇形怪状的轮廓。当然，您也可以思考下面的一些情况：

在欧洲和美国，占人口总数一半的妇女，竞相追逐一种奇特的服饰，而这种衣服很有可能发源于巴黎或者伦敦的贫民窟。与她们不同，中国人遵照某一个人的意志，在季节交替的时候，在同一个时间里集体换服装。欧美人和中国人对比，谁对谁错呢？

当然，在评判他人的时候，我们应该尽量少一些偏见和有失公允的论断，而努力做到全面了解他人。不用说，如果我们能时时处处反思自己，并用一种别人看待我们的眼光来重新打量一下自己，那么情况就会比现在好很多。如果我们还可以立足更高远的境界——一个更为准确的视角，使用一种更加理性、标准的人的眼光，审视和评判我们自己和他人的时候，那么情况就会变得比刚才所说的还要好。只有拓宽视野，我们才能获得更为准确而合理的判断。也唯有如此，人们彼此才会更加宽容和友爱，也才能更好地相处。只有达到这个程度，人们才会真正认识到人之所以为人的伟大价值。然而，现实的情况却不是这个样子。

与全面、正确地了解中国人相比，批判和指责中国人，明显是一件轻而易举的事情。不管是东方也好，西方也罢，彼此之间接触太少；对于双方的历史，彼此都知之甚少。目前我们所拥有的关于中国的知识，不是从事实中求得的，而是从想象和猜测中得来的。鉴于此，我们很容易会对中国人产生误解。不过，他们确实是一个值得研究的民族。在中国人眼里，与任何虚幻的臆造和猜想相比，现实生活是如此妙趣横生和丰富多彩。有一些矢志不渝的研究者，怀着一颗虔诚的心，认真地研究着中国人。然而，吸引他们这样做的，是中国人的真实生活，还有他们的政治、经济、文化制度和社会习俗，而不是被一般人所歪曲丑化且为人所知的中国人的愚蠢笨拙，尽管他们的那一套政治、经济和文化制度等已经延续了几千年，且有些迂腐落后。

写作本书的目的，既不是为了道歉或者忏悔，也不是为了辩护，更不是为了批判，或者与之相反的大肆鼓吹赞歌。我曾经在中国居住过很长一段时间，也同他们各个角落、各社会阶层的人们打过交道，并与其中一部分人结下了深厚的友谊。在这期间，我接触和了解了中国社会的各个方面，并有一定的认识和体会。这本书所写的，正是我的感悟和心得。这本书的写作，完全建立在事实基础之上，而不是我个人的主观臆断。我在书中描写和论述的一些现象，是中国人社会生活中很重要而又奇特的一部分。之所以要向读者展示这些，是为了说明为什么在西方人看来不可思议的事情——某些特定的思维模式和风俗习惯，而在中国人看来却是如此稀疏平常，甚至是理所当然的。总而言之，这本书所展现的是真正的中国人。它所使用的勾勒手法，是一种独特的大视角和粗线条。

为了使得书中所描述的内容，更加贴近生活，生动有趣，也为了让读者更易于接受和理解，我们在每一个章节安排了很多小插曲。每一个小插曲，都是一个真实的故事，没有一点夸大其词的成分。在必要的时候，作者本人可以将每一个故事发生的时间、地点，以及涉及的相关人物，做一番细致的罗列。

中国人身上有很多缺陷和不足，但是他们也有很多优秀的道德品质和性格特点，令人钦佩，也值得我们学习。他们身上的优势和短处，错综复杂地交织在一起，相互衬托，显得很有趣味。随着时代的发展，这些东西必然会发生变化，并不断地保留下去。它们的变化并没有我们想象的那样迅速，尽管它们不乏旺盛的生命力。但是，不管是谁，只要对中国人有了一个全面而又深刻的了解，就会明白：在世界历史的发展进程中，这个国家有着光辉灿烂的历史，这个民族终将发挥至关重要的作用。

何天爵

1895 年 1 月写于纽约

目录

第一章　写在前面的话

三十多年以前，中国与西方各国开始交往，并慢慢地相互了解。从那时起，到后来中国与欧美国家签署第一批国际条约，中间也不过五十年的时间。在第一批国际条约中，中国正式承认了欧美各国的存在。然而，那些条约缺少一些具体的条款，比如说允许双方寻求和建立友好关系等方面的内容。因此，那些条约对双方前期的交往来说，只是起到了一些介绍性的作用。

如果外国的使团只能停留在军舰之上，在中国的沿海各地漂泊；如果进入北京的大门，一直没有对各国的外交代表开放；如果外国人在中国的内陆地区，不能自由地远足游历；如果中国的开放口岸，还是仅仅限于沿海地区的那三四个城市，并只允许外国人在那里进行商业贸易和居住等等——如果这样的情况一直维持下去，那么对于我们西方人来说，就永远无法了解中国人了。反过来，他们对于我们的认识，也始终处于模棱两可的阶段。

1842 年 8 月 29 日，《中英南京条约》签订，这是近代中国与西方国家签订的第一个条约。1860 年，《天津条约》签订。直到这个时候，外国人才可以在中国的内陆地区自由游玩，而外国使节也才被允许在北京城内设立办事处。在这之前，就像上文所描述的那样，情况没有发生一点改变。

在人类的历史上，中国与西方世界的人们，第一次如此贴近地站在一起。他们面对着面，彼此仔细地打量着对方。一边是保守，具有高傲自尊心的中国人——为人处世从容不迫；另一边是积极进取，聪明机智，对未知充满了渴望的西方人——具有明显的侵略性。这两种不同的人相遇，不可避免地要发生一些碰撞，一些保守与进取的较量。西方世界早已先后经历了蒸汽机时代、钢铁时代和电气时代。他们对于还处在孔子时代的中国心怀不善，伺机攫取。为了让读者对中西方最初接触时的情形有一个深刻而清晰的认识，我们可以假设一个场景：一位西方的商人经人引见，出现在中国的圣人面前。这个商人积极进取，富于远见；而中国的圣人，从一开始就明确表态，不愿意见这个商人。最终，这两个人还是被单独留下，彼此相识，并开始交往。如此一来，这两个人彼此之间会形成怎样的看法和意见，就可想而知了。

在中国人与西方人之间，并没有可以使双方彼此认可的利益支点，也没有可以使双方自由交往的文化基础。不错，我们很想与中国人做生意，但是清政府与我们进行贸易往来的诚意和范围是极其有限的。他们只划定广东这一个地方，作为我们与他们进行商贸的有限区域。于是，便出现了以下我们不想看到的贸易场景：大捆的生丝和一箱箱的茶叶，从牢固的城墙上通过绳子传下来，继而到我们的手中，然后我们再把英国鸦片和墨西哥银元通过那根绳子传回去。像这样的交易方式，十分脆弱，且交易量很少。只要这样的方式一直存在，我们就认为这是一种限制性的贸易，而决不是我们所希望的贸易规则——一种鼓励性的贸易政策。

当然，我们不能武断地认为，就与欧美国家建立政治和经贸关系而言，中国持有强烈反对的态度。事实上，在任何一方面，中国只是不想与西方国家交往得太过密切。为了防止内地人相互联系，并支持郑成功抗击荷兰军队，在顺治十八年，也就是1661年的时候，清朝政府下令，沿海地区的居民向内陆迁移三十到五十里。这些地区包括江南、浙江、福建和广东等地。与此同时，清政府还下令，禁止一切船只进入海域，并烧毁了沿海的居民住所和船只。为将禁海令彻底地贯彻执行，清政府采取了严厉的酷刑。凡是破坏上述规定，或者私自出海的人，不管远近，立即被执行死刑。即便有些人偷渡到国外，有一天回到国内，不小心落到了官吏手中，那么他也没有办法逃脱死刑。尽管这条规定多少年来并没有得到有效的执行，但是直到今天，它还是有法律效力的，并没有被官方完全废除。

此外，清政府还规定，普通百姓不得建造长于六英尺的船只。这样一来，这些只能在海上进行短期航行的船只，既没有办法获取利益，也没有办法规避风险。不管是哪一个国家的船只，都不被允许进入中国的港口，而中国国内的船只被限制在有限的海域内航行。在这样一种情况下，我们不难想象，清朝政府愿意在多大程度上与我们交往，并接待我们；对于我们这些海外的远客，清朝政府乐不乐意亲自到我们的国家进行回访。清朝政府虽然奉行闭关锁国的政策，但也有一个例外，那就是，从泰国来的商船，只要按时注册登记，就可以在曼谷或者中国的几个港口进行贸易活动。在夏季，这些船只迎着东南季风，毫不费力地飘荡到中国。等到了冬季，这些船只又在西北风的吹拂下返回故土。就这样，它们每年完成一次往返行程。

关于这本书的目的，既不是为了研究闭关锁国政策所带来的后果究竟被中国认可还是否决，也不是为了探究中国之所以采取这种政策的原因。不过，有一点却是有目共睹的：对于西方各国的地理位置以及特点，中国几乎一无所知。据说，中国拒绝了一个外交使团想签订一个条约的意图。这个外交使团，是现在的德意志帝国派遣来的。幸好英国官员从中斡旋，清朝政府才收回了拒绝的成命。然后，清朝政府一厢情愿地认为，德国是一个值得尊重的民族，他们的国王与英国的女王是亲戚。当然，他们之所以得出这一结论，自然是听信于英国官员所提供的消息。正因为如此，中国政府决定与德意志帝国进行谈判，并签订条约。

1870 年，北京有个高级官员，被派往欧洲。当时，他担负了一项特殊的使命。临走的时候，他一定要把一百五十多磅的食盐连同其他的行李，一起带上车。在他看来，即将到达的那个地方，一定没有食盐，而他早就习惯了吃盐。最近的时候，大概是 1884 年前后，清朝内阁中有个官员，询问他的一位同僚有关外国人的婚姻等问题。外国人是不是男女混居在一起，男女之间是不是没有最为基本的伦理观念，以及任何形式的婚约在外国人的婚姻中是否存在，等等。像这样的一些问题，被在场的另外一个人听到后，迅速传开。

正是由于上述对于西方人的无知，中国人头脑中便产生了许多荒唐可笑的看法和观念。这些片面而又失真的观点，涉及西方人的风俗习惯和外貌长相等方面。相对于中华帝国来说，西方人居住在偏远的地区，根本无法接触到中华帝国的影响力和开化力。在北京或者中国的其他城市，对文化人类学感兴趣的学者，随便到一个书店，就可以找到一些图书。在这些书里，有很多对外部世界野蛮人的描述。其中，有些描述还配有插图。那些插图是用水彩描绘出来的，看上去经过一番颇为仔细的雕琢。在这些插图里面，有一些人被描绘成腿非常短，看上去很弱小的样子；而另一些人则是耳朵非常长，都已经接触到了地面。在对第一类人的描述中，我们可以得出这样一个结论：中国人一定在很早之前听说过大猩猩，并且很有可能获知了关于大猩猩的准确外貌。还有一些人，他们的脑袋长在左手臂的下面，被他们本人灵活自如地提着；同时还有一些人的脸，就像是一个瘤子，采用浮雕的形式附着在胸脯上。对于西方世界，中国人知之甚少，并总是在头脑中胡思乱想。于是，对于中国人不愿与西方人进一步交往和交流的做法，我们就不会感到奇怪了。

在闭关锁国政策未受到外部世界的干扰之前，中国不知经历了多少年。在此过程中，中国一直以为，她是世界上国家的中心；这个世界的运行，是以她的意志为转移的；在这个世界上，她是一颗永久不变的恒星，是一个强大开化并具有高度文明的帝国；世界上的一切存在物，都处于她的支配力量之下。作为中心国，在中国的周围，还有一些大小不一的卫星国。他们用最为体贴的方式模仿中国，以此来让她感到满意。中国的文明，被周围的卫星国所借鉴，连她的政府体制都成为卫星国的体制蓝本。

此外，中国的宗教也得到卫星国的纷纷效仿。还有几个卫星国，直接使用她的语言——汉语。他们之所以这么做，就是希望从她身上吸取有益的文学和艺术智慧。在众多卫星国心中，她是至高无上的霸主，并且是东方世界里的最高权威。对于卫星国所涉及的事端，不管是国内的，还是国际的，她都充当着一位仲裁人的角色。而当卫星国发生叛乱和暴乱的时候，她会使用武力，帮助他们度过难关。在她看来，她就是他们的保护神，而他们也是这么认为的。因此，所有的卫星国都必须服从她的意志。就这样，中国与她的卫星国，共同组成了一个体系，一个世界。

就上文所论述的行星系统，我们继续深入探讨。其中，有一颗令人捉摸不定却十分危险的彗星，就是日本。在东方，与日本相比，没有哪一个国家可以在攫取中国大量的实际利益上与之相媲美。日本的那位大陆邻居——中国，贡献出了自己的艺术、语言、文学，甚至至少一种宗教流派给它。中国的两种主要农产品——茶叶和生蚕丝，也已经传入日本。关于这一点，从日本对它们的称呼中可以看出。尽管如此，对于中国来说，日本却是一个惹是生非的邻居。对于中国的权威地位和霸主雄风，日本早就怀有非分的企图。最近，中日之间爆发了一次冲突。有些人认为，这是两个国家交往过程中的一次意外事件。很显然，这种看法是错误的。那只不过是过去一千年的历史，在当代的中日两国之间，重现演绎一遍而已。

除日本之外，周边的很多国家，都与中国建立了友好关系。这种关系非常明确，彼此之间也易于理解。在每一个新年来临之际，周边的小国家纷纷派出使者前往北京，向中国的皇帝表达节日的祝福。当他们觐见中国皇帝的时候，手里往往带着贡品。而中国的皇帝则会亲自接待他们。当他们返回各自的国家时，中国皇帝会回赠他们很多礼物。这些礼物的价值，远比他们进贡给中国皇帝的贵重得多。这是因为中国皇帝比他们的国王拥有更大的权力，很自然，他所拥有的财富也比他们的国王多很多。

白象，是泰国皇帝进贡给中国皇帝的礼品之一。除了很少的几年没有那样做，几乎每一年，泰国皇帝都会派使者送来白象。送来的白象，有的到现在还活着，就被圈养在北京的象苑中。此外，从 1894 年到 1895 年的冬季，是几百年或者几十年以来，朝鲜第一次没有向中国进贡礼品。之前，每年朝鲜国王都要派出进贡使团。中国与朝鲜之间的大部分贸易往来都是由进贡使团完成的。在使团中间，一般会夹杂一个商人队伍。这支队伍，数量庞大，阵容可观。对于他们，中国给予了最为优惠的待遇：在中国做生意，免除一切形式的关税。与此同时，上述国家还形成了一个不成文的规定，即每一个新继位的国王，都要派一个使团去清朝请示，希冀获得清朝皇帝的准许。像这样的情况，在朝鲜和越南国王身上表现得尤为突出。

在西方人看来，中国与周边国家的关系，既松懈灵活，又带有本质性的特征。西方人向来思维精密，严格准确，凡事都讲求实用。因此，这样的一种关系让他们感到颇为不解，甚至引起他们思想上的混乱。中国对周边小国家所宣称的控制和维系关系，在欧洲的任何一种语言当中，都没有办法找出一个与之匹配的合适术语。他们之间的相对地位和身份关系，在我们现有的国际关系概念中是完全陌生的。像这样的一种关系，一方面我们对其内在的本质一无所知，另一方面我们也找不到一个合适的术语为其命名。于是，我们将其称之为宗主和藩属的关系。

其实，宗主国和藩属国的关系，有一个非常明显的特点，那就是藩属国必须向宗主国提供一定的军事力量。同时，藩属国每年必须向宗主国上交一定的贡品和财物。但是，不管是在什么情况之下，宗主国都不能强迫藩属国去做上述行为。当藩属国内部发生动乱或者造反时，中国总是派遣军队，帮助他们镇压国内的暴乱。但是，像这样的军事帮助，中国从来没有向藩属国请求过，也没有接受过。每一年，中国和藩属国之间互赠礼物。当然，每一次都是中国给予的多，获得的少。除此之外，藩属国并没有向中国皇帝赠送过什么特别的贡品或者财物。

对于东方人来说，上述的这种关系十分简单，且很清晰，尽管它对我们西方人来说，显得那样模棱两可和捉摸不定。对于中国人来说，这种关系的存在，恰恰与他们的思维模式和思想观念相契合。这种关系，被他们形容成一种老大哥和小弟弟的关系。比如说，就像描述一个家庭中，两个兄弟之间的关系一样，当中国政府需要表明自己与朝鲜之间的关系时，就会采取老大哥和小弟弟之类的说法。其实，这种说法流行于中国的各个地方。实际上，中国政府体制赖以建立的基础——宗法家长制，也是依靠这种老大哥和小弟弟的关系形成的。在小弟弟面前，老大哥自然有凌驾于其上的特权和义务。因此，我们不难理解，在周围卫星小国跟前，中国无疑就是一个道德权威。此外，中国还负有支配正义的权力。与我们传统的思想观念相比，这些与之完全不同，甚至截然相反。很自然地，我们对这种关系感到由衷地厌恶。因为这种关系本身的存在，极为不确定：既可以轻易地取消，又可以任意强加在别人身上。基于此，这一体系中一些令人称道的特点可以随时被发现，只需要我们依据主观判断，尽量加强或者回避上述不确定的关系。

多少年以来，中国一直保持自身的霸主地位。在她的周围，有很多弱小的和未开化的小国家。这些小国家不断地恭维和赞美，使她变得日益骄傲自满，甚至以自我为中心。关于这一点，善于思考的人们从不感到有任何奇怪之处。中国自古以来就拥有一个小圈子，它由崇拜中国的小国家组建而成。这样的一个小圈子，带有明显的排外性。因此，中国和她的小圈子不希望有其他的国家闯进来。对于那些没有按照她的模式来经营组建政权的国家，对于那些在她所能惠及的范围之外的偏远国度，中国没有理由不采取一种鄙夷的神情对待他们。同时，中国与印度，或多或少地存在着一定关系。关于这一点，我们千万不能忽视。对于印度这个东亚伟大的帝国，中国与欧洲的相互交往，一定会给它带来一定的影响。而这些，中国人从传统的东方立场来看，有着自己准确的看法和判断。

在与欧美国家交往的时候，中国显示出一种坦然自若的神态。然而，这其中也不乏有荒诞不经的骄傲自大。与我们的交往和联系，对中国来说，是一件极其不情愿的事情。很显然，在清政府和它的臣民看来，这种强加在他们头上的联系与往来是多么可恶啊！这就是中国面对欧美等国家，建立良好互动关系时所持有的态度。

在这里，我们不准备讨论，必要的时候，一个国家是否可以诉诸武力，以求得与另一个国家建立友好关系，并进行贸易往来。这个问题不是本书所研究的内容，它可以留待专业的国际法权威去回答。所谓的鸦片战争，本书并不想就其正义性问题发表任何有关的看法或意见。当然，本书也不会记录其他人的各种观点和意见。作者想要做的就是，在一定程度上，准确地勾勒和描述鸦片战争的真实情景。鸦片战争的经过，对于每一位聪明的读者来说，是了然于胸的，因此，每一位读者都有自己的看法和解读。然而，在中国人那里，这场战争究竟使得他们持有怎样的观点，怀有怎样的情绪；对于所有外国人的看法，这些情绪和观点是如何扭曲中国人的认识，以及如何影响整个中国的对外关系，等等。像这样的一些问题，我们并没有进行深入的探讨和了解。对于这些问题所产生的深远影响，我们也处于一知半解的状态。基于此，我们要重新描述一遍鸦片战争，以期对近代的中国人有一个客观、充分的认识和了解。就鸦片战争这一问题，下面我们简单地介绍一下。

1842 年，西方国家攻击了吴淞要塞。这一要塞位于广东省以外的偏远地区。1860 年，欧美国家又攻占了北京城，并火烧圆明园。西方国家对中国发动海陆战争，不管其他原因是什么，在中国人看来，“鸦片”这两个字是导致这些军事行动的直接目的。中国人认为，外国人的不满，只是冠冕堂皇的借口而已；他们真正的目的在于，打开中国的大门，并将中国作为倾销鸦片的广阔市场。这些鸦片是外国殖民者在印度种植的，它们被运送到中国，卖给中国的臣民吸食。

在中国看来，上述事实是确凿无疑的，西方国家没有任何可以抵赖的理由。其实，早在 1842 年以前，清朝政府就规定，不管是公开运送还是暗地里走私，只要将鸦片运到中国，就违反了中国的法律。就这一问题，已经有不少的摩擦和冲突，频繁发生在广东地方政府与东印度公司之间。后来，东印度公司经营鸦片的特权被取缔。接着，它与广东地方政府之间的碰撞和摩擦日益加剧。1840 年，林则徐作为钦差大臣，被朝廷派往广东禁烟。当时，清朝的皇帝下了一道圣旨，明确指出一定要杜绝鸦片贸易。林则徐谨遵圣谕，丝毫不敢怠慢。也就是在这个时候，中国政府与东印度公司之间的矛盾冲突达到了白热化状态。来到广东后没过多久，林则徐就发现了一大批鸦片。这些鸦片分装在二十二艘船只上，在广东的水面上停泊着，其价值高达九百万元。这一事实的存在，公然挑衅和亵渎了中华帝国的法律。按照当时的惯例和法则，所有的鸦片连同装运鸦片的船只，一律没收。在这种情况下，林则徐采取了一系列紧急措施，逼迫外国商人交出鸦片。无奈之下，那些鸦片经由英国商务监督义律交给了林则徐。同时，他还向中国政府保证，从今以后再也不向中国的港口运送鸦片。

在这次禁烟运动中，林则徐一共缴获了两万两百九十一箱鸦片。这些鸦片全部被运送到海边，进行严格的销毁处理。在海边的高地，林则徐派人挖了一个又大又深的池子，然后往里面注满夹杂了不少石灰的海水。所有的鸦片投进池子里，全部被销毁。事后，销毁的残渣随着潮水流入海洋。在销毁鸦片的现场周围，还安排了很多官员把守。在处理鸦片的过程中，他们仔细地进行监督。谁要是想顺手牵羊，拿走一点鸦片，那是绝对不可能的事情。当时，有一个中国人，他妄图从那里带走些许鸦片，结果被当场砍头。可以肯定地说，在这种情势之下，鸦片全部被彻底销毁。对于清政府销毁鸦片的决心，我们深表敬佩。收缴鸦片，并彻底销毁，这是一个政府本应该做的事情。在整个事件过程中，林则徐扮演着一个仆人的角色。因为对于皇帝的命令和旨意，他忠心不二地坚决予以执行。

虽然中国政府的禁烟行为，是正义的，并且得到了人们的一致赞扬，但是就像中国人早就预料到的那样，英国人派来了海陆军。紧接着，中国沿海的几个港口，被英国人侵占。古都南京，被英国人团团包围；还有舟山群岛，也在几日之间被英军夺取。最后，在军事力量的威逼之下，清政府与英国政府在南京签订了和约。按照和约的规定，清政府给英国赔款二千一百万银元，还将香港岛无条件地割让给英国女王。在二千一百万银元的赔款中，有六百万是鸦片费用，三百万是商贸欠费，一千二百万是军费。

以上所述，就是让中国人难以忘怀的鸦片战争的经过。这一事实，对中国人产生了深远的影响，以至于他们对外国人产生了偏见。有一种说法认为，英国人采取军事行动，纯粹是出于严重的不满。如果我们想为这种借口辩解的话，对于中国人来说是没有多大用处的。因为在他们看来，英国人即便不是为了鸦片，也迟早会对中国动武的。在1860年北京被攻占之前，英国人针对中国的军事行动从来就没有真正停止过。中国皇帝的出逃，以及他在流亡过程中意外病故，使得清朝政府不得不做出更大的让步。于是，鸦片贸易在中国获得了合法的地位。在中国人看来，只有英国人在华的鸦片贸易得到认可后，他们才会放下武器，进而寻求一种和平解决问题的方式。在与英国人的协商或谈判过程中，清政府竭尽全力地劝说英国人尽量与中国人保持合作。否则，鸦片要么被严禁查处，要么慢慢地被拒绝倾销。对于清政府所做出的努力，洞察世事的人心里很清楚。另外，对于清政府的那些请求，英国人或者严词拒绝，或者根本不予理会。关于这一点，中国人也心知肚明。正是这些事实的存在，使得中国人对西方人产生了一种固有的偏见和深深的怨恨。

当时的形势，具有上述那些重要的特点。中国在这种形势之下，被迫从闭关锁国的状态中走出来。她开始接触西方世界，并从正面关注近代的西方国家，尽管她与这些国家建立了一种无奈且不情愿的关系。站在中国的立场上，一切西方国家无理的侵略行径，都是她所无法容忍的。这一点对她来说，是很正常的。同时，对于那些为她的最高利益服务的人们，她总是怀有偏见和误解。这一点，同样也是可以理解的。对于近代国际法的原则及其具体内容，她的最高统治者一无所知。同样，对于那些支配独立国家间平等交往的准则，中国人也闻所未闻。正是这种无知，清政府总是被他们的最高统治者摆放在一个不恰当的位置上。因此，经常会出现这样的情况：原本就是一些合法的东西，他们还要力争一番。这样一来，反倒使得胜券在握的外交斗争归于失败。像这样的情况，与评论他们的人一样，清政府自己也心知肚明。然而，由于虚荣心和傲慢自大的缘故，他们从不在公开场合承认自己的无知和失误。在清朝的内阁中，有一位官员，曾经对本书的作者说过："不管是什么问题，我们最终总会遇到屏障。有时候，情况在最初阶段对我们很有利，然而往后走，我们就会自乱阵脚，顾此失彼，最后酿成错误，失去了原有的优势。因此，对于我们来说，正义和公道究竟站在哪一边，是无关紧要的事情。"对于这样一种过于悲观的自我评价，其中蕴含的深刻道理，远远超过说这句话的内阁大臣所能认识到的。

这位内阁大臣的话，通过下面的一个简单例子，可以得到充分的说明。在很早的时候，北京就形成了一个惯例：皇帝不管什么时候出门，所经过的街道，都要进行封闭，不允许任何人在那里随便行走。有一次，皇帝马上就要出门了，总理衙门很快将这条惯例告知各国的外交使团。然而，对于清政府的这种做法，除了一家外交使团没有说话外，其他的各家都纷纷表示强烈的抗议和不满。事实上，外国人所居住的地方，并不在要被封锁的街道之内，因此，这种做法根本不会影响他们的出行。即便有些许麻烦的话，禁止通行的时间也不过几小时而已。其实，在任何一个西方国家的首都，不管是市政府还是枢密院，都不会主动告诉外国使馆，他们要封锁哪一条街道。出于需要，他们会把某些街道封锁一天，甚至一个月的时间。当其他国家的外交使团提出质问的时候，他们会立刻用相当体面而又得体的答复予以回应。如此看来，清政府对外交使团过分地客套，反倒惹了一堆麻烦。

如果我们对中国人有一个全面的认识和了解，能够细数他们的优点和缺点，更进一步地认识到，这些优点和缺点在每一个具体的人身上都有所体现，再把他们与西方人相互交往的三十年间所发生的事件完全记录下来，这个时候我们就会惊奇地发现：中国在这一阶段，并不像我们所认为的那样——古老的传统模式没有发生一点变化。相反，中国基本上可以适应近代世界的要求。在她的身上，发生了翻天覆地的变化。在中国，人们表面上看起来头脑停滞，麻木不仁，思维混乱，但实际上，他们绝不是那样的。就本质而言，中国人既骄傲自大，又谨言慎行，甚至有些保守。在经历了几百年的沉睡之后，他们突然被唤醒了。实事求是地说，在一种非常不利的环境中，他们被唤醒了。四亿人的生活和思维方式，由于这种唤醒，需要重新塑造和发展。很明显，这是需要花费大量时间的。

就学习和吸收西方先进文明成果而言，把中国和日本放在一起加以对比，是没有任何意义，也没有一点说服力的。原因很简单，就本质而言，中国和日本是两个截然不同的民族。对于日本来说，他们借用中国的服装样式，但是很快，他们就抛弃了这一服装样式。而对中国来说，他们用自己的劳动，亲自设计发明了传统的服饰。这些服饰对于他们来说，已经成为身体的一个重要组成部分。在抛弃东方的模式，吸取西方的文明精华方面，日本抛弃了他们旧有的服饰。与之相反，中国人还是原来的老样子。在过去的很多年间，中国人在不辞劳苦地纺织棉布。虽然速度不是很快，但他们一直坚持着。

除了上面说的一些外，还有一个很大的不同之处，存在于中国与日本这两个国家之间。自从与西方国家接触，到后来的建立外交关系，处理日常事务，日本很明显都要比中国占有优势。关于鸦片战争，前面我们已经做了很多论述。我们知道，正是因为那次战争，中国不得已被拖进了国际体系——一种西方人所谓的秩序空间。这次战争没过多久，日本也在西方国家的威逼之下，被迫打开了国门。关于这一点，我们没有丝毫的疑问。之后，在美国的主持之下，日本与美国签订了第一个条约。在此过程中，美国和日本达成了共识，严禁贩卖和吸食鸦片。并且，这一点还成为两个国家法律中的一部分。当然，我们很清楚地知道，对于这些法律，与中国签订第一个条约的英国怀有怎样的态度。我们不妨做一番简单的比较：英国对于中国禁止鸦片贸易的做法，表示大为不满，并野蛮地进行干涉，阻止中国的立法机关做出相关的规定。相反，对于日本的立法，美国则从道义上表示支持。而且，美国的官员在进入日本之后，严格地遵守日本的相关法律。对日本政府来说，美国官员的做法无疑增强了他们的权威。

在刚开始的时候，对中国和日本这两个国家所采取的截然不同的态度，对他们后来的发展产生了深远的影响，并导致了不同的结果。对于一般人来说，这些影响和结果是没有办法想象出来的。可以这么说，中国和日本这两个国家现在所形成的不同地位，就是上述的影响和结果造成的。1872 年，中国和日本还没有建立正式的条约关系。那时候，旅居在日本的一部分中国人，写了一份申诉书，并将其交给北京的美国大使馆。他们请求美国大使馆，一定要把这封申诉书递交给日本政府。这封申诉书的内容大致是，他们中的很多人在日本居住期间，吸食鸦片。然而，日本当局对他们采取了严厉的措施。他们还宣称，在晚上的时候，日本的警察经常闯进他们的卧室。为了判断他们是否正在吸食鸦片，日本警察总是要闻他们呼出的气味。他们无法忍受日本人这样做，对他们而言，那简直就是痛苦的折磨。基于此，他们妄图通过申诉书，为在日本遭到的不公而讨回公道。

在美国，有很多中国留学生。1878年，清政府向美国政府提出一个请求：希望能从在美留学生中选拔几个，将他们送到西点军校和安纳波利斯的陆海军学校学习。对于这一请求，美国政府的回应显得很怠慢。在之后的三年时间里，清政府一直在做努力，希望能实现那个请求。然而，他们的愿望还是落空了，因为美国政府最终拒绝了这一请求。后来，这件事情影响很大：清政府直接撤回了在美的全部留学生，并下令解散留美学生事务所。原本，派遣留美学生，是清朝政府主动与西方世界接轨的一项重要事业，既现实，又很有意义。现在，所有这些全部化为泡影。当清政府提出这一请求的时候，日本的在美留学生正在安那波利斯学习海上战术——关于这一点，清政府已经明白无误地获悉了全部实情。

美国偏袒日本而拒绝中国的这种做法，对于最近发生的中日甲午海战，究竟在多大程度上发挥着作用呢？对此，我们无法轻易地做出判断。不过，在那次海战中，日本方面的主要指挥官，有几名是从美国海军军官学校毕业的。同样的道理，美国的做法，究竟对清政府产生多大的影响，使其沮丧不已，感觉受到了巨大的羞辱；使其胆量变得越来越小，没有办法应对；使其犹豫不决，拿不定主意，而不断徘徊，无法前进。关于这些问题，我们也很难做出有效的估计。

在世界上，只要是英国和美国的殖民地，在很长的一段时期内，中国的移民都是可以去的。但事实上，在那些所谓的把中国劳工当人看待的国家，在法律上已经明令禁止了中国的移民。而对于日本的移民，世界上没有一个国家采取过类似的禁令。对于自己的臣民，清政府坚决反对他们出国移民。这是因为，在清政府看来，自己的臣民绝非一无是处。与此同时，针对西方国家所采取的歧视中国移民的措施，清政府表达了强烈的反对。

在这里，我们不是出于争论或者谴责的目的，才做出这样的一番对比。中国和日本这两个相邻的大国，所遭遇到的西方国家不同的对待，是不是把他们从各自的封闭状态中唤醒；他们的不同遭遇，是不是导致双方产生了嫉妒或者猜疑；西方国家对于中国和日本所采取的不同态度和措施，从事实的角度来说，是不是明智或者正确。诸如此类的问题，作者要么不想提出，要么根本不准备讨论。不过，今天中国所持有的态度和立场，与上述一番对比有着直接而又重要的联系。因此，我们不得不在这里做出一番比照。任何一个人，如果要对中国有一个正确的认识，更进一步地，他若想要明白，那些外部和内部因素是怎样相互作用，从而使得中国处于今天的这个状态，那么我们前文所做的一番对比，是无论如何也不能忽视的。

在清政府打开国门，向西方国家开放的前三十年间，各种各样错综复杂、神秘莫测的问题突如其来，让她有些措手不及，不知如何是好。事实上，那些问题事关重大，直接影响着国家的生死存亡。在处理这些问题的过程中，恭亲王奕䜣和李鸿章，逐渐掌控了清政府的内政与外交，甚至主导着整个国家的命运与前途。

1860 年，当北京遭遇英法联军的强行闯入时，整个皇家贵族中，只有恭亲王——当时咸丰皇帝的亲弟弟，留守在北京城内。在这种情况下，恭亲王理所当然地被指派为中方代表，与拥有强大军事力量的各国代表进行和平谈判。从此以后，恭亲王在清政府的内政外交事务中，发挥着举足轻重的作用。逐渐地，他权倾朝野，烜赫一时。一直到 1884 年，他被罢免后，这种情况才宣告终结。

然而，外国人对另外一个中国人的名字可能会更加熟悉。这个人，便是李鸿章。出现这种情况，一方面是因为恭亲王作为皇亲国戚，身份高贵，一般的外国人是没有办法与之相见的；另一方面，与李鸿章不同，恭亲王远离对外开放的口岸城市，而一直在北京城内深居。但是，不管怎样，在二十多年的时间里，如果说恭亲王是清政府的头脑心腹，那么李鸿章便是它的左膀右臂。

近代清政府与西方列强进行交往的外交体系，还有高效率的海关制度，都是恭亲王在他的政治生涯初始阶段建立并逐步完善的。当清朝帝国内部接连出现动乱——太平天国运动和西北的陕甘回民起义时，恭亲王采取果断的军事措施，对其进行了有效的镇压。接着，在天津，发生了中国人屠杀外国传教士的惨案。这一事件很快引起了外国政府的愤怒。但是，恭亲王立刻出马，用一系列优惠条件抚平了这次风波。外国公使想要觐见中国皇帝，恭亲王围绕礼节这一问题，与各国代表展开了喋喋不休的争论。然而，当事态的发展有可能产生严重的不良后果时，恭亲王又能富有远见地预见到，并及时做出了让步。在处理伊犁问题上，恭亲王在与俄国人打交道的过程中，占尽了上风。此外，他还想方设法地消除了劳工贸易。之后，法国人侵占越南，在处理这一问题上，恭亲王出现闪失，并被当政者赶出军机处。即便如此，新上任的执政者依然采取了他制定好的政策。

在对外交往的过程中，恭亲王总是事先将对手放在假想的对决场景中加以研究。对他而言，当问题真的出现的时候，一切为时已晚。在许多外交事务的处理上，他取得了伟大的成功。其原因就在于，他善于预见各种可能的情况，并选择恰当的时候做出一定的妥协或者让步。在各种角色的转换中，恭亲王显示出了惊人的速度。在他身上，你既可以看到骄横粗鲁的一面，又可以看到谦和文雅的一面。有时候，他待人接物显得很有耐心；但在另外的一种场景下，他却又变得相当暴躁。立足不同的情况，出于各种需要，他会灵活自如地运用自身的特点。

或许，你会认为，恭亲王变来变去的一副副面孔，显出他的犹豫不决。其实，在那不断变换的面孔背后，他正在快速而又仔细地琢磨、研究对手。在彻底摊牌之前，他一直在判断对手的情况，探究对方的真假与虚实。这时候，你会发现，他很坚定，丝毫没有要妥协的迹象。然而，就在最后的时刻来临之际，他的对手决定不惜一切代价与之争夺时，刚才那个坚挺不屈的恭亲王瞬间不见了。而站在对手面前的，却变成了一个笑容可掬、阿谀逢迎的奕䜣。可以说，在东方的外交场上，恭亲王是一个不可多得的老行家。

在清政府中，恭亲王的才能在周围的一群人里显得格外突出。作为一名领导者，他坚定不移地执行防御型保守性的外交政策。对于清朝帝国未来的前途和命运，恭亲王比任何人更加清楚。对于这个庞大帝国所存在的问题和弱点，他比常人更有深刻的洞察。到目前为止，在大清帝国内部，没有一个人能像他那样，肩膀上担负着重大的责任，深刻而又细致地观察着世事的变迁与发展。在担任总理衙门大臣的二十四年当中，他先后辅助了两个皇帝。那两个皇帝继位的时候，都还是个孩子。其中，有一个同治皇帝，不但女性化倾向严重，而且生活奢侈腐化，最后在荒淫无度的生活中死去。

实际上，在恭亲王的从政生涯中，他一直是清政府内政外交的中坚力量。有很多内政外交政策，都是他一手苦心经营并机智地执行的。可以说，恭亲王是清政府中一位杰出的政治家和外交家。最近，这位多才善变的恭亲王，官复原职，又回到了总理衙门大臣的位置上。这对于清政府来说，具有相当重要的作用。在内政外交中，它意味着清政府将会有很大的收获。

1823 年，李鸿章出生在安徽省。那是清朝帝国内部的一个中部省份。当时，李鸿章所在的家族在当地并没有什么名气。后来，李鸿章的兄弟及其子侄辈们，在官场上飞黄腾达。他们先后受到清政府的嘉奖，并被允许顶戴花翎。至此，这个家族在当地才有了声望和名誉。也就是在这个时候，李鸿章的母亲才倍感荣耀。说起李鸿章坦荡的政治仕途，可以追溯到清朝镇压太平天国运动时期。那时候，他担任江苏省巡抚。而在江苏省，太平天国的起义活动，此起彼伏。一次，五个姓王的起义军头领向清军投降。在此之前，戈登已经向那五个人保证，只要他们放下武器，一定会给他们一条生路的。然而，李鸿章知道了这件事后，立即下令将那五个人斩首示众。（编者按：此处资料有误，作者所记之事可能为发生在1863年的“苏州杀降事件”，被杀者有八人，分别为：郜永宽、汪安钧、周文嘉、伍贵文、张大洲、汪有为、范起发、汪怀武。）1871年，李鸿章被清政府任命为直隶总督。在这一职位上，李鸿章一直待到他去世时为止。当时，整个北京城也在直隶总督的管辖范围之内，因此，在清廷的督抚中，李鸿章拥有最高的地位。

作为一名直隶总督，李鸿章具有丰富的军事作战经验。从外在的言行举止和思维方式来看，李鸿章可以说是一个地道的政治家。然而，与政治家的身份相比，我们情愿说他更像个士兵。在中国人中，李鸿章是少有的身材高大者。他说话的时候，声音浑厚且有些粗鲁。然而，他的性格却很温和，容易让人接近。作为一名典型的东方官员，在与外国人的交往中，李鸿章显得有些矜持和自重，并且处处流露出安宁祥和的神情。然而，与他相见，并不是一件困难的事情。任何一个外国人，如果能经由他的同僚带话，希望与他谋面，那么像这样的请求，一般都会得到李鸿章的允许的。

在与那位看似粗鲁的老总督的交往过程中，许多外国人明白了真正的彬彬有礼是怎样的一种状态和行为。有一次，一位美国人——某州的前任州长，在总督府里，受到了李鸿章的热情接待。当他们见面的时候，老总督和那位州长先生，包括那个在场的翻译员，彼此相距不远，差不多是站在一起的。当州长先生离开那里时，对他身边的一位美国朋友这样说道：“谁说那位老总督是个顽固不化，地道的野蛮人？他明明是一个很有礼节的人啊！”

在中国，近代海军和新式陆军的组建，可是说是李鸿章一人所为。作为清廷的左膀右臂，李鸿章在坦荡的仕途道路上，向整个清王朝显示着自己至死不渝的忠心。而清政府对于他，也越来越倚重。不管是什么事情，清政府都会找他协商，希望他能出个主意。可以说，在所有的大臣中，李鸿章是最受清政府宠爱的一位。在整个朝廷里，没有一句谣言，是关于清政府不再重用他或者他对清政府存有异心的。与李鸿章一样，对于满洲人在中国的统治，其他官员也没有什么异类的想法或者态度。作为统治者，满族人在历史上曾经是聪慧、理性，且富有远见的。整个国家上下，汉族人和满族人之间，清政府都一律平等对待，而不存在什么差别或者种族歧视。当然，那种极个别的受到特殊恩宠的人除外。实际上，满族人已经被土著的汉族人所同化和吸收。这两个民族已经彻底融为一体了。在清廷内部，满族官员数量远远低于汉族官员。众所周知，英国的维多利亚女王是德国血统。如果因为这一点，要她与自己的英国朋友势不两立的话，很明显，这是无论如何也不会发生的事情。同样，如果让清朝的满人皇帝与他的汉族官员作对，也是一件极其困难的事情。

第二章　中国的政治制度

对于一个西方人来说，中国的一切都是那么与众不同。当他们接触到中国的事物时，难免会产生一些不恰当的看法，似乎已经成了一条尽人皆知的规律。

对于中国政府而言，西方人所产生的偏见，通常是可以理解的。哪怕是一个专门研究政治制度的西方学者，对于延续几千年的中国政治系统也是一筹莫展，因为这种政治系统繁冗复杂，仿佛就是一个永远无法解开的谜。

在西方人看来，政府是这样一种组织：它的领导人首先需要通过一部分或者全部公民投票选举；当组建政府完毕后，还要按照不同的职能，划分不同的部门。每一个部门都有明确的权限，依据相应的权力，对全体公民负责。这样一来，各个部门，互为分工，相互制约，这就是西方所实行的分权制。此外，各个部门在履行职责的同时，还必须随时接受公民的监督。

正因为如此，西方的学者认为，中国的政治系统你中有我，我中有你，杂乱无章，彼此冲突。他们试图从理论上理清中国的政治体制，但是发现自己很快就陷入了徒劳的境地，于是不得不放弃这种尝试和努力。原因很简单，面对这种政治体制，他们不知从哪里下手，几经辗转，便有些不知所向了。在世界上的其他国家或地区，如果有像中国这样的一种政治体制，那简直是无法想象的。因此，为什么中国的政治体制一直能够延续，为什么这个国家的人们能够在此体制下生存，对于西方的学者来说，始终是一个大大的问号。最后，他们把中国的政治体制划分到“专制政治”的行列。这种最为人熟知的说法，其实是他们的无奈之举。之后，他们就置之不理了。

作为一个局外人，仅仅从外部的条件考察，而没有进行深入的内部探索，便轻易地得出上述结论，是任何一个人都可以做出来的事情。在中国，人们不像西方人那样，渴望拥有一些基本的权利。这些基本的权利对于其他民族来说，是极为重要的东西，并被认为是上天赐予的，而在中国人那里，可有可无，或者说一点用都没有。

在中国的法庭上，人们不知道有陪审团这回事。倘若给被告提出陪审这一建议，他们会像拨浪鼓那般摇着头。他们觉得把自己的案子托付给十二个人，是一件极为不妥的事情。因此，他们宁愿委托给一个人。在中国人的语言系统中，没有一个表示人身保护的字眼。像这样的情况，曾经在英国和美国也出现过。对于西方人熟知的怎样保护基本权利，中国人一点也不知道，更别提《大宪章》之类的东西了。我们西方人实行的选举制，他们只当是一件有趣的事，从来没有认真地思考过。无论是选择统治者，还是制定政策制度，中国人向来不直接参与，没有一点发言权。皇帝作为国家的最高统治者，其意志就是一国的法律。皇帝每一次处理案件，就按照自己的意志发号一次命令，积累起来，就是整个国家的法律。这其中有一部叫《大清律例》的法典，那只不过是历代皇帝意志的综合表述。这部法典的内容，都是从历代的案件处理中整理而来的，几乎涵盖了生活中的方方面面，连最细微的可能发生的情节都包含了进去。与中国的司法审判程序不同，西方人通常会设置律师这一行业，并允许律师参与到审判中来。这一点，是中国人无法容忍的。他们对律师极其厌恶。曾经有一位中国的政治人物对作者亲口说道："我们有自己的判断力，并且能够依据常识解决每一个案件。至于那些律师，则会把正义和谬误混为一谈。"

"政府的一切权利，全都出自于人民"，已经是全体美国人民的共识。实际上，就整个西方世界而言，人们越来越认同上述政治观念，而中国人对此却一无所知，更不要说让他们行使自己的权利，明辨其中的得失。不过，在他们曾经读过的一本古老书本里，有这样一句话："人世间的一切权力，全都出自上天。"这与我们的政治观念虽然只差两个字，但背后的含义却迥然不同。几千年来，不管是改朝换代，还是风俗变迁，中国人一直恪守这样的政治观念：他们会遇到圣明的贤君统治，但也会遭到昏庸的暴君奴役。这样一种风风雨雨的历史变迁，在他们那里逐渐演变成一个个神话或者传说。然而，这其中亘古不变的还是他们的那套政治理念。在历史上，我们没有发现中国人对他们的政治制度做出过任何改动或变革。与四千多年前的尧舜时代相比，他们的政治制度实际上并没有发生什么变化。

几千年过去了，没有一项记载表明，中国人想要改变这种政治体制。这一制度代代相传，并得到了统治者的认可。他们一再采用，从不感到有任何不妥。另外，这种制度向外延伸，对周边的小国家也产生了极大的影响。它们认为这是最好的政治制度，并积极模仿采用。这一种制度曾经统治着占全球三分之一的人口，还给它统治下的臣民们带来了适度的安居乐业。这样一来，它的存在历史远比任何一种政治制度都要久远。前文已经说过，统治者们乐于采取这种制度，这种情况一直持续到今天。既然它存在这么长时间，一定有它存在的某种价值，甚至还保存有人类天性中美好的东西。

对于中国的政治制度，不管你采取什么样的方式进行阐释，与之相关的在中国人的性格当中，除了有甘于忍受的一面外，也有奋起反抗的一面。因此，不能简单地一概而论。至于说其他民族面对同样的压迫时，早就进行反抗，打倒执政者的说法，也是失之偏颇的。中国人的骨子里，流淌着一种性情：谨言慎行，深思远虑，同时又刚愎自用，不听劝告。但是，与其他民族一样，他们天性热爱自己的正当权利，并竭力维护。一旦权利受损，他们也会当机立断，奋起捍卫。这又是他们性格当中坚强果敢、独立自主的一面。尽管都为了达到同样的目的，但他们可能会采取不同于他人的手段或方法。在许多反抗或斗争的事件中，中国人针对的是他们现行体制下的某一个弊端，而不是这种政治制度本身。某个地方的主要官员，由于其行为超越了他们的职责范围，就有可能遭到老百姓们的撕扯，甚至是被他们扇耳光。他们对付这些官员的方法，也使得这些官员臭名远扬。可以说，这是他们一种最为民主，也最为无礼的方式。除此之外，他们还会给这些官员起一些绰号，通常形象地反映出这一官员的性格特点以及他与民众交往的方式。甚至有些时候，他们还会给皇帝起绰号，诸如“我们的总管家”这样的称谓等。不过，几乎没有一个人敢在公众场合使用。

从理论上讲，西方学者将中国的政治制度划分到专制政治里，并不是没有一点根据的。不过，就中国整个政治体制的运行规律来看，这一结论却是失之偏颇的，甚至还会引起人们的误解。在中国，社会以每一个家庭为基本的单位。这种单位不只有单独的个人，而是涵盖了所有的家庭成员。所以，中国的政治可以说是家长制统治，且结构非常简单、明晰。而社会政治和政府体制的理论基础也是家长制。从古至今，中国人一直对一家之长怀有敬畏之情。在整个家庭里，家长的权威和地位是极为崇高的。对于孩子，父母有绝对支配性的权力，这是家长制中唯一比较专制的地方，也是家长制赖以存在的基础。

目前，在中国较为盛行的仍是宗法制。比起其他的法律或者政策，宗法制更容易得到维护和加强。那么，宗法制究竟是怎么一回事呢?

其实，在中国，宗法制很简单，它就是父亲对儿子的绝对支配。只要儿子还有一口气息，他对父亲就必须百依百顺，丝毫不能违背父亲的意志。于是，我们可以看到，儿子在父亲面前，永远是儿子，从来不会变老。因为只要老子还活着，儿子就不能按照自己的意愿行事。甚至在必要的时候，儿子可以牺牲自己的妻儿来保全父亲的利益。

倘若父亲死了，做儿子的还必须为父亲大办丧事。只有这样做，才能提升死者的荣誉。接着，在三年的时间内，儿子绝对不允许自己的妻子生儿育女，这种做法便是常说的为父守丧。此外，只要儿子还活着，每年必须祭奠父亲的坟墓。废纸烧香，一年不得少于两次。

中国的法律曾经规定，如果他人的父母、祖先，遭到任何人的辱骂，或者丈夫的父母和祖父母遭到妻子的谩骂，那都是大不敬的行为。咒骂的人将会被处以绞刑。法律上还明确规定了其他的惩罚措施，不管是哪一种违反孝道的行为，都有相应的处罚。清朝时期，有关孝道的法令执行起来比其他法规更为严厉，其程度是后者所无法比拟的。

另一方面，按照政府的规定，父亲还要对儿子的所作所为负责。于是，便出现了这样一种情况：儿子犯了法，他的父母和祖父母活着的话，一家三代都要受到惩治。之所以要这样做，是因为作为父母和祖父母，他们没有教育好自己的儿子，使得朝廷少了一个忠臣顺民。

1873 年，北京发生的一桩事件就很好地说明了这一点。当时，这件事引起了不小的轰动。有位皇子的坟墓被一个中国人偷盗了。其实，整个事件没有一点证据表明，犯人的家属们参与其中。然而，最后的处理结果是，犯人的整个家庭成员，包括一个九十岁的老人和一个不满两个月的婴儿，整整五代人全部被处死。其中，犯人和他的父母被凌迟处死。其他的人，男人被砍头，女人则被绞死。

整个中国的政治体制，就是建立在这种树立家长绝对权威的宗法制度上，因此，我们必须清醒地认识到这一点：家庭就是一个小世界，如果这个小世界的权力分布不变的话，往外扩充，就形成了整个清朝帝国的权力分布。

每个家庭就是一个权力单位，家长的权力最大，处于独裁的地位。家庭组成村落，村落彼此联合，又成为另一个权力集团的基本单位。这种单位在我们看来，可以称作是一个地方自治政府。同样，老人在这里拥有一定的权力，控制和管理着整个村落联合体。对于年轻人，老人们担负着一定的责任，必须保证他们恪守国规和家法。这种由老人组成的半官方、半民间性质的组织，可以独立自主地处理社区中的一些事务。当然，这些事情不算很大。但是如果有重大事件出现的话，他们的作用也不容忽视。不但朝廷的高层官员认可这种组织，就连作为最高统治者的皇帝也不得不承认其存在的价值。

两百多年以前，中国历史上出现了一位最英明的康熙皇帝，他亲自起草并颁布了十八篇法规政策，其内容主要阐述了臣民应该做的各种事情，以及他们相互之间应该怎样相处。此外，关于个人与国家的关系，也是一个重要内容。这些法规政策出台后，康熙皇帝又命令各个村落的老人们，在每个月的初一和十五两天，召集全村所有的年轻人，将这些法规政策宣读给他们。就这样，从村落开始实施，逐渐扩大到整个省份。说到中国的省份，其实就是我们美国人所说的州。清朝初年，共设置了十八个省份，一起构成了整个帝国庞大的版图。

当然，中国的皇帝一直处于整个政治体制的中心。他是国家的创始者，是全体黎民百姓的衣食来源。就像所有中国人自称是炎黄子孙一样，他们也把皇帝摆放在最高的位置。皇帝昭告天下，自称是上天赐予他的权力。因此，他就是权力的来源，而他的意志就是国家的法律。整个国家内部的所有东西，都是他的财产。这是他拥有至高权力的应有之义。照此说来，中国是不会出现内债的。当皇帝需要某些财产时，他根本用不着向臣民打欠条，只管拿来直接使用。因为那些财产名义上是臣民的，但实质上是皇帝他本人的。除此之外，对于整个国家的人力和财富，皇帝都有绝对支配性的权力。当他需要建造某个大工程时，可以动用整个国家十六岁到六十岁的臣民。更为重要的一点是，由于皇帝是上天的儿子，只能由他代表所有人祭拜天地。在天坛举行这种仪式时，没有一个人可以代替他，而他的身边也不能有任何仆人。就这样，在天地之间，只有他一个人孤零零地站在那里。

皇帝对百姓拥有无限的权威，他的手中掌握着无数人的生死权。因此，他就是一位理想的大法官，铁面无私，奖善罚恶，简直就是一个十全十美的人。他是上天的儿子和仆人，同时又是黎民百姓的代表，他站在祭坛上祈祷，其实就相当于黎民百姓在与上天交流。在黎民百姓看来，上天不但是历代皇帝的老祖先，还是他的父亲。

从上面的描述中，我们感觉皇帝拥有无限大的权力，但实际上却不是那么一回事。皇帝与每个家庭中的家长一样，所扮演的角色相差无几。无论他们所拥有的权力，还是怎样实施这种权力，两者基本上是相同的。在整个“中华帝国”这个家庭中，皇帝就是全体臣民的家长，行使着一切权力。即便是在贫穷落后的地区，随便一位家长所拥有的权威，几乎与皇帝没什么两样。整个国家划分为若干个省份，在必要的时候，皇帝会把这种宗法制的权威下放到各个省份的官吏那里。于是，每个省份的官吏就成为那里的父母官。

想要理解中国的政治体制，宗法制无疑是一个非常重要的概念。因为只有从宗法制出发，我们才能发现并解释这种政治体制存在的合理性、永久性，以及它对臣民所具有的无限约束力。可以说，宗法制是中国整个政治体制的最根本的理论基础。

当地方各级官吏自主地处理本区域内的事务时，从某种程度上来说，这个行政区域就已经形成了一个自治单位。在本区域内，上级官吏只对重大事务及其处理的结果负责。至于其中所采取的手段和措施，需要由下面的官吏们自行裁夺。而当他们这样做的时候，必须保证不要让老百姓感到不满，闹到京城里去。所以，他们在管辖区域内一定要主持公道，维持好社会秩序。此外，他们还有一项重要的职能：按时征税以及向皇帝申请减免税收。对于其他的朝廷政令，他们尽可以充耳不闻，坐视不管。

这种情况的存在，使得国家出现了两种局面：一是，地方政府拥有很大自由空间的同时，不得不考虑民心所向；二是，有些贪污腐败的官员乘机作乱，滥用权力为自己谋利。当然，还有一个意料之中的结果，就是老百姓会把不满发泄到某个官吏身上，而不会追究到皇帝本人。这样看来，中国的政治体制不是那么严密，职能运作存在很大的漏洞。不过，当这种不满积累到一定程度的时候，中国的老百姓也是会爆发出来的。他们这样做，不是因为政府对他们实行专制，而是政府不管不问他们。有意思的是，真正拥有专制权力的皇帝，其实很少实行专制。这样，他倒显得有些徒有虚名了。

有一点我们不要忘记，与亚洲其他国家相比，清朝的法律还是充满人道主义的。这一点，比其他国家要高明得多。翻译过《大清律例》的乔治·斯丹东先生，曾经这样评价过："从古代波斯袄教经典《阿维斯陀》，或者印度《往事书》中，我们发现的全是一些杂乱无章的东西。直到我们看到了中国的这部法典，感觉就像从黑暗当中找到了光明。这是一部较为正式且充满智慧的法典，虽然它在许多细节上存在诸多缺点，但是与我们欧洲的任何一部法典相比，它的内容和体系都要丰富、严谨得多。字面上的模糊含义，主观上的凭空假设以及偏颇观点，这些在欧洲法典中经常出现的情况，在这部法典中几乎找不到任何影子。”

中国的老百姓对于统治者的统治以及政治体制，很少有挑剔的时候。这种情况的背后，肯定存在着不少原因。各种各样的预防监督和制止权力滥用的措施，在清朝统治期间发展到了极致。谁要是想去控告或者申诉，可以直接去北京。非但如此，路上的所有费用都由官方支付。虽然地方上的事务很少遭到中央政府的干预，但这并不意味着中央政府置之不理。它专门成立了一套缜密细致的刺探侦察系统，可以应对所有官员的行为。此外，京城还设置了一个部门，专门负责考察并记录整个国家所有官吏的行为。

一般来说，官吏获得的奖赏和惩罚，都会记录在案。就连他们日常的所作所为以及所管辖的区域内发生的一切事情，都有详细的记录。有时候，这些记录可以决定一个官吏的仕途命运，虽然有些内容在西方人士看来简直荒谬绝伦。有些事情是任何官吏都无法掌控的，但是一旦发生了，地方官吏或者某些朝廷重臣都会主动申请降低职位。即便像李鸿章这样的斗士和政客，曾经也不止一次地向皇帝请命，要求贬黜他的职位，因为在他管辖的区域内有条河流因为降水而不断发洪水。还有一位地方官员，虽然没有李鸿章位高权重，但是也因为所治理的地方出现大旱，导致许多人饿死而深感不安。他自认为，他的个人过失造成了这一切。于是，他上奏皇帝，请求被撤职。

对于那些勤于政务的官吏，政府也有奖励的措施。第一种奖赏就是，授予官员三眼花翎、双眼花翎、单眼花翎或者无眼花翎；第二种奖赏就是，允许官员在紫禁城内骑马；第三种奖赏是，给官员一件貂皮大衣；最后一种奖赏是给官员一件黄马褂，这是最为优厚的奖励。黄色，历来是皇家使用的颜色。这些皇家所赐予的奖赏，可随时颁发，也可随时撤回。但无论怎样，接受人的地位和身份都不会有丝毫影响。

在这四种奖赏里面，后两种只给高级官员。有时候，针对一些确实需要褒奖的官员，皇帝会加封他们一些荣誉。一般说来，这些荣誉没有什么实际意义，只是表明他们在皇帝面前的忠心得到了认可。

几千年来，中国的政治制度得到了社会各个阶层的拥护和支持。这种政治制度能长久地存在，有两个因素必不可少。现在，我们就对这两个因素进行一次深入的探究。

前面，我们已经谈过，这种政治制度是一种绝对的家长式统治，其基础是每个人心中对宗法制观念的认可。研究它的学者估计会有以下两种观点：第一，他认为，这种制度是中国人自然而然的发明，或者是由于他们性情中存在某种偏好；第二，他还可以这么想，这是一次人类历史上早期无意识的创造。而它之所以长时间存在，是因为整个民族长期以来形成的教育体制，导致每个人的心态与之相适应。

总而言之，不管怎样，学者们对于这样一种观点保持高度的一致。那就是，中国的政治观念深入人心，并且有很深厚的基础。就普通民众的生活特点和适应能力而言，这种政治制度完全与之符合。两千多年以来，中国人的思想观念和所接受的教育，一直没有发生什么明显的变化，唯一变化的只是朝代的更替。中国人从小就被教育，要对家人尽孝道，这也是他们教育内容中最为重要的部分。孝道，被中国人看做一切善良行为的开端，有道德涵养的标志，甚至可以决定一个国家的繁荣昌盛。

可以说，孝道是中国人的一种宗教。这种宗教从中国人在这个国家开始生活时就产生了。在学校中，你会发现，课堂上的每一本书都有讲孝道的内容。孝道的说教，伴随着教育活动的进行，从始至终都有渗透。如果在孝道方面，有人做的比较突出，就会把他及其事迹报送给皇帝。然后，皇帝根据实际情况给这个人嘉奖。这种惯例古已有之，一直持续到现在。孝道，已经成为中华帝国教育中不可或缺的一部分，每一个小孩子都必须接受它。学校、家长和社会不遗余力地向他们讲述孝道方面的突出事迹。这些故事经常更新变换，使得孩子们从小就记住了那些人及其他们孝顺长辈的事迹。像这样的事实，举不胜举，但较为出名的有二十四个。在《康熙圣谕》中，就有专门的章节论述，要人们一定要尽自己的努力做到孝顺。其中，有一个故事是这样的：说有一户姓陈的人家，住在常州地区。家里面有好几代人，总共大概有七百多口人。尽管如此，他们每天还是在一张桌子上吃饭。此外，家里还养有一百十五到一百二十条狗，每当人一起吃饭的时候，狗也一起吃饭。这时，如果还有一条狗没有赶来，其他的狗就不会吃，一直等待那条狗的到来。这时候，当政的老皇帝便对此事颇为赞赏，他说这户姓陈的人家和睦相处，连狗的本性都在这种氛围中得到了改变。这个故事意在向人们表明，尽孝是有因果报应的。

对于这个故事的真实性，我们没有必要进行追究，更没有必要去调查一番，看看康熙皇帝是否受到了愚弄。重要的一点是，通过这个故事，我们得知朝廷竭尽所能地向人们灌输孝道的观念。他们试图把这种伦理观念深入到每一个人的心中，甚至成为规范人们日常言行的一种宗教。

关于孝道的存在，孔子早就发现了它的功效。于是，他在自己的著作中对孝道又做了一番详尽的论述，并使之越来越具体。在孔子看来，无论对于国家还是个人，孝道都有着极为重要的意义。一切道德的智慧，乃至人生的精神境界，都可以用孝道来衡量。两千多年以来，历朝历代的民众和国家政策，都受到了他所创立的孝道理论的影响。上至皇室家族，下至黎民百姓，无一不熟知他的理论。就连路上的叫花子，也能说出他的一两句话来。有许多纷争与不和，只要随便从孔子的著作或语录中，随便找出一句话来，就可以平息或者定夺它们。中国长期以来，实行的是一种亘古不变的教育方式。这与中国政治制度的理论基础是紧密相关的。可以说，就维持这一政治体系不变，牢牢掌控民众思想而言，这一教育制度发挥着不可替代的作用。

这一政治制度之所以永恒持久，还有另外一个重要因素，就是政府官员绝大部分来自民间。一方面，在整个皇室宗亲中，只有皇帝一人义不容辞地管理着国家，其他的人对国家大事没有什么兴趣，几乎没有什么人担任重要的职位。另一方面，没有一个官吏可以独占某个爵位，以至于他的后世子孙可以不断承袭，甚至于连皇族中的人也没有这样的特殊权力，用以长时间地占据一个要职。实际上，皇帝平时给官吏加封的称号，并没有什么实际的意义。它们的作用，仅仅起到表扬那些作了杰出贡献的官吏而已，但绝不是提升官位的实际依据。虽然这种封号可以无限期地传承下去，但是每传承一代，它的等级就要降低一级。即便是皇族中的人，也是这样的待遇。作者曾经雇用过一个泥瓦匠，他虽然与皇帝一个血统，并且被允许腰束黄带，但收入很微薄，每天仅有六个铜板。

在皇帝和黎民百姓之间，那些被加封特殊荣誉的人并没有本质上的区别，甚至还能随时转化为任何一个社会阶层。一般说来，皇帝的位子是由他的大儿子来继承，每一代都是如此。事实上并非总是这样，老皇帝的大儿子，并不一定就是未来的皇帝。根据每一个皇子的性格、能力，老皇帝会挑选他最为中意的一个儿子来继承他的皇位。挑选是一个漫长的过程，在此期间，老皇帝要仔细观察和研究他的每一个孩子。于是，便出现了一种情况：长子经常受到冷落，甚至完全被扔在一边。在清朝，有一位很有作为的皇帝，就是老皇帝的第四个儿子。此外，还有一种说法，皇位继承人可以从臣民的家庭中选出。不过，像这样的情况，历史上很少出现。

谈到这里，中国的政治体制基本上已经十分清楚了。在这种体制下，皇帝位居最高的地位，他是上天的儿子，也是全体臣民的衣食父母。在他的下面，是无数的黎民百姓。作为皇帝的耳目和手足，各级官僚机构及其官员们都是通过一整套严格的选拔系统任命的。可以说，几乎每一个人都有做官的机会。每一个少不更事的孩子，在未来很有可能是一个位高权重的大臣。尽管如此，每一个人都必须从最低的官吏做起，然后一步一步向上升迁。他所能达到的位置，全凭他的个人能力以及对皇帝的忠心。这不是什么空洞的理论，而是活生生的事实。历史上，有很多元老级别的大臣，都是从穷乡僻壤中走出来的。他们从最底层做起，逐渐成为重要的大臣。关于他们的贫穷程度，我们难以想象。这里，我们可以举出一两个实例进行说明。文祥，清朝时期有名的政治家之一，出自农村，曾经担任总理衙门和军机处大臣等要职。他的父亲是一个佃户，靠着租种十亩来地，维持着整个家庭的生计。还有一个例子，是文祥官职的继任者沈桂芬。他的父亲是个小商贩，经常在大街上叫卖。一天之内，如果他的父亲能赚到十个铜钱，那就算得上是奇迹了。像这样的例子还有很多，决不在少数。

如果我们仅从高级官吏的任命来看，在东方的中国，皇帝确实起着至关重要的作用。与中国的皇帝一样，美国的总统也亲自任命政府官员。就这一点来说，两个国家的政治制度是很相似的。但是，西方实行的选举制度，是中国所没有的。在中国，就像在我们的国家一样，政府官员也是来自民间。一个人，如果他迫切地想要改变自己的命运，从一个被统治者转变为统治者，那么他几乎不会受到什么阻拦，就可以实现自己的意愿。当官，对于每一个中国人来说，都是可以的。意识到这一点后，人们便疯狂地谋取权力和地位。关于官吏的政绩和才能，人人都有权发表议论，提出意见。在西方人看来，这种普遍民主的精神已经完全被扭曲。当他们无法解释中国的政治体制时，只好用专制政治来称谓它了。

其实，几乎每一个中国人，都可以对各级官员甚至皇帝大加评论，而不管每个人究竟采取什么方式和态度。只要一开始评论，就不会有什么顾虑。他们可以对各级官员的职责失误和私生活提出批评和指责，甚至还可以给他们随便起外号。当然，这些行为都是出于善意，而官吏也被他们看成是自己人。当说到皇帝时，人们就会变得很老实，说话的声音会变得很小，语气也变得异常恭敬。因此，中国人完全能理解这一政治制度的理论基础，以及在此基础上建立起来的政府体制。这一点，是显而易见的事实。

在这种政治体制下，蕴藏着一种力量。它使得统治者过分依赖它，并不断使其增强。然而，即便这样，我们对这种力量的评价也不能过高。政治事务的荒废以及专制统治的增强，都是可以得到谅解和宽容的。因为这种结局的出现，往往是由于执政者的个人错误所致。我们不能把所有的罪责都归咎到这一政治制度上。在中国内部，每一个家庭都希望结交几个这样的人。他们正在谋求权力或者已经是一个有官职的人。正因为这样，老百姓逐渐接受了一个早已存在的事实。那就是，任何正义的扭曲，权力的腐化以及各种阴谋算计，只要是为了达到升官的目的，就不算是太大的过错。从民间走出来的官吏们，由于他们自身是老百姓的一部分，因而也对官场的这种勾当予以默认。

在后面的章节中，我们会探讨中国官僚的选拔制度。这种制度意义重大，长久地维系着中国政治制度以及政府官员的存在。

第三章　难学但有趣的汉语

对于学者来说，要想真正了解一个民族，就必须能够熟练使用这个民族的语言，并能用它来进行思考。如果做不到这一点，那么这个学者基本上无法实现自己的愿望。一个想要了解中国并深入研究她的人，很快就会发现，语言作为他最大的障碍，远比穿越万里长城要难很多。

不管是过去，还是现在，汉语都可算是世界上最古老的语言之一。从古至今，汉语一直是占世界人口大多数的中国人所使用的母语。就语言结构和书面表达等方面来说，自从汉语形成以来，几乎没有发生过什么重大变化。就像其他民族的语言一样，汉语也有一个不断发展和变化的过程。当新的内容出现时，一定会有相应的文字符号出现。在此过程中，有一些字因为意义的变化而慢慢流逝，最后几乎没有人再使用它。不过，中国人在生活上向来勤俭持家，在文字表达领域也是如此。旧的文字并没有随着新的字词的出现而彻底消亡。时间一长，中国人便拥有了一个庞大的词汇体系。这一体系的内容很丰富，没有一个人能够数清里面的字词。据估计，汉语中大约有二万五千到二万六千之间的字，有较为明确的含义。在《康熙字典》这本中国标准的权威字典中，总共收录了四万四千四百四十九个字（编者按：维基百科标注为四万七千零三十五个，《现代汉语学习辞典》标注为四万七千个）。但是，经常使用的却只不过一万个而已。即便是有文化的人，他们所使用的字词数量，也不会超过这一数字。

中国历史上的九种经典作品——“四书”、“五经”，所使用的不同字词，加起来也不过四万六千六百零一个。值得一提的是，在这九本经典著作中，有五本的字数总和超过了二十万个。根据这一点，我们就可推断，汉语中经常使用的字词远远少于不常使用的字词。然而，中国人有一个坏习惯。他们喜欢引用一些长时间没有被人使用过的字词，或者堆砌一些不为人所见的华丽辞藻，以此来显示自己的高深学问。为了讨好皇帝，显摆自己的才学，中国官员们经常在一些故纸堆里，挑出一些不常使用的辞藻，赋予其新的含义，然后编出一篇文章给皇帝看；或者找一堆不相关的文字凑在一起，竭尽所能地恭维皇帝。时间一长，汉语的学习和研究，就变得非常困难。不过，像这样难学的语言，你如果碰到个别不认识的字，或者不知道怎么读，都是可以得到谅解的。这恐怕是学习汉语的唯一一个好处吧！

没有一套完整的字母系统，可以公允地与汉语相匹配。每一个汉字，其本身就表达了一个意思。于是，这样的一个字，通常被人们认为是一种语言，虽然它只具有一个音节。但从事实上来讲，我们使用的语言，其中的每一个音节都与汉语的每一个字相对应。与英语相同，汉语在日常的使用当中，也讲究音节和韵律。由于汉字是竖体字，当人们书写它的时候，总是从头部开始，往下写；从右边开始，往左边写。在写书的时候，我们开头的地方，却是他们写结尾的地方。

中国人的书写工具，主要是毛笔和墨汁。早在欧洲艺术发端，并走向成熟的几百年前，中国的印刷术就已经产生了，虽然比较简陋，但已为人所知。每一本书，每一页的书写，要与印刷后的成书一样。当书稿完成，并准备印刷的时候，人们就会把书稿的每一页纸贴在木板之上。按照字体的大小，人们在木板上刻写下来。刻好之后，每一个字就清楚鲜明地留在木板上了。接着，备好油墨，往木板上一涂，轻轻地压上白纸，再揭下来即可。就这样，每一页书稿印刷出来，慢慢地汇集成一本书。有些人写了很多著述，但是有的地方字迹不是很清楚，于是当人们印刷之前，便会找来一些抄写员，专门将书稿的内容誊写一遍。这种做法，后来被人们普遍采用。

汉字没有固定的字母系统，这就使得学习并使用它，成为一件极不容易的事情。每一个汉字，都需要你花费一定的时间和精力去学习。然而，当你学会了一千或者五千个字之后，还会有更多的汉字等着你。你已经比较熟悉的汉字，作用其实不是很大。它们能帮你辨认它们与其他汉字的区别。当然，这种区别仅就汉字的写法而言，并不涉及其他。当你学习汉字达到一定的程度时，你会发现你开启了一个奇妙无穷的汉语世界。同时，你还会发现，汉字的魅力越来越大。

使用汉字的人，往往在选择某个字的时候，就已想好了他想要表达的内容。逐渐地，每一个汉字，都被赋予了完整的意思，并可以构成一幅生动的图像。也许，我这样说有欠稳妥，但是许多学习汉语的学者，除了学会使用汉语讲话和思考外，还可以通过汉字领会汉族的思想观念和价值标准等。

对于汉字的书面语来说，上文所说的欠妥之处便不存在。汉字，原本就是象形字。它们每一个字样，就是对所代表的具体事物的描述，尽管它们的形状并不精致。第一次进行改革的时候，汉字的象形字略去了一些与实际事物无关紧要的线条。这样一来，有关事物的独特结构和实质部分的笔划，便被人们保留了下来。现在，我们看到的表示“人”的汉字，就是一个竖直的笔划作为身体，下面是一撇一捺，分别表示人的两条腿。“羊”的汉字，上面就是两条曲线，代表羊的两只角，剩下的几笔分别代表羊的头、脚和尾巴。如果想写“牛”的话，首先要画出一个牛头，接着画出两条曲线，代表牛角，最后再添上一条尾巴。书写“日”，别忘了在一个圆圈里画上一个点儿；书写“树”，就要使用一些线条，一部分代表树干，一部分代表树根和树枝。这种造字的方法，只能表达单个有形的物体，而且形成的文字数量有限。这是它本身所具有的无法克服的缺点。

创造汉字的另外一个途径就是，将这些简单的象形字进行合并，用以表达超出一般事物的抽象观念。这种构造文字的方法，就是表意文字。在汉语中，这种文字占了很大一部分。对于任何一个人来说，它的构成过程和方法都是很有趣的。随便拿出一个汉字，你会发现，每一个组成部分所代表的意思，就是它们组合之后的整体含义。发明这些文字的人，虽然把自己的思想和观念很明晰地融入到合成字中，但是这些字所表达的含义还是让人捉摸不定，无法彻底把握。

在这里，我们向读者再举一两个例子。在汉语中，两颗树木代表一片树林（“林”），而三棵树代表更为广阔的树林（“森”）；太阳和月亮放在一起，就是光明（“明”）；把一个人关在一个框子内，就是表示犯罪的人（“囚”）；门里面要是一张嘴，便是“问”；一条狗和一张嘴放在一起，表示狗在叫（“吠”）；在别人的窗户跟前，有个女子偷偷张望，就是嫉妒（“妒”）；如果房子的屋檐下，有一头猪，那就是中国人意识中的家（“家”）；一名女子站在有一条猪的房子旁边，代表她要与人结婚（“嫁”）；一名女子的头上，放置一个“取”字，就是中国男人在婚姻方面所特有的权力（“娶”）；一个女人，手抓一条扫帚，就是中国已婚女人在家庭中发挥的重要作用，并被称之为“妇”

女。另一方面，一个女人和儿子站在一起，表示母亲对儿子的偏爱，这就是“好”；家里有房子，有一张嘴，再有一块田地，就是“富”的象征。

还有一些合成词，在我们看来也是比较合理的。比如，“白”字（white）与“心”（heart）放在一起，表示恐惧（“怕”）；一个人（a man）旁边放着一只手（a hand），用来表示帮助（help，查无此汉字）；而一个人（a man），时刻守护在他所说的话（words）旁边，就表示他很有信用（“信”）。如果一个人心里面，始终揣着一只老虎，那真是一件提心吊胆的事情（“虑”），这种说法很贴切；把人的心丢在猪圈里（“pig-sty”），岂不是一件很丢人或者耻辱的事情吗？（这里，原文作者的表达很模糊，没有查到这一汉字）。

此外，中国人给予妇女的种种描绘，其中有一些含义并不准确。比如，屋顶下面有一个女人，表示平安（“安”）；而两个女人站在一起，就表示争吵（此字在现代汉语中早已消失）；三个女人站在一起，就表示奸淫或者有失体面的事情（即“姦”字，同“奸”）。这些合成词，体现了中国人对于女性的认识存在偏颇。与法国人相比，东方人在歧视女性这一问题上，可以与之匹敌，甚至更为严重。一般来说，当一个法国罪犯被抓住时，人们首先问他的是“那个女人现在什么地方？”这种对于妇女的偏见，已经深深地烙印在他们的日常语言中。在法国，男人被人们看作亚当，而女人则被视为罪恶和诱惑的根源。

在汉语中，有一些惯用的语言结构，也存在前文提到的类似情况。虽然它们看起来结构简单，但优雅和内容的分量丝毫不减。不过，有时候它们表达的意思却很荒谬，甚至与真正要表达的含义一点关系也没有。比如，白色对于中国人来说，是一个很敏感的颜色。他们非常不喜欢使用“白”这个词语。在他们看来，白色意思是没有用的东西或者做事不成功。一个人如果什么也不会做，那他就是一个

“白痴”(a white man)；而一个到处受到欢迎的人，就是“红人”(a red man)；如果一个人住的房子很简陋，那就是“白屋”(a white house)；如果几个人谈话，无法达成共识，就是“白谈”(white talk)；一个人费了半天劲，却没有一点收获，就是“白跑腿”(white running)。这些习惯用语让人摸不着边际，甚至让人感觉莫名其妙，但却是汉语中的日常用语。在大部分情况下，这些汉字早就脱离了原有的含义。这就说明了一点，与把它们组合成一些让中国人自认为很明白的词语相比，我们学习数量巨大的汉字相对来说简单多了。许多外国人尽管掌握了大量的汉字，但是他们在使用中国俗语方面总是捉襟见肘，没有办法灵活自如地使用。

不过，有一点很幸运，对于大多数外国学者来说，汉语的语法还是比较容易掌握的。汉语的语法就像是根本不存在似的，十分简单。有些词汇，经过长时期的使用，其含义和用法已经变得十分圆通。它们可以被人们随意拿来，当做一句话中的任何成分，或者被赋予新的词性。只要使用这些词汇的人愿意，他可以让一个字既可以充当名词、动词，又可以充当副词或形容词，甚至其他的任何辅助词。一切全凭他的个人喜好。在汉语中，时态、语气、人称、性和数都没有明确的使用方式。正是由于汉语的动词没有时态的变化，也没有前缀后缀一整套情态动词的用法，与英语相比，它才有很多独特的地方，并十分引人注意。

在汉语中，一个字，单独来看，往往只能代表它本身所具有的含义。如果它有什么特殊含义的话，你必须通过上下文的内容来推断。在中国，有少数人通过教育，企图学习和掌握英语。他们遇到的最大学习障碍，就是我们的语法。在他们看来，这些语法相当难懂，并不容易掌握。有一点，我们不得不指出，即便对于一个英语民族的人来说，如果不注意的话，也会陷入英语语法带来的困难之中。因此，想要真正地掌握和使用英语，对于一个外国人来说，那是一件相当困难的事情。

本书的作者，曾经与清朝的官员曾纪泽一起出海航行。我们在海上相处得很友好，为了留纪念，他特意送给我一把团扇。在当时的中国，曾纪泽可算得上是一位杰出的学者。他的父亲死后，他留在家中守丧。在此期间，他的一切官职都被罢免。在家中，他没有教师，只有一本《圣经》、一本《韦氏大辞典》、一本华兹（Watts）的著作，以及一本《赞美诗选》(Select Hymns）和一些习字本。仅凭这些，在近三年的时间内，他下了很大工夫自学英语。在他送我的那把团扇上，就有他写给我的英文赠言。从中，我们可以看出，他的英文功底确实很厉害。

扇子上面的每一个单词，都是他用最为普通的毛笔写下来的。就像他所写的汉字一样，他的英文诗歌很流畅。就其书法和风格而言，这首英文诗歌都称得上是难得的作品。只要我们拿着扇子，看着上面的英文诗歌，再想象一下他所使用的书写工具，不得不让人啧啧称奇。在这首英文诗歌中，“黑洋”(the black ocean）指的是海上的大雾。这一词语后来侯爵先生看到后，十分惊奇。“红流”(the red water）指的是在我们路途的终点，有一条河流入海，那里的水质十分浑浊。“船长的床”(the Captains bed）指的是我们谈话时，坐在上面的一张沙发。那张沙发原本是在船长室的，后来在旅途中成了我的专用品。当然，曾纪泽先生的英文诗歌中，有一些表达不确切的地方，也有一些语法问题。但是，原来汉语诗歌的含义，基本上由这首英文诗歌表达出来了。

不过，在另外的一个场合中，这位聪明的中国学者却栽了一个跟头。在英语情态动词的使用方面，他显然陷入了不能自拔的困境。下面是他写的一首英文诗歌。这首诗歌，是他特意为称颂一位美国朋友而作的。与送给我的诗歌一样，这首诗歌也写在一把扇子上。

与前面的汉语诗歌一样，这首诗歌的汉语形式也很流畅。它的英文内容如下：

To combine the reason of heaven, earth and man, Only the sage's disciple who is can.

Universe to be included in knowledge all men are should, but only the wise man who is could.

I have heard doctor enough to have compiled the branches of science.

And the books of Chinese and foreigners all to be experience.

Choosen the deeply learning to be deliberated are at right.

Take off the jewels by side of the dragon as your might.

就像前面所说，对于所要表达的内容，每一个汉字就是一幅幅相应的图像或者图形。它们自身没有办法显示怎样发音或者拼读的线索，尽管它们的含义在形体中已经表达出来。与英语以及欧洲其他的语言相比，汉语有着最为根本的区别，那就是它没有办法显示自身的发音、拼读。这样一来，许多学者们就被搞糊涂了。在汉语中，每一个字词都包含着自身的含义；在欧美语系中，单词或者字母，它们的组合不仅可以传达含义，还能告诉人们怎样正确地拼读。

汉语有它自身的优势。它可以表达各种各样或具体或抽象的内容，甚至是最为复杂微妙的含义。对于不同意义的内容描述，汉语可以做到十分精确的表达，这一点是英语无法做到的。虽然如此，英语中存在的许多事物和概念，在汉语中往往找不到与之相对应的描述。之所以会有这种情况，主要是因为那些概念对于中国人来说，是完全陌生的，甚至他们从来没有接触过其具体内容。举个简单的例子，由于中国人一点也不知道关于各种科学以及简单科学研究的东西，所以在他们的语言中，我们的科技语言，以及学校教科书里的简单词汇和专用术语，都找不到相匹配的表述。

有一次，国务卿下达指示，要我向总理衙门递交一份文件。在这份紧要文件里，我们希望中国方面能为我们的几名海军官员提供一些方便。他们这几个人要在一些地方进行观测，以便找出一条地磁亚黄经圈的准确位置。当时，清朝内阁中的所有官员都在总理衙门做事。但是，这份文件送去后，一周过去了，没有任何回音。又过了一段时间，他们才派人送来一张纸条。大意是，他们总理衙门的全体内阁成员将要来我这里拜访，看望我是否一切安好。第二天，他们按时到访。一见到我，他们首先着急地询问我身体状况。事实上，在与他们处事的十多年间，我的身体一直安然无恙。

之后，在与他们的交谈中，我才慢慢发现他们此行的真正目的。对于那份文件，就文风和语言特点等方面而言，他们用最好的词汇大肆赞扬了一番。他们声称，那份文件文字地道，用词准确，言简意赅，甚至说当下的中国学者没有一个人能够写出这样的公文。然而，话说到这里，他们就此打住，左顾右盼，欲言又止，最后才承认没有搞明白那份文件到底是什么意思。当然，在此之前，他们少不了一番自责。

对于那份文件，他们只能猜出是要请求什么事情，但具体什么内容，他们一概不知。我们花费了大概有一个多小时的时间，向他们认真解释，但是成效不大。亚黄经圈，对于他们来说，显然就是一个无法解开的谜团。无奈之下，我们只好向他们声明，这件事情不会给他们带来丝毫的麻烦和危险。但是，如果他们拒绝这一请求的话，那就是一种很不理智的做法。他们也很直率，将内阁成员难以达成一致意见的结果告诉了我们。其中，以总理衙门为代表的其他人认为，文件谈论的是制造某种火炮的事情；以户部尚书为代表的一部分人认为，文件要求他们迅速隔离传染病人，因为他们看到了有关霍乱的词语。他们走后的第二天，我们收到了一份批准函，那上面答复的语气很有礼貌。

不过，话说回来，谁要是想要真正吃透中国人，不掌握汉语恐怕是不行的。事实上，学习汉语面临的困境，并不是没有办法解决的。作为一个学习者，耐心、观察力和记忆力，都是至关重要的，也是每一个学习汉语的人所必须具备的。在外国学者当中，几乎没有一个人能够成为研究汉语的专家，当然，也没有什么人愿意去研究。在我看来，只要有恒心，有毅力，勤于背诵，能够正确地使用每个汉字的用法，那么，即便是那些最为复杂的词汇以及容易混淆的俗语，你都能掌握。

学习汉语，有一个困难是始终存在的，那就是日常的运用，尤其是生活中的对话。正是由于这一点，汉语成为了解中国人几乎无法克服的障碍。要想会说汉语，必须从别人的谈话这种最为鲜活的教材中学习。如果只限于书本上的那些知识，你研究得再透，也是不会说汉语的。要做到准确的发音，你必须具备灵敏的听觉和灵活的发音器官。这两个基本条件适用于一切训练，而不管其形式和数量如何。不过，一旦你超过三十岁，便再也没有办法学会一口流利的汉语，这已经成为一条客观规律。因此，要满足上述这些条件，其实是相当困难的一件事。

一个人过了三十岁，他的发音器官便不像年轻时的那样。在说话的时候，它会丧失一部分的灵活性。正因为如此，今后他不管付出多少努力，都没有办法说流利的汉语了。举一个简单的例子，虽然我已经学会了中国的猫叫，但是学会说汉语的外国人，十个人当中恐怕没有一个能够做到这一点。不过，这并不值得炫耀，因为经过十七年的努力，我还是没有学会北京大街上赶驴人的吆喝声。虽然我感到有些懊丧，但心中还存有半点欣慰，因为直到现在，还没有一个外国人能够学会那种吆喝声。

尝试着想要把汉语中所有的语音记录下来，并归纳分类，这种做法几乎没有什么用处。我们没有办法创造一种归纳系统，将汉语中所有的语音都囊括进去，即便我们忽视汉语的语调影响语义这一重要的事实不予理会。同样，我们也没有找到一个字母系统或者复合字母系统，能够准确地发出汉语中所有的语音。还有一种情况，我们不得不提。那就是，在一种接近正确的表达方式下，不管这种近似程度多大，学习者所讲的汉语和发音，听起来都不是原汁原味。一般说来，汉语中的元音较为简单，也很容易学会；但是辅音就比较难了。对于外国人的发音器官来说，有些发音他们永远无法掌握。

关于哪一种字母系统最为接近汉语的语音系统，那些在外语方面堪称专家的人们至今没有一个明确的结论。或许，人们永远无法弄清，汉语中的“人”（man）是以“j”还是以“r”开始拼读。这是因为，“人”的准确发音介乎于“j”和“r”之间开始拼读。对于这个中间音，外国人是没有办法掌握的。曾经有几位在汉语方面颇有研究的美国和欧洲朋友，接受我的邀请，到我的家中做客。借此机会，我便向他们请教，关于“粥”字，如果用英文字母的话，到底该怎么拼写。最后，我收到了几种不同的结果：“chou”、“chow”、“cheu”、“chau”、“tcheau”、“djou”和“tseau”。与此类似，关于汉语中的“鸡”（fowl）的拼写方式，相关的学者也没有办法达成一致。通常会有以下几种拼写方式：“chi”、“ki”、“dji”、“kyi”和“tsi”。看来，一个如此简单的母鸡（hen），竟然会有这么多的拼写方式。

就像在其他事情上一样，中国人在他们的语言表达方式上也一如既往地表现出非凡的才能。对于像我们英文中的“l”、“m”和“r”等这样的流音，他们也没有办法辨别清楚。在学习英文的过程中，这几个音总是被他们搞混。对于每一个字母的发音，他们始终拿捏不准。不过，在汉语中，他们就可以十分灵活地使用这些语音。汉语中，有很多字的发音是长音，它们的首字母以“sh”为代表；而另外一种数量相对较少的字，发音以首字母“hs”为代表。

我们继续探讨。能以英文字母“ch”、“p”和“t”开始拼写的汉字，可以分为两大类。一类是，它们在发音时，采取爆破的方式送气；另一类是，它们在发音时既不爆破，也不送气。一个人，如果他在说话时犯了错误——将送气音变成不送气音，或者将不送气音变成送气音，那么他就可以改变原先要表达的意思。比如，在发“tan”这个字音时，如果“t”不送气，那么它的意思是“蛋”；如果“t”发成送气音，那么它的意思就是“炭”。

我曾经经历过这样一个场景。有个传教士，在一大群中国人面前向上帝祈祷。他原本是想说“无所不知的上帝”，但是由于他发出了一个送气的爆破音“ch”，他的那句话就成了“无所不吃的上帝”。结果，闹出了大笑话。还有一次，一个传教士，面对急忙离开的听众，大为不解。原来，他说了一句客套话，想要大家坐下。但是，由于他发出一个送气音“t”，导致这句话的意思大变，说是人们犯了错误，这里不欢迎他们。尽管不爆破的辅音“ch”、“p”、“t”与“g”、“b”、“d”非常相似，但是它们还是存在本质不同的地方。一个外国人，在发音的时候，可以尽量让人们听懂，但是永远无法做到纯正的发音。从这一事实中，我们可以看出，汉语中有一些语音存在细小的差别。

汉语中，每一个字的具体含义，还因为另外一个显著特点的影响而发生变化。正因为存在这一特点，所有汉字字母化的尝试，都没有任何实际的意义。在此，我们有必要对这一特点进行论述。在英语或者其他大部分语言中，人们在说话的时候，可以用不同的语调来使用同一个单词。这时候，同一个单词既可以表示疑问的口气或者鄙视的态度，还可以表示尖锐的批判，抑或惊奇、发怒以及其他感情。但是，无论怎样变化，这个单词的基本含义是不会发生变化的。也就是说，它可以忠实地传递发言者想要表达的含义。因此，在我们的语言中，人（a man）永远是人。不管它用什么口气和语调说出，在一切语言环境下，它的意思始终是“人”。

但是，在汉语中，却不是这么一回事。每一个字的发音，如果采用不同的音调，那么它的含义就会发生改变。也就是说，它的音调决定着它的含义。由此可见，与语音相同，语调也发挥着重要的作用。判断一个词语的含义时，一定要将语音和语调结合起来考虑。这是因为它们起着相辅相成的作用。语音的错误，可以直接导致人们得出错误的含义；同样，语调的失误，也会导致同样的结果。在汉语中，说“人”的时候，你随便改变一下说话的语调，那么“人”就不再是“人”的含义了。或许，它已经变成了一种疾病的名称，或者一只可爱的夜莺，更或者是一根胡萝卜。只有在单一的语调中，它才表示“人”的含义。

在外国人看来，所谓的中国标准方言不外乎分为四种音调。第一，降调（a falling inflection）；第二，拐弯的音调（a curving inflection），也就是我们通常发问的时候使用的那种音调；第三，升调（a rising tone）；第四，高音调的爆破音（a high keyed explosive tone）。

同一个语音，如果使用这四种音调发音，就会得出四种不同的语义。并且，这四种语义之间没有交叉或重叠的地方。我们还是以英语中的“man”（人）这个单词为例。如果它读第一个音调，意思是速度很慢的意思；如果采用第二个音调，意思是充溢、饱满；读第三个音调，意思是躲避、隐藏；读最后一个音调的话，意思是不讲道理，蛮横无理。在汉语中，还有一个字的发音，相当于英语单词“one”（一）的发音。如果使用第一个音调，它（问）的意思是询问；读第二个音调，它（稳）的意思是四平八稳；采用第三个音调，它（文）的意思是涵养深厚，有学问；如果它（温）读最后一个音调，意思是温暖。

这几个例子已经证实，同一个语音，如果采取不同的音调，其含义是互不相同的。这就足以证明，我们判断语义的时候，不得不考虑语调的因素。语调与语音同等重要。在汉语中，有许多句子的最后一个字使用升调。这些句子就是英语中常说的一般疑问句，回答的时候不是“Yes”（是的）就是“No”（不是）。不过，外国人在使用这一语法规则的时候，总是出现失误。当然，这不是说这一规则本身有问题，而是人们机械地遵守这一规则，已经成为一种近似本能的反应。不幸的是，当他们进入汉语世界后，还是恪守原来的规则，不能根据实际情况的变化做出适当的调整。一个句子，如果使用升调来表示疑问的话，最后一个字的含义往往发生变化。可惜的是，外国人经常忘记这一点，导致他们做出与本意截然相反的表述，闹出不少笑话。如果他想要表达的意思，变成了一种无关紧要的东西，这并不值得大惊小怪。但是，如果他的意思变成了一种粗鲁的冒犯，那就是一件相当糟糕的事情了。

在欧洲的语言中，绝不会出现像汉语那样的情况——只要你稍微不留神，就有可能把自己的本意表述成另外一种截然相反的含义。而其原因仅仅在于，你忽视了某些特殊的辅音发音或者一些与具体含义紧密相关的语调。因此，读准或者用好每一个汉字，不是一件轻松而又简单的事情。我们必须有针对性地进行发音器官的训练，而且这种训练一天也不能松懈，必须长期保持。我刚开始学习汉语的时候，每天要花费四个小时练习语音语调。像这样的练习，一直持续了将近八个月的时间。我的做法是，将学到的每一个汉字都用四种不同的音调读出来。在之后的很长时间里，时不时地重复练习它们。

就像英语语法中存在的很多特例一样，在汉语中，有时候出于押韵的需要，四个语调之间也会发生转换。一般来说，这样的转换是很灵活的，并进一步加大了学习和研究者的难度。比如，在一个含有两个音节的词语中，第二个音节重读，并且使用降调。那么，在这里发生改变的，首先是音调而不是语音。就这样，同一音调的不同变化，使得汉字变得很有韵律。它就像时钟上的钟摆，说起来不仅有趣，而且听上去也很有节奏感。有一些人，说汉语的时候，声调有高有低，发音有爆破有不送气。这样在我们听来，他就像是在唱赞美诗。我们每一个人都希望达到这种效果，毕竟我们讲话的时候，不可能全都使用一个音调，并使任何一句话中的音调都能在五个音阶中找到相对应的音符。

只有经历痛苦，才能享受收获的甜美。如果你用持之以恒的毅力，学会了天底下最难的汉语，那将是一种不可低估的成就。不过，许多人在学习过程中，由于时常犯一些低级错误，而不得不放弃学习。如果很好地总结一下这些错误，估计可以写成一本厚厚的书。一位传教士，原本想说上帝在地上“周游四方治病”(healing the sick)，结果却说成了“吃饼”(went about eating cake)。其原因就是，他不慎发出了一个送气音，“治”就变成了“吃”。还有一点，他说话的语调不对，病瞬间成了饼（cake)。

有一次，我举办了一个重要的宴会。作为主人，招待客人的活儿自然不可避免。这时候，我吩咐身边的一个中国仆人去拿一件东西，因为我忽然发现餐桌上还缺少它。听到我的话后，仆人摆出一副大为不解的样子。于是，他再一次询问我要拿的东西。我十分肯定，不想让他再多问，并要他迅速拿过来。他离开了，很快，就像所有中国仆人那样，他怀着特有的敬业精神，用托盘端着一个拨火棍走了过来。这根拨火棍长约三英尺，两端分别是一个疙瘩和一根锋利的铁棍子。

也许，仆人认为，主人在宴会上要敲掉某位客人的脑袋。但实际上，我根本不会那样做的。最后，那根拨火棍被送回了原地。举这个例子是想说，由于我发错了一个送气音，导致仆人拿错了东西。

还有一次，我准备在晚上举行一个大型的招待会，并将这件事吩咐给了厨师。由于工作量繁重，我特意交代他，可以直接买一百只“妇女的手指头”(ladies fingers)。两个小时之后，他驾着一辆马车，来到领事馆。那是中国特有的一种大型马车。从车辕上跳下来后，他找到我的办公室。一进门，他就对我说，虽然跑遍了周围的大街小巷，但是只买到了六十四只“妇女的手指头”。如果我执意要买全的话，他必须要到更远的地方找寻。我对他说，六十四只也不少了。

可是，他为什么还要赶着大马车呢？于是，我疑惑地向他问道。

“我得把买来的东西拉回来啊！”他回答。

“但是，你自己完全可以将它们带回来啊！”我又说。

“不行，不行，那可不行！一个手指头得有五六斤重呢！”

我更加疑惑了。于是，我赶紧跟着他走出去，查看马车里买的东西。走近一看，我成了六十四条牛舌头的主人。那些舌头分明刚刚从牛身上割下来，血淋淋的，看上去让人感到恶心。

其实，我最初的意思，是要厨师买一种小蛋糕。那是一种长条形的甜点，宴会上与冰激凌一起招待客人。仔细回想，这场恶作剧的始作俑者，就是一个错误的语调。

以上所说的这几点，可以应用到绝大部分中国人所讲的汉语上。在一些地区，流行着别样的发音和俗语。但是，这种现象毕竟是少数。虽然我们没有必要花费大量的篇幅来讨论，不过这一问题还是要提出来。这种独特的语言区，分布在中国的沿海一带。它的大致范围北起上海，往南一直延伸到中国的最南端。同时，这个促狭的地带，向内陆延展，大约有五十到一百五十英里不等的幅度。在这块区域内，虽然书面语言与其他地区相差无几，但是口语却迥然不同。通常，这些口语可以划分为几种方言。同一个汉字，在相邻的两个地区，人们说出来的发音差异悬殊。正因为如此，这些地区的人们时常说：“隔着一条河，距离如此之近，但两边的人却听不懂谈话。”(People living upon one bank of a river cannot understand a word uttered by their neighbors upon the other.) 在中国，有一个惯例，那就是一个人当了官以后，决不允许在其家乡所在的省份任职。因而，如果有官员到上述地区赴任，那么他要与地方的百姓沟通交流，只能借助于身边的翻译了。实际上，在美国或者其他国家，只要发现中国移民，他们大部分都来自上述地区。所以，像这样的中国移民，对于地道的汉语，他们既不会讲，也无法听明白。

在近代，许多外国人住到了沿海地区。他们在那里居住，并从事着各种各样的职业。很快，他们发现了一种新的语言。他们没有办法描述，也不能确定是哪一种语言。我们在这里讨论汉语，如果不提及的话，显得颇为不完整。外国人在这一地区几乎不怎么学习汉语。他们与当地人做生意的时候，仅仅凭借一种被称为“洋泾浜英语”(pidgin English) 的媒介。

其实，这种“洋泾浜英语”并不是什么新奇的玩意儿，它是当地人拼写“商务”(business) 这个单词时发展而来的。时间一长，这种“洋泾浜英语”就成为“商务英语”(business English)。之后，除了有限的几个合成词外，人们几乎不会知道，这种新式的英语是怎样发展而来的，更不知道是什么时候将汉语中的东西与英语中的俚语杂糅在一起的。不过，这种新式英语的发音可以适应讲汉语人的需要。他们只要听到这种英语，便可以明白其中的意思。这里有一两个例子，可以说明这种语言的交流方式十分可笑、粗俗。同时，它的独特优越性也显示出来了。对于我的观点，读者可能会感到诧异，甚至有些怀疑。不过，我得出这样的结论，是有事实根据的：中国人与外国人所进行的交易，有百分之九十是通过这种稀奇古怪的“洋泾浜英语”完成的。如果没有它，双方是没有办法顺利成交的。

曾经有一位年轻的先生，去拜访两位女士。为他开门的，是一个中国仆人。仆人知道来意后，郑重其事地对他说：“两位小姐恐怕您都没法见到了。第一位，正在楼上洗澡；第二位，出去办事了。请您还是赶紧离开吧！”（That two piecey girls no can see.Number one piecey top side makee washee,washee, Number two piecey go outside,makee walkee,walkee.）这位仆人想要说，两位姑娘较大的那位正在洗澡，较小的那位出去了。

1881 年 4 月，来自夏威夷群岛的卡拉库亚王（king kalakua）来到上海。在艾斯多宾馆（Astor House），租用了二楼的一套房间。有两个美国绅士，很想见这位国王一面。于是，在某一天的中午，他们一起来到宾馆。这时候，他们在楼下遇到了宾馆的掌柜。两个美国人向掌柜表明了来意，并询问卡拉库亚王此时在不在房间。“让我看看啊！”这位掌柜回答道。楼梯口有个中国仆人站在那里。掌柜踮起脚跟，冲仆人喊道：“小子，楼上的那块王在吗？”（boy！That piecey king top side has got？）“有的。”（Has got.）那个仆人随声答道。“两位先生，”掌柜对这两个美国绅士说，“上去吧，国王正在楼上。”（His Majesty is in,pray walk up.）

第四章　中国人的乡土情结

世界上，中国在家庭生活方面为其他国家树立了一个好榜样。在这个国家，男人一定要娶妻，女人一定要出嫁。几乎没有一个人会与他人一起，坚持过单身的生活。因此，你会发现，中国有多少处于婚龄期的人，便有多少成家的夫妻。而有多少对夫妻走到一起，未来就有多少个家庭成立。凡是稀有的东西，一定能引起人们的好奇。于是，在中国，单身的男女很少见。如果偶尔发现一两个，便会立刻引起人们的极大关注。

在中国，两个人结婚并不意味着一个新的、独立的家庭就要产生了。对于一个成年男子来说，婚姻并不能消除他身上背负的责任和义务。他必须对自己的父母负责，要服从他们的命令，更要尽到赡养的义务。只要父母还活着，他永远是一个儿子，一个年轻的儿子，无法获得独立自主的权力。中国有个惯例，凡是结婚的夫妻，都必须与男方的父母住在一起。事实上，婚礼的一个重要环节，就是双方家长对新娘的交接仪式。坐在花轿里的姑娘，被抬到新郎的父母跟前。在那里，她经由新郎的父母被交到新郎的手里。至此，新娘便与娘家人完全失去了直接的联系。今后，她就成为婆家里的一个家庭成员。婚后的生活，与其说新娘子是丈夫的妻子，倒不如说她是婆婆的佣人，一个干体力活的劳工。

在中国，新婚妻子的命运，值得每一个人同情。在成婚之前，她没有权力选择与哪一个男子结合。而且，那个将要娶她的男人，她是一次也没有见过的，更不要说谈话了。定好黄道吉日，她就在那一天被送往丈夫的家里。实事求是地说一句，在交接仪式中，新娘被“包裹”得很严实，她就像是口袋中的东西一样，或者说是一只小猫，被人送来送去。对于新郎来说，未来的妻子他也没有见过面。与妻子一样，他也没有权力选择自己的伴侣。所以，事情往往只有一种结果，新郎与新娘就像是陌生人一样，彼此之间没有一点感情。当然，结婚以后，他们或许会产生好感，甚至互相萌生爱意。但是在婚前，他们之间什么也没有。恋爱与婚姻，在他们身上体现不出一丁点的关联。

在新郎的家里，新娘就是一个仆人，而且地位极其低下。家里一切最重、最粗俗的活儿，原本只有仆人才去干的，现在全都一股脑儿让她做。她在家中有时生不如死，但是唯一支持她活下去的理由，就是生育子女，给婆家延续香火。在小孩出生之前，在周围的人看来，她还算不上已婚妇女（married woman）。因此，人们在谈论她的时候，仍然称呼她为“姑娘”（girl）。在中国，已婚女人是要在生完孩子之后，才由“女士”（Miss）变成“夫人”（Mrs），而不是在结婚的时候。只有成为母亲，并且生了男孩之后，妻子的地位和境遇才会有所转变。此时，她才会告别那种终生不得获释的驮兽（a beast of burden）待遇，才会稍微获得一些尊重和认可。然后，当这一天来临之前，有许多年轻的妻子就自杀或者企图自杀，以逃避婆婆对她的虐待。这种虐待，对于任何人来说，都是难以容忍的。

于是，“母亲”这一称呼，在中国对于已婚妻子来说，不仅是一道天然的护身符，更是一种荣耀。不过，即便承认她们做母亲的身份，但是在西方人看来，她们的地位还是有些特殊，甚至让人难以理解。在中国，在任何情况下，母亲都可以要求孩子服从她。可以说，她掌控着自己孩子的一切。尽管她的孩子已经年过半百，甚至成为另外几个家庭的父亲或者祖父，但是他还是得服从母亲的要求。随着时间的流逝，她自然会变成几个媳妇的婆婆。到了那个时候，她也会像当初婆婆对待她的那样，在自己的儿媳妇身上故技重施，并把年轻时的不满和怨恨全都发泄出来。但是，只要丈夫在她的身边，她就像一个仆人，而不敢随意做些什么。在她死后，家里的儿子们要为她守孝，并且在一百天之内不能剃头刮脸。这已经成为清朝法律的一条明文规定。但是，如果她的丈夫也表现得与儿子们那般悲伤的话，那么他就会受到周围人的嘲笑和讥讽。

作为男人，只要他愿意，可以随时再娶一个妻子。而一个失去丈夫的妻子，如果她改嫁给另外一个男人，那么她就会被认为不守妇道、极其可耻。对于这样一件不合时宜的事情，中国人往往不会在公开场合说的。比如，“王寡妇又结婚了”，中国人一般不这么说；他们会说“那个王寡妇又向前迈出了一步”。一个年轻的寡妇，如果想得到人们的尊敬，比如说为了得到皇帝下令修建的贞节牌坊，可以选择一头撞死在丈夫的棺木上。如果她不是这样的想法，那么她便会安分地伺候自己的公婆，直到自己生命的最后一刻。事实上，中国的妇女结婚以后，是没有姓氏的。她们一般会跟随丈夫的姓氏。

有一次，我与清朝的一位高级官员交谈。谈话中，我提到了恭亲王的妻子。由于他的妻子已经过世，我当时便认为恭亲王会暂时放弃处理政事，不与外人接触，自己单独生活一段时间。

“不会的，不会那样，”这位官员笑着说，“妻子的去世，对我们来说，根本不算什么，所以没有什么好伤心的。只要王爷愿意娶，他想要多少妻子，就会有多少。”

实际上，在恭亲王的身边，已经有好几个小妾了。在中国，法律和道德都没有明令禁止男人再娶。只要他有能力养得起，想要几个妻子都是可以的。第一个妻子，也就是所谓的正妻，她的地位要远远超出其他妻子。虽然她也是丈夫的仆人，但是她却是仆人的头领。不过，不管是正妻，还是其他妻子，她们所生的孩子都具有相同的继承权，也都拥有合法的地位。下面一些事实可以证实这一点。皇帝大多都有四个以上正妻。同时，他还有拥有七十五到一百名的侧房，也就是我们所说的情妇。当这些正妻和情妇生下孩子后，皇帝就要认真从中找出天资聪颖，可以担当重任的继承人。就像我们所推测的那样，皇帝会把他最喜欢的情妇所生的儿子，立为皇子，成为他的接班人。近百年来，死于 1875 年的同治皇帝，生平没有什么政绩，也不是皇帝的正妻所生；而作为中国历史上最有作为的皇帝之一，乾隆是他父亲的第四个儿子。

在中国的中下层人群中，大部分人几乎都是一夫一妻制。这样的事实，不但有根据，还是经过他们的选择而形成的。首先，虽然清朝法律不反对男人多妻，但是现实中真正娶两个或两个以上妻子的人，几乎很少；其次，在上一章中，我们已经讲过，汉字“安”是指家庭里有一个女人，这是极其安详的状态；如果有两个女人，便意味着经常会发生争吵（“奻”，就是争吵的意思）；如果有三个女人，那就意味着会发生一些伦理所不容的事情（“姦”，同“奸”）。这样看来，如果这些事实真有发生的话，中国人主动选择一夫一妻制，是极有可能的。这是因为中国人既注重实际，又善于思考。他们早就发现了一夫多妻制的弊端，于是便把这种意识渗透到他们的语言结构中，用以警示后世的子孙。如此，这种做法确实可以理解。

如果仅凭以上论断，就认为中国妇女除了干活和生育子女外，几乎无所事事，那么你的想法就错了。在家里，女儿的一切都由母亲掌控。这种状态不断持续，直到她出嫁，不在母亲身边生活时为止。对于儿子，母亲从小管理他们的生活，并要求他们时刻服从她。这种情况的维持，直到母亲过世后为止。另外，对于一些流言或者不确切的消息，乡村里的老妇人既可以让它们到处传播，也可以让它们迅速消失。因此，在掌控社会舆论方面，她们发挥着至关重要的作用。在处理乡村杂务的过程中，她们也会起到一定作用。有时候，一些明显与她们没有任何关系的事情，她们凑在一起，就能做出一项决定。这种情况的出现，可能与她们在家中对儿子拥有绝对的控制权有关。

在清朝的统治阶层里，也有两个女人把持朝政达三十年之久。她们就是咸丰皇帝的两位皇后。她们的旨意和判断，被认为是最具有权威性的。因此，在很多紧要关头，她们的意愿成为清朝政府制定各种政策的依据。然而，囿于东方的礼节，她们必须生活在与世隔绝的环境中，于是她们上朝听政的时候，面前必须挂上一个帘子，以此与朝臣们隔开。那些大臣们只能听见她们说话的声音，但是看不到她们的面容。后来，两宫皇太后中有一位去世，但是另一位还健在，并且精力旺盛。这种情况之下，清朝的内政外务少不了被这个女人继续操控。

以上两个女人的事例，足以说明清朝时期妇女所拥有的特殊权力和地位。作为妻子，她们似乎没有什么特别的影响力；但是作为母亲，她们的权力很大。咸丰皇帝在世时，两位皇太后只是他的玩乐工具而已，而且她们无所作为，没有引起人们的任何关注。当然，更没有人听说她们有什么特殊的才能。但是，当咸丰皇帝死去之后，她们就策划并实施了“辛酉政变”。最后，所有的朝政大权都落入她们的手中。直到现在，慈禧太后还在垂帘听政。从 1875 年 1 月开始，在之后的二十多年时间里，清廷在位的是光绪皇帝。他是前任皇帝的侄儿，与两位皇太后并没有血缘关系。尽管如此，他也必须顺从慈禧太后。这说明，在中国，母性控制（maternal control）是一种不可小觑的权力。

有一个事实，值得我们关注。那就是，不管是在中国，还是在世界上的其他地方，弱者总是受到强者的支配。在中国，各种各样的清规戒律和风俗习惯，制约和限制着妇女，使得她们生活在种种框架之内。她们可能比仆人的地位稍微高一些，但毕竟没有权利接受教育，或者得到人们的认可和尊重。不过，也有少数几个妇女，能够稳操胜券地控制住自己的丈夫。在这种情况之下，她们的丈夫俨然是她们的代言人。像这样的例子，现实中有很多。从中我们可以看出，中国妇女始终没有忘记她们特有的口才。也许，在其他方面，她们的能力无法探究，但是，有一点十分肯定，那就是她们的那张嘴非常厉害。通过那张嘴，天底下最尖酸刻薄的谩骂，会肆无忌惮地喷发出来。随便一个人，只要身临其境地听一次，就会发现，在那漫无止境的咒骂声中，不但用词生动，而且连周围的空气也随之震动。霎时间，天昏地暗，仿佛世界末日即将来临。还好，对于那些骂词，我没有办法将其翻译成英语。

在中国女人的舌头里，暗藏着一种武器。面对这种武器，男人们根本无法招架，要么跑得远远的，要么任由他的女人支配。这时候，他的男性邻居绝不会出来帮助他。与之相反，对于他害怕老婆的做法，他们会给予极大的讥讽和嘲笑。当然，你要是认为他们是在同情妻子，那就错了。在他们看来，如果一个男人没有办法管住自己的妻子，这是最为丢人的事情。这一点，凡是亲身经历过中国妇女叫骂场面的人，是深有体会的。

中国人自古以来，就有一种强烈的地域观念。他们非常看重地域之间的相互联系。当他们新建一个家庭时，往往将房子盖在离老家最近的地方。这样你会发现，在中国，父母居住的地方周围，分布着密密麻麻的家庭群落和各种家庭组合。还有，一座又一座的村庄，几乎都是同一个姓氏的人住在那里，不仅有四世同堂的家庭，甚至还有五世同堂的。就像国外有“史密斯村”(Smith ville)、“琼斯庄”(Jones ville) 一样，中国有“张家庄”、“王家镇”、“李家村”等村镇。像这样的村庄名字，在清朝的统治区域内，随处可见。它们在中国所有的地名当中，占据着很大一部分比例。

在中国，一家的财产和土地，都是大家所共有的。在这样的大家庭中，只有当男性家长去世后，人们才可以分财产和土地。平日里，所有的家庭成员一律参加劳动，都必须去田地干活。如果家里的土地很多，那么人们便要大早起来，一直耕作到黄昏。在田间地头，你时常会看见，男人和妇女一起劳动。有一次，我亲眼看到一个农夫在耕地。在前面拉犁的，除了一头牛和一个猴子外，还有那个农夫的妻子。

世界上，有一种人，他们十分富有，到世界各地去旅游观光。于是，他们被人们称为“跑遍地球的人”(the globe trotters)。即便他们博闻强识，阅人无数，但当他们面对中国人的时候，却始终无法理解他们看到的一切现象。中国人十分恋家，无论走到哪里，他们始终念念不忘家族里的人。对于自然界的山河风景，他们从不眷顾。他们很少出远门，除非出于公事和私事的需要。一旦他们出门在外，不管到了什么地方，他们始终觉得自己是个漂泊的人，心中不免升起一种思乡之情。更为重要的是，他们不断地盼望，终有一天，可以返回故乡，而不管那里有多么贫穷和落后。如果真的做到了，那将是他生平最大的快乐。

中国人是不会成为遍布全球的殖民者的，这是由他们的自然禀赋决定的。在美洲（不论是北美还是南美）、澳洲、缅甸、泰国、东印度群岛、爪哇、日本等地，到处都有中国人的足迹。但是，他们根本不会成为殖民者。因为他们都是一些短期的移民者，过一段时间就会离开那一地区。他们成群结队地移来移去，就像是一群候鸟一样。这种鸟，在某个地区寻找食物，之后便返回它们原先停留过的一个地方。在那里，它们筑巢、产卵，并孵育后代。这个地方，虽然距离它们觅食的地区很遥远，但是它们却很清楚地记得它在哪里。

中国人不愿意流落他乡，除非被逼无奈，才离开自己的家乡。事实上，他们还没有动身出发的时候，就已经开始盘算怎样回到家中的各种安排。这些安排在他们走出去的各种目标和梦想之间，一直纠缠不清，使得他们的思乡之情更加浓烈。经常有一些轮渡来往于中国与世界各地之间，这其中有很多中国人走出了国门。但是，如果做一番为期若干年的调查，你很快就会发现，原来那些出国的人陆陆续续又返回了中国。虽然他们奔波于世界各地，但是到老却又回到家乡，这就像那些候鸟一样。如果有些人回不到中国，他们生前就千叮咛万嘱托地请求别人，一定把他们的骨灰带回家乡，埋葬在先人的坟墓旁边。在美国，如果你能准确地统计出过去二十年的在美中国人口数量，然后你再找出二十年后实际埋葬在美国的中国人口数量，你就会惊奇地发现，与前者相比，后者的数字少得可怜。而那些埋葬在美国的中国人，一定在家乡无亲无故，并且自身的经济条件有限。

中国人能吃苦，有诚信，还比较勤劳。作为商人，他们很会安排自己的收支，并竭力减少不必要的花销。然而，这个民族还有一个最重要的特点，就是十分热爱自己的家乡。他们长年累月地漂泊在世界各地，但始终心系家乡。到了晚年，他们更加希望能回到故里，与亲人们在一起生活。就连死后，他们也要与祖先的坟墓葬在一起。不管被逼无奈，他们流落海外，还是在国内的其他地方成家立业，他们终究是要努力实现上述心愿的。因此，他们对乡土的眷恋之情，远远超过了他们对国家的热爱。比如，在北京的广东人，不会一辈子停留在北京的。在北京，他们也是生意人，但在他们心里，总是把自己视为一个外乡人，一个流浪者。他们的真正归宿，以及想要达成的事业，始终没有离开过他们出生的那个地方——某个小山村里的一个家。他们当中，有些人在北京去世，如果他没有留下任何钱财，也没有什么朋友，那么就会有一个好心人出来，帮忙把他的尸骨运回他的老家埋葬。

在清朝时期，每一个大城市中，都设立了若干行会，或者说慈善机构。每年都有死在他乡的旅居人，而这些慈善机构的主要作用之一，就是负责把这些人的尸骨送回其家乡入土。在旧金山，设有六个中国同乡会。关于它们，曾经有许多虚假的报道和描写。其实，它们的主要功能，就是将在美华人的尸骨运回其家乡。游山玩水的外国人，在中国偶尔会在路上碰到棺材，里面躺着旅居在外的人的尸体。那棺材紧紧地绑在两根杠子上，杠子两端分别系在两头骡子的鞍子上。在棺木的最前头，摆放着一个柳条笼子。笼子里，有一只活生生的白色大公鸡。这只大公鸡，必须是纯白色的，没有一点杂色。这只公鸡的特殊作用在于可以导引亡者的灵魂，使其附着在尸体上面而不离去。更为神奇的说法是，如果笼子里的公鸡越是闹腾、乱叫，那么它的导引职能就发挥得越好。就这样，棺木由这两只骡子驮着，慢慢地穿过街道。也许，在到达死者的安息地之前，它们要经过清王朝的东西或者南北的全部路段。

几千年来，乡土情结在中国人那里产生之后，便不断地加强、丰富。慢慢地，它变成了中国人的一种信仰，就像西方的宗教那样。这种情结归为一点，就是对乡土的眷顾。出生与死亡，在中国人那里有着不同寻常的意义。当然，这一点与他们特有的“祖先崇拜”有密切关联。

在我们看来，乡土情结是一种偶像崇拜。也许，我们必须对此加以批判。同时，还有一点不得不说，我还没有遇到过这样的情况：一个中国人的棺材，跨越海洋，最终到达死者的老家，而后入土安葬。但是，中国人的这种乡土情怀，使我想起了《圣经》前半部分的一个美丽故事：在希伯来，亚伯拉罕为妻子萨拉买了一块墓地。后来，亚伯拉罕也埋葬在妻子的那块墓地里。他们的儿子以撒和儿媳丽贝卡，去世后也埋葬在那里。若干年后，以撒的儿子雅各在埃及去世。以撒的儿子约瑟夫和他的兄弟们，一起将父亲的尸骨运回迦南，与他们的母亲列侬安葬在一起。以后，约瑟夫也要求将自己的骨灰放在父母的墓前。然而，直到约瑟夫死后两个世纪，他的这一愿望才得以实现。和我们最早的人类祖先一样，中国人也拥有这种乡土意识和情结。像这样的一种感情，自形成以来，已经世代相传了数千年。对此，我们不得不尊重他们。

中国历朝历代的政府，正是看清了民众的乡土情结，才得以使用这一有效工具归化外国人。于是，那些想要做中国臣民的外国人，就被要求具有乡土情结。做法就是，在中国买一块墓地，死后安葬在那里。如果有这样的想法，那就证明了，他想永远留居在中国。

几百年来，中国政府还使用另外一种方式影响民众。他们总是把老百姓限制在一个小天地里。接着，他们千方百计地打消人们想要转移住所或者改变职业的想法。《大清律令》里就有这方面的规定，要求所有的家庭以及成员必须从事自己的原有职业，不得随意更换。这项规定还使用这样一句话予以概括："世世代代，无改其术。"原本，这个民族就深怀浓厚的乡土情结，不愿意到其他地方生活。而后政府又颁布这样一条规定，其做法未免有失稳妥。尽管这项规定早已是一纸空文，但是却对整个民族产生了两方面的影响：第一，这使得老百姓在自己的职业领域内，只能延续上代的操作程序和生产方式，而不会有所改革和创新。这样一来，中国人的发明和创造能力，在一定程度上受到很大限制。后来，中国落后于同时期的西方也就不足为怪了。第二，生活在各个地区的人们，被生硬地隔离开来，不能有效地进行沟通和交流。试想，一个人的生计是继承他的父亲而来的，那么他在家中或是家乡，就继续走他父亲的老路子。他的利益和兴趣，全都投入到了他父亲所从事的行当。逐渐地，他被牢牢地限制在维系生存的行当上。于是，他很难走出已有的圈子，更别说出国了。

有一次，我在中国向一位老人打听，我要投宿的那个城市距离这里还有多远。当时，正值一月份，凛冽的寒风吹着。老人正靠在一堵墙上，背着风向晒太阳。结果，他对我说，他不知道。我登时大为不解，甚至不敢相信这是真的。于是，我再一次询问他，看他是不是外地人。“哦，我是这里的，”他说，一边点头示意，一边用手指着一座房子，“就住在那边。”“那您在这里住了多长时间了？”我继续追问。“今年七十八岁，我一直就在这里。”他回答说。“那您对那个城市，真的一无所知吗？”我又问起了那个城市，心里还是不相信他刚才的话。“不知道，就是不知道。”他回答，“从来没去过那里，我为什么非要知道呢？”这一回答，在我十分有趣。“您这么大的年纪了，一直待在这里，没有去过城里吗？”我的声音比先前略有提高。“为什么要去哪里呢？”老人有些激动，直接反驳我的话，“我的家就在这里，我哪里也不去。”后来，我知道，从我问路的地方到那个城市，中间不过十英里。

还有一个例子，同样证明了，不允许臣民变换居所和职业，所带来的封闭、停滞的后果。当然，我们的说法或许有些过分。在中国，每一个城市，只要规模还可以，就少不了几家修表店。有一点必须声明，钟表这种玩意儿在中国是没有人生产的。买钟表的人很少，相应地，从国外进口的钟表也不多。一个观光者，碰到这样的店面，兴许会有疑问：他们是怎么招揽顾客的呢？不过，他心中还有一个更大的疑团：他们是怎样学会修理钟表这门手艺的？其实，答案很简单。这门手艺，原本对他们来说，是完全陌生的。但是，他们是天主教徒的子嗣，不仅从先祖那里继承了信仰，还延续了他们的修表职业。两百多年以前，中国迎来了很多天主教的传教士。他们的先祖就在那个时候皈依了天主教。现在，他们所掌握的修表技艺，正是他们的先祖从传教士那里获得的知识。

在中国的社会里，流行着一种“光耀门楣，父母有荣”的观念和思想。在普通民众看来，这是理所应当的要求，在法律上，也有相关的严格规定。如果有人对这种观念和想法产生怀疑，那么他就会被当做罪犯而受到惩治。当周围的人知道这件事后，当事者就会被社会所唾弃，不被人们所容。这种情况早已经成为一种极端现象，并沦为一种专制行为。在家里，孩子的独特想法和行为，是家长所不允许的。只有成年以后，身体不再有所发育时，他才有独立自主的权力。同时，做晚辈的对长辈极为尊重和顺从，也是中国人家庭生活的一个有趣现象。对于祖先生活中不光彩的一面，即便是头脑充满幻想的小孩子，也不会说出一些不合时宜的话来。像“这个老家伙”、“那个老太婆”、“那个巡抚”这样的称呼，几乎很少在日常生活中听见，最起码在自己的父母身上是无论如何也不敢使用的。

在中国，年长是一种荣誉，理应得到人们的尊重。就连大街上的女乞丐，即便她衣衫不整，浑身散发着恶臭，但只要她满头白发，便会受到人们的尊重。对于她，人们会尊称她为“老太太”，而其他的称呼一概不宜使用。在朝廷里做事的大臣，如果家中老母亲还健在，他们每天也是要抽出一定时间去照顾她们，尽管他们的母亲早已老得不成样子。不过，八十岁的老人，就像儿童一样，满脑子稀奇古怪的念头，并且脾气无常，又是哭，又是笑，让人摸不着头脑。这对他们来说，未尝不是一种折磨。但是，身为大臣的儿子们理应照顾母亲，就像母亲照顾幼小的他们一样。如果说子女孝顺是中国老人长寿的秘诀之一，那么与世界其他国家相比，中国人的平均寿命的确要长很多。

有时候，我们对于中国人的敬老传统有些疑惑，尽管它已经成为中华民族的思想观念和必要礼节。在北京，或者中国的其他一些地方，时常会看到这样的情景：一条长长的队伍行进在大街小巷中。那是由一帮男人组成的队伍，其中有几个人抬着两口棺材，在乐队和彩旗的指引下，向前走去。有一点很奇怪，他们每个人身上并没有穿任何白色的服饰：一种专为举办丧事而做的衣服。那音乐很欢快，敲打着，沁入每个人的心扉，并化作一种甜美的心情。随便一个人，都可以看出来，他们并不是在为某个人办丧事。事实上，那两口棺材是由做子女的买给父母的，比如，张先生夫妇二人的儿子，特意为他们购买，以表示对他们的孝敬。

就这样，他们一路敲锣打鼓，欢快地向周围的人们炫耀，并向父母家中走去。到了那里，做父母的不免会大吃一惊。首先，儿子们会对他们说一番恭敬孝顺的话，接着，便将棺材奉上。父母们此时已不再诧异，而是欣然表示接受。在我们看来，在一位朋友家里做客，如果看到对方拿出手表看时间，那就意味着我们要主动请辞，不方便久留。中国的父母收到这样一份“礼物”，与这种情况大致相似。但是，中国父母不会想那么多，他们会认为子女们对自己很孝顺，考虑事情全面、周到。棺材送来后，便被放在家中的正房里。此后，棺材会得到精心的看护，不会受到一丝损伤。如果有亲朋好友到访，做父母的还会趁机炫耀一番。因此，中国人的家中必备一副棺木以照料后事，而一架值钱的钢琴则可有可无。像这样的做法，夸张一点说，它反映了中国人爱慕虚荣的心理。做父母的经常会担心，他们死后的葬礼会究竟如何。如果送给他们一副棺材，那他们就安心了。看到棺材，他们确信，孩子们将来会把他们安葬得风风光光。因此，他们对于这种“礼物”背后的含义，全然不顾，更不会去主动思考。

说到这里，我想提一点，虽然与本章主旨联系不大。前文说过，中国人往往在壮年时期，就准备好了死后的棺木，并妥善保管，以便将来使用。多年前，我曾经雇用过一个老太太，她没有一个子女。每个月，她都要节省四元钱，打算为自己攒一副棺材。若干年后，她的愿望实现了，买到了一副薄薄的棺木。这幅棺木没有任何装饰，也没有上油漆。买好后，她没有地方安置。这个时候，她的一位远方亲戚，主动提出来要替她保管。这位亲戚就住在城外不远的一个村庄里，老太太答应后，每隔半年的时间，就去那里一趟看看。每一次，她都骑着一头毛驴，虽然旅途劳累，但乐此不疲。但是，有一次她从亲戚家回来，简直悲痛欲绝。原来，她的亲戚急需用钱，便把那副棺木抵押给了当铺。而后，当铺又将其卖了出去。这次打击过后，老太太重新攒钱，准备再买一副棺木。然而，她很不幸，愿望还没有实现，就被霍乱夺取了生命。不过，我与朋友主动帮忙，给她办了一个隆重的丧礼，也算是帮她达成了心愿。

第五章　中国人的社交

在娱乐、消遣方面，中国人对自己向来以吝啬著称，舍不得花费一点时间。在中国，贫困阶层占总人口的绝大多数。对他们而言，生活就是一场抗争，因为他们每天都要与饥饿相伴。早出晚归，勤劳耕作，已经成为他们的一种生活习惯。每一年都是这样，他们既没有星期天，也没有节假日。当然，在三种场合之下，他们也会享受休息的时间。其中，结婚和办丧事，是他们最为激动和兴奋的时候。因为在这些场合下，米饭、蔬菜、茶水和烟叶，可以尽管食用。有时候，他们还能吃到一星半点的猪肉呢！那对他们来说，简直就是一种不可多得的口福。在平常的日子，如果他们稍微有些偷懒，就要半天没饭吃了。对于他们来说，生平难得有机会参加娱乐活动。即便有，他们也没有能力去参加。

社会上的中等阶层，每天虽然忙忙碌碌，但尚可以从容自如地面对生活。而娱乐时间最多的，莫过于大多数官员了。不过，那些深受皇帝宠爱的大臣，却不是那么一回事。每天，他们要不辞劳苦地忙于公务。有一次，清廷的一位内阁官员对我说，他很劳累，甚至有些力不从心。于是，我便请求他介绍一下每天的工作情况。他说，每天凌晨三点到下午六点，他要在朝中或者部里做事。因此，每天凌晨两点钟的时候，他就得从家里出发。如果皇帝有政事与他商量的话，他必须在黎明之前赶到皇宫。早上六点到上午九点，他在军机处处理事情。然后，从九点到十一点，他又得去兵部处理事务，因为他还身兼兵部尚书一职。上午十一点到下午两点，他这个督察院的官员不得闲，必须抛头露面。而下午两点到五点，甚至六点，他必须到总理衙门报到。谁让他还是总理衙门的一位要人呢！

这就是他每天的工作安排。当然，有时候，一些特殊的使命还会指派给他。比如，他必须应对皇帝的询问，或者处理一些额外的体力活儿。所有这些事情，再与其他事务搅和在一起，十分繁琐、复杂。而他呢，只要有空闲，就得利用，以便想方设法地把所有问题解决。按照他的话说，每天晚上七点或者八点之前，是不可能到家的。在家里，他很少与家人一起在饭桌上吃饭。因此，他与他们仅仅是名义上的家人关系而已。更不可思议的是，他说他对皇帝事情的关心，远远超过对家事的了解。在平常的休息时刻，他总要去附近的饭馆吃饭。因此，他与饭馆的关系反而更为亲密。

我和他结束谈话后，刚刚过了六个月的时间，他便去世了。老实说，他的去世，与他的疲于奔命有直接关系。还有其他很多官员，也是因为同样的原因死去。实际上，这种命运发生在他们身上，是无法避免的。对于他们来说，皇帝的意志就是一把宝剑，时刻高悬在他们的头上。因此，他们不得不听命于皇帝，拼着身家性命为他办事。直到有一天，他们油尽灯枯，耗尽最后一丁点儿体力，早早地步入天堂。像他们这样的人，根本谈不上休闲，更别说娱乐了。

关于什么是社会，中国人与西方人持有两种截然不同的观念。在我们看来，有些交往行为是理所当然的，但是在他们眼中却是十分荒谬的。这是因为他们总是拿一套老掉牙的习俗作为衡量的标准。我在这里所说的交往，就是男女两性之间的正常往来。在中国，男女之间不得有任何私自的接触。在大清国不存在任何形式的可能导致男人和女人像朋友一样交往和娱乐的集会或社会活动。像这样的男女交往活动，本身并没有任何害处。相反，它会给人们带来很多好处。但是，如果中国不破除旧的习俗礼制，这种交际活动是不会发展起来的。更确切地说，两性之间的往来，在中国是根本不允许的。这是铁定的法则，没有任何回旋的余地。

在中国，即便是两个最要好的朋友，在谈话中是不会询问对方家中女性的健康状况的，更不要说提起她们的名字了。“您的妻子，最近还好吗？”像这样的客套话，在他们听来是十分刺耳的。然而，在世界上的其他地方却不是这样。如果真的提起这样的问题，最好的朋友也会怒目而视。经常混在一起的人们，即便到老，他们的谈话当中，也只是有关对方儿子的状况如何，过得怎么样，但对于家中的女性却绝口不提。即便是家里一个七八岁的小女孩，他们也是避而不谈的。对于那种话题，他们通常采用一个模糊的词语——“您的家人”，估计这是最贴近那种意思的用词了。但是，这几个字的表意相当不清晰。

这里有一个事例，很值得我们一读。1875 年 5 月，北京收到一条消息，说是一位清朝官员与一位美国姑娘结婚了。当然，他们还在美国，并没有回到中国。得知这一消息后，我与其他领事正好有事需要到总理衙门处理。于是，有位领事对我说，何不就中美两国联姻一事，向总理衙门道贺？当时，我就对他说，这种做法不妥，有损中国的礼教习俗。

到了总理衙门，与往常一样，我们依次按照顺序坐了下来。每个人都是端坐着。茶水上来后，双方相互寒暄了一番。这时候，领事请求我向恭亲王祝贺。这实在出乎我的意料，况且恭亲王是清政府中首屈一指的大臣。“在过去许多年里，中美两国之间的关系发展良好。而最近，中国的高官与美国姑娘的完婚，更是将这种关系大大推进了一步。”这是领事要我说的原话。我再一次奉劝他，不要这样做，但他执意要我这样说。

于是，当着恭亲王的面，我将这句话翻译成中文，并讲了出来。当时，我们围坐在一张圆桌子周围。桌面上，除了恭亲王和我们两个美国人外，其余的六个人都是内阁中的大臣。他们的年事很高，头上长满了白发，看上去很威严的样子。当我讲完这句话后，在场的每个人都沉浸在一片寂静之中。他们每个人毫无例外地低着头，俯身看着眼前的茶具。好长一段时间，没有一个人说话。最后，还是恭亲王先打破僵局的。他说：“今天，这天气可真够热的啊！”在说这话之前，他还特意盯着我看了一会儿，才若有所思地叹口气说道。这就是我们得到的最后回应，可见领事的一番好意全然付诸东流。

中国的那套礼制，不但禁止男女正常的交往，而且不允许夫妻两人一起在公众场合露面。当然，也有个别场合例外：当家人要出远门的时候，男女之间的清规戒律才会有所松弛。不过即便如此，在旅途中，男主人还是要尽量避免与女性成员直接见面。而她们一般会由专门的仆人伺候或照顾。事实上，中国人的夫妻以及亲友关系，都被外在的一套礼俗所约束和限制，因而变得很冷漠。其实，每个人都明白，这种关系是普遍存在的。但是，大家就是没有一个人敢提及，更别说公开承认了。在中国的大街上，我们几乎看不到丈夫与妻子相互搀手，共同逛街的场景。即使有，丈夫也是远远地跟着妻子的身后。并且，丈夫是不能与妻子乘坐一辆马车的，不管是在什么时候。如果他那样做的话，个人的名誉就会随之扫地。

在北京，一名外国人和几位中国的赶车人曾经发生过一次口角。这次争吵，很能反映中国人极端地信守关于夫妇间的行为准则。事情是这样的：几个外国人想要外出，进行为期五天的旅行，便喊来了几辆骡车。其中，有一位绅士想要与他的妻子乘坐一辆马车，这样的话，旅途中便可以相互照应。虽然马车不是很大，但只要稍微挤一下，就可以容纳两人。然而，车夫看到这种情况后，表示强烈的反对，并且拒绝驾车。他们的理由是，这种做法违反了中国人的礼俗。一旦到了路上，他们会遭到别人的耻笑。他们甚至表示，尽管那为外国绅士可以不顾及自己妻子的名声，但是他们却要为自己的妻子考虑一下了。所以，他们坚决不做这种事情。不管怎么劝说和解释，甚至提出给他们加钱，他们还是没有半点反应。无奈之下，那位外国绅士放弃了自己的要求。由此可见，在中国人那里，与钱财相比，礼节更为重要。如果违背了礼数和德行，那将是最大的耻辱。

与此相类似，还有一件事情值得一提。在美国，中国设立了留美学生事务所。它坐落在康涅狄格州的哈特福德市，处理清政府派往美国的留学生的各种事务。在这些年轻的留学生中间，有些经常参加教堂的活动，或者去主日学校。有一天下午，有位学生带着一位年轻的姑娘，从教堂里走出来。按照常理，这是美国极为普遍的一种做法。不幸的是，他遇到了留学事务所的一位长官。当时，这位长官因为有事正驾车路过。看到长官后，年轻的学生赶紧摘下帽子，深深地鞠了一躬。那位保守的孔夫子门徒，几乎不能相信自己的眼睛。眼前的这个孩子，竟然在光天化日之下与一个外国女子一起走路。而那位外国女子，既不是他的亲妹妹，更不是他的表妹或者堂妹。仅凭这一点，这位留学生的长官就认定，他是一个道德败坏、无可救药的学生。

然而，在长官看来，这些都还可容忍。最无法容忍的是，年轻人居然站在他的面前，把头上的帽子摘掉。按照中国的传统礼俗，这种做法简直坏到了极点。后来，这件事情被这位保守的官员汇报给北京。结果，与那位留学长官一样，北京也持有相同的看法。他们一致认为，在美国的中国留学生已经没有了原来的道德修养和礼仪。这件事情的影响，再加上其他一些更为重要的原因，最后在美国的中国留学生全部被清政府召回。于是，一件意义深远的事情，就这样半途而废了。整个事件的来龙去脉说明，对于两性的正常交往，中国人与我们之间存在着多么巨大的差异啊！更为重要的一点是，在这种截然不同的态度指引下，他们的做法使得他们自身的利益和自尊都遭受到了极大的损失。

就像其他国家或地区的女性一样，中国妇女也特别注重自身的打扮。尽管她们做衣服的工具和方法没有改变，依旧是用剪刀裁剪布料，但是她们的衣服却随着时间的变化不断更新。每天，中国妇女要做大量的事情，还得负担很多社会上的义务。这样一来，她们的生活圈子完全被这些事情所限。一般来说，她们购买生活必需品的地方就在附近，那里偏僻而安静。这已经成为一种习惯，很少看到她们到别的地方购物。据说，对于赌博，她们很在行。非但如此，就连吸食鸦片也是她们经常做的事情。但是，我对这种传言持有相当的怀疑。我们几乎无法想象，她们能有什么娱乐活动，用以消磨时间，不管她们是在自己的家中，还是傍晚时分很多人相聚一起喝茶的时候。

在她们当中，很少有人会写字或者读书的。家中的一切杂务都由奴仆来担当，因此她们平日里根本不需要劳动。她们长期不参与劳动，指甲长得很长。她们甚至戴上一种名叫“指甲箍”的玩意儿，以此证明自己是一个女性。这种指甲箍通常是金制或者银制的，与妇女们做针线活时所戴的顶针相似。它是仿照手指的弯曲程度而做成的，套在手指上很合适。此外，为了美观，指甲箍上还嵌有一些小铃铛。小铃铛通常是一连串，这极大地限制了妇女们的活动。于是，与其他国家或地区的妇女不同，中国妇女在平日里没有办法使用手指，制作一些稀奇古怪的小玩意儿，借以打发无聊的时间。

对于西方人所说的社交聚会，中国妇女几乎从来没有想过。柴米油盐，吃喝拉撒，中国底层社会的妇女除了这些事情外，几乎不会去想做其他的事情。夏季时候，她们三三两两地聚集在树荫下，家长里短地说些闲话。而到了冬天，她们的谈话地点换成了阳光照射下的土墙边，而谈话内容却丝毫没有改变。有一次，几位较为贫困的中国妇女受邀，来到一位外国夫人的家中做客。外国夫人想和她们一起度过那个下午。外国夫人用小果子、面包和茶水来招待她们。在国外，这是一种极为简单的待客方式。这些妇女到了之后，外国夫人有事需要回卧室一下。她嘱咐那些妇女，随便吃些东西，不要客气。过了一会儿，女主人回来了。她很快发现，这些客人们每个人端着一杯茶水，在客厅的角落里，独自享用。原来，女主人走后，这些妇女们便开始清算桌上的食物。这些食物被她们平均分开，一人一份。另外，还多余一整份，她们便用最为公正的方式，将其切成几份分开。

那些严禁异性接触的清规戒律，在中国的乡村有些收敛，甚至还出现了人们置之不理的局面。比如，逢年过节之际，村中有人自动筹集一些钱财，招呼人们搭建一座简易的戏台。之后，有一些居无定所的戏班子被请到村中，在台子上表演。这种表演时间不会很长，通常为一两天。这时候，村中不论男女老少，只要是家庭中的成员，都可以前来听戏。不过，看戏的地方，会有专门的位置预留给妇女和姑娘们。这样，男女之间相互交往的机会，也是比较稀有的。在稍微大一些的城市里，偶尔有女子进出戏院。但是，她们必须停留在一个比较封闭的包厢里，这已经成为一种定制。那包厢是单独设立的，外面围着一层帘子，十分严密。前文已经说过，乡村里，男女老少通常一起下地干活儿，日出而作，日落而息。尽管如此，就如同相对宽松自由的大城市一样，乡村田间的人们也受着一定程度的限制，不能自由地相互交谈。这是因为身在田间的老年妇女，总是目光犀利地扫视着面前的人群。那些年轻男子和女子的一举一动，都在她们的眼皮子底下。这使得被注视的一方，时刻感到拘束，没有办法相互交流。

在中国，异性之间存在着一个天然的屏障，就像楚河汉界一般。如此，社交生活中的高级乐趣和享受，在他们身上无法得到体验。与中国人所认为的娱乐相比，这种高级乐趣和享受截然不同。根据记载，第一位清朝官员，踏上美国土地后，受邀参加一次招待会。招待会在华盛顿举行，主要内容之一就是举办一场大型的舞会。在舞会上，面对满脸通红、激情昂扬的男女舞伴，这位官员简直惊呆了。活泼狂野的舞姿，与舞者身上典雅考究的服饰，在这位官员看来，就是两种相互对立的事物。观赏了一会之后，这位官员好奇地向身边的一位朋友问道："那些人到底在做些什么啊？看上去，他们很劳累，为什么不雇佣一些人来做呢？"

关于这个故事的真实性，我们没有办法确认。即使它是虚假的，但像这样的事情一定发生过。它很准确地反映出，对于我们的社交乐趣，东方人是怎样的一种看法。同时也说明，与西方的模式不同，他们的观念形成于另外一个系统中。在他们的生活中，孔子及其儒家弟子是他们的榜样。作为一个正人君子，一个人首先要注意他的言行举止。他始终必须摆出一副有威严的样子，不能随意说些与主题无关的话语，行动也要稳重、矜持。

走路的时候，不能走得很快。但是，你如果飞快地跑起来，那便是最大的恶行。跳舞中的男人，在中国人看来，简直就是疯了，或者神经不正常。因为他们在干净的地板上，做一些无聊的转圈活动，同时手臂还不断挥舞着。如果男人和女人，一起手拉手、臂挽臂地跳着，中国人看了一定会大吃一惊。用他们的礼俗去衡量，中国人认为这绝不是一件正当的事情。在他们看来，女人不能像男人那样，享有娱乐的权利，并做一些剧烈的活动，以打发时间。

在中国，男人之间可以相互来往，并自取其乐。不过，他们见面之后的礼节如此之多，令人厌烦。在主人和客人之间，正是由于这种过多的嘘寒问暖，使主人的待客之道多了几分虚假，而少了一点真诚。因此，这种交往成为中国人的一种负担，也失去了原有的乐趣。举个例子，有个中国人去拜访他的朋友，在门口，他的朋友会出来迎接。这个时候，问题就来了。就谁先进门这一问题，客人与主人少不了一份谦让。通常，这种揖让的工夫要花上五六分钟。其实，关于这个问题，亦无可非议。主客双方都明白，谁先进门谁后进门，只是他们谁也不明说，就是讲求这个礼仪。这在中国社会已经成为一种定制。进门之后，客人落座。接着，不管他口渴与否，主人都要奉上一杯热茶。另外，在与主人谈话时，客人必须小心谨慎，时刻观察着主人的脸色。从朋友相互拜访这一简单的交往过程中，我们就可以看出，中国人的社交活动已经成为他们一种沉重的负担。这种负担，对于我们来说，是无法忍受的。

在中国，大部分官员都有很多藏书。这些藏书精美考究，大多是古代的经典著作。对于自己的文化，他们怀有极大的兴趣和爱好，经常滔滔不绝地相互谈论。他们的知识渊博，就某一问题通常会有自己独特的见解。对于中国古代的瓷器、玉器、钱币或者绘画等，他们中的某些人也深有研究，并在这些方面下了不少工夫。在生活中，如果碰到还有另外的一些人也对此感兴趣或者深有研究，就会视为知己。在谈论诸如古玩钱币等事物时，中国人确实比外国人有见识多了，并且可以担当外国人的老师。在外国人面前，中国人通常会显摆他那富有奥妙的研究心得，并详细地分析、讲解每一个细致入微的环节。就这样，他们的老师风范显露无疑，并使得他的学生大为赞叹，甚至仰慕崇拜。

对于身怀西方思想观念的人来说，想要与中国人和睦相处，并有一个全面深刻的认识，有一门课程是必须要学习的。这种课程必须由已经获取实际经验，并对中国有全面认识的人开讲。同样，中国人想要与西方人相处的话，也必须这样做。双方的思维方式、价值观念、教育体系和内容，都各不相同，因此在交往的过程中，各方都应该站在对方的立场上考虑问题，彼此之间怀有宽容，并保持适当的自由空间，以供对方回旋。一句话，在许多事情上，双方都会发现对方所表现出来的严重失误和无知。这样看来，只有经过长期的接触和了解，双方才能成为好友。比如，在我们看来，一个具有正常思维能力的人，他必然会知道，地球是圆的。同时，他也明白，一个从纽约出发去北京的旅行者，无论他从东向西走，还是从西向东走，都可以到达目的地。然而在中国，就有很多人不知道这一点。另外，不管是哪一位政治家，洞察万事的他不知道万有引力定律，甚至认为由于天狗吞食太阳或月亮，才出现了日食或者月食。像这样的事实，不管是谁，都是无法接受的。然而，在中国就有这样的人，且不是什么稀罕事。还有一种现象，同样令我们大为不解，那就是许多文人骚客，用华丽的辞藻和新颖的风格进行写作，但他们并不知道应该教育人们学习哪些内容。这些内容在我们看来，可以组成教育一个人最为基础的框架。像这样的文人骚客，在中国为数众多。

在中国，通过某一级的科举考试，文人就一跃进入士大夫阶层。他们通常拥有一套独特的逻辑思维，总是喜欢与人辩论。尽管他们思路灵活，意见针锋相对，并能抓住对方的理论要害和缺陷，进行有力地反击和证明。但是，他们往往把自己的结论建立在一些莫须有的理论基础之上。这种方式，在我们看来很荒谬。比如，如果有人从孔子的典章中引用一些话语和观点，那么与他争辩的人便会主动屈服和让步。因为在他们看来，没有谁能比孔子更加贤明的了。因此，争辩的双方中一方快要溃败的时候，他就可以勇敢地引用孔子的观点，压服对方，彻底扭转局面。他们双方对某些既定事实的认可，使得各自可以就争论的议题做出有利于自己的阐释，从而在争论中逐渐占据上风。基于这一点，中国文人争辩的一些特殊情况就显示出来了：我们可以得知他们的思维方式，以及在多大的程度上置公认的一般原则于不顾，而盲目地信从某位圣人的只言片语。

曾有一次，就某个问题，一位中国学者与我争论了几个小时。当时，那位中国学者在朝廷中担任某要职。在谈话过程中，他提出一个观点：按照自己的意愿，狐狸可以随便转变成人。尽管这个观点很荒唐可笑，但是经过几个小时的激烈争论，我们最终谁也没有办法说服谁。

过了一会儿，那位既是我的朋友，又是我的辩手的中国官员，对我讲起了一件事。他说："北京发生过一件真人真事，我想您恐怕也没有办法否认。对于那件事，相信您也有详细的了解：几年之前的某个晚上，在英国的使馆内，有个士兵正准备上床睡觉。突然，他听到院子里，有一只狐狸在叫。于是，他重新起床，穿好衣服，拿起一把枪，告诉妻子他要去射杀那只狐狸。接着，他就走出去了。一会儿，一声枪响过后，他的妻子睡着了。第二天早上，妻子醒来后，发现自己的丈夫并不在房内。过了几分钟，她丈夫的尸体，被另外两名士兵抬了进来。人们在一丛月桂下，发现了她丈夫的尸体。在他的脑袋上，有一颗子弹穿过的痕迹。人们发现，他的枪还在身边，但狐狸却不见了踪影。您看，"我的辩手正使用一种十分肯定的语气，兴高采烈地向我宣布，"事情的真相已经水落石出：那名士兵追逐狐狸，跑到月桂丛的时候，狐狸眼看就要被逮住了。于是，它随机应变，在很短的时间里变成一个人，夺过那名士兵手中的枪，瞄准他的脑袋，开枪打死了他。之后，狐狸显回原形，迅速地逃走了。对于这样的事实，您还有什么好说的呢？”

说完这些，那位官员满心欢喜地看着我，等待我的回应。我对他说，这件事情北京人几乎无人不知，我也非常相信。不过，对于他的结论，我坚决不同意。这可能是我唯一的解释和答复。我之所以这么说主要在于，狐狸变成人射杀士兵，并不是真正的事实，而是人们的主观推断和猜测。而我给出的另外一种猜想是，士兵在月桂丛中慢慢地朝狐狸爬去。但是，他忘了一点，爬行的时候，随身携带的枪，正对着自己的头部。这时候，枪的扳机正好被一个树枝挂住并拉动。于是，“砰”的一声枪响，子弹便穿过了他的脑袋。

我们的争论就此打住，不过，谁也没有说服谁。就这件事而言，虽然这位中国官员缺少必要的常识，因而得出荒谬迂腐的结论，但在其他事情上，他仍然不失为一位朝廷的重臣——做事情眼光看得远，与人相处度量宏大。

在中国，家里的客厅和书房，装修和用料都十分考究，可称得上是古色古香。这一点，也许并不符合我们实用的心理。不过，让我们重新返回中国家庭，探讨一下女性从小在闺房中长大，与世隔绝的情形。只要你留心，就会发现，只要来访者走到书房或者客厅门口，他们都事先咳嗽几声，算是向里面的人通报。尤其是女性在的话，可以让她有足够的时间回避。不过，对于他们的儿子，中国人则引以为傲。如果有外客造访，他们定会让他们的儿子在场。然而，当父亲把儿子介绍给客人的时候，总是带着一种无所谓的口气，并向客人一再表示，他的儿子愚笨无知，不成器。一句话，在当父亲的看来，儿子就是成才太慢。不过，做父亲的说这些话，却掩饰不住他骄傲的神气和心情。如果你想与一位中国父亲套近乎，并建立良好的关系，那就亲自去他家拜访，当着他的面，竭力夸奖他的儿子。虽然建立良好关系的办法有多种，但这种做法却是最为可靠的一种。

在中国，当地人与外国人交往，仅仅限于同性之间，差不多已经尽人皆知。不管从哪一种角度看，这种做法是极为不妥当的。只要东方的礼俗没有发生改变，社交规则还是搞原来的那一套，那么东西方之间的交往和沟通就会受到严格的限制。而且，你越是想要它在尽快的时间内发生改变，你就越觉得它坚如磐石，牢不可破。因此，任何一种强制的手段或方法，将会使得问题变得越来越尖锐，甚至起到相反的效果。就现在而言，中国举办的任何一种国际性的集体活动，单调乏味，丝毫引不起人的兴致，除非他们允许女士上场，进而营造一种温文尔雅、活泼欢快、其乐融融的氛围。像这样一种状况，我们要忍耐，并用一种理性的态度等待它的转变。或者换句话说，我们这样做，就是极力避免一桌宴席的人，意兴阑珊，寡欢而散，或者防止这种荒谬可笑的状况继续干扰我们的欢乐宴会。

在中国人举办的宴会上，外国朋友经常会发现，自己处于一种尴尬的局面。因为他们就像木偶一样，完全受到主人的控制和摆布。中国人的饮食文化，博大精深，每一道菜都有独具的特色。这一点，与西方的菜肴颇为不同。与之相应的，主人与客人之间的应答招呼、举杯饮酒等形式上的礼仪，也是截然不同。在这种情况下，外国人在中国的餐桌上，经常会闹出一些笑话，这让人们感到颇为有趣。而不像一般人所说的那样，会使用餐的人们感到无助，甚至单调乏味。这些西方的食客，有很多人在自己的国家也算是美食家了，但是面对中国神奇多样的菜肴，他们全都变成了小学生。这也没见过，那些没吃过，就连吃饭使用的工具，他们用起来也捉襟见肘。一个美国人，在中国人家中做客，可能会手持一双筷子，为顺利夹起一颗米粒，而下一番功夫。然而，当他回到美国，在自己家中招待中国人时，他很有可能看到，这位中国客人屡次使用刀叉无效后，将其愤怒地扔到一边，而不得不求助于天然的工具——十个手指头。这时候，作为一个旁观者，美国人会因为找到一个机会报复中国人而感到内心极大的满足。

在与异国他乡的客人吃饭时，人们总会发现其中的一些乐趣，并铭记于心。曾经有一次，我招待一位来自朝鲜的客人。他是朝鲜的内阁成员之一，每年率团来访中国的皇帝。这个人看起来，很有修养，言谈举止，流露出不凡的气质。此外，他还是个学识渊博，才华出众的人，并赢得了人们的广泛赞誉。然而，就是这样一位出众的人物，居然没有见过照相机，并且生平以来第一次照相。就连一盏煤油灯，在他也是个新鲜的东西。因为他之前根本没有见过煤油灯，甚至连煤油都不知道是从哪里来的。我告诉他，煤油是从地底下采来的，很显然，他是不会相信的。至于西方人住什么样房子，他也一无所知，更别提亲自住进去体验一下了。因此，在我的房间内，他对一切都是那么好奇和惊异。当他坐到沙发椅上时，惊讶得仿佛整个身体的灵魂都要出窍。此时，他平日里的个人颜面也一扫而光。

他和自己的一位同事，第一次来我这里做客，我自然要设宴款待。席间，两位先生可怜巴巴地望着桌上其他人的举动，并拿起刀叉进食，做出一副竭力模仿他人的样子。随后，客人们向主人简单介绍了朝鲜人在宴会上的习惯做法，并请求让他们按照自己的习俗进食。我答应了他们的要求。接着，他们开始采用他们的做法，但是结果却让人看起来不受用。原来，他们喊来贴身随从，并让他们站在自己的身后。刚开始的时候，随从只是站在主人身后，并不进食。在外人看来，他们只是象征主人崇高地位的一种标志而已。但是，后来的事实却让我们颇感意外。

主人吃过喜欢的菜肴之后，便把盘子里剩下的东西，或者手中的东西，统统递给身旁的贴身随从。他们从主人的肩头接过食物，然后津津有味地吃起来。比如，上来一道炸鸡，主人把他啃得稀烂的鸡肋递给随从。随从接过来，把所剩无几的肉搜刮得一干二净。最后，他们直接将骨头扔到地毯上。也许，餐桌上的其他人看到这些，感到很有趣味。但是，对于我的地毯来说，那可就遭罪了。

不过，他们很快就受到了惩罚。当主人金洪吉把吃剩下的一块法式芦笋的残根递给随从后，他们倒霉的时候就来了。在这之前，按照其他人的做法，金洪吉应付那根芦笋显得绰绰有余。然而，这根芦笋到了他的随从手中，却不是那么一回事了。随从使劲地咬着，嚼着，脸上顿时一片漆黑，不成样子。看到这些，我心里略微感到不安，是我让他们在这里出尽了洋相，吃尽了苦头。而且，当那位随从离开宴席的时候，心里一定在想：他们招待客人的是什么玩意儿，好像是用黄油浇在了诸如玉米秸之类的东西上。不过，他们会对外国人产生由衷的敬畏：这种看来如此坚硬，无法下咽的食物，在外国佬那里却不算事。由此可见，外国佬的嘴巴是多么得刚强，而牙齿又是多么得锋利。

第六章　中国人的信仰

对于孔子如何被人们广泛认可，并被拥护成为一种宗教信仰的创立者，我们很难理解。与缺乏真实资料而又想著书立说的人相同，许多外国人对于孔子及其事迹也没有一个明确的立论或者观点，大多数人只是随波逐流而已。

在孔子的一生中，几乎很少或者说从来没有写过任何有关宗教的东西。在他出生之前，中国的人们之间实行着某些社会规范和礼仪习俗。在数千年的时间里，这些规范和习俗一直维系着人们的行为举止。孔子生活的时代，礼崩乐坏，于是他竭力主张恢复原有的礼节习俗。于是，他经常教导他的学生们，一定要牢记并遵守这些礼节和规范。除了这一点外，孔子并没有作出什么更大的贡献。

在孔子看来，他肩上担负着一项重要的使命。那就是，恢复古代的礼乐教化和文治武功。同时，他又宣称，没有什么神奇的力量能超越于自然之上。一个人，虽然担负有很重的责任和义务，甚至超过了一家之长和一国之君所能承受的。但是，他从不向周围的人宣传这一点。有一次，别人问他关于神仙的问题。他回答说，他并不知道有什么神仙，更不相信有神仙。他唯一确信的就是，一个人应该对家庭和亲人忠实地履行自己的责任和义务，而不是去膜拜不可知的神灵。另有一次，别人问他关于死亡的问题，他直接回应道："活人的事情还没有弄清楚，哪里还顾得上搞清死人的事情呢？"

孔子不是一名宗教领袖，也不是一个信徒，他只是一位解说道德伦理的教育家和圣人。他辛辛苦苦地创立了一整套伦理道德体系。经历几千年的考验，这一伦理道德体系对中华民族产生了深远的影响，并导致他们形成保守、封闭的性格。但是，对于孔子的谆谆教导，人们是否真的将其铭记于心；对于人们的不同态度，孔子是否真的关注过这一点。在我们看来，这一切问题的后面，挂满了一个个巨大的问号。

如果孔子真的对人们的切实态度感兴趣，那么关于之前社会的宗教崇拜，孔子的注意力一定不在其实际的效用如何，而在于其存在的长久历史。孔子说教的核心，是要人们维护正常的社会秩序。他指出，每个人在为人处事时，不要过分放纵自己的欲望，而要走中间道路：既不太过，也无不及。其实，这些规范在我们看来，都是比较一般的道德伦理。孔子曾经说过："己所不欲，勿施于人。"他是这样说的，也是这样做的。而且很有可能，他的所有主张即使具有宗教般的性质，也可以归结为前面的那句话。还有，在孔子看来，所有的规范礼俗推行起来，一定要走正道，给人一种温文儒雅的感觉。

孔子，生于公元前 551 年，死于公元前 479 年。他死后，过了大约两百五十多年的时间，人们才发现他的理论体系中蕴含着某种有价值的东西。根据现有的历史资料显示，第一个特别拥护孔子的帝王是汉朝的开国皇帝高祖。大约在公元前 200 年的时候，汉高祖开始把孔子奉为圣人，并带领着全体大臣，到孔子的墓前祭拜。等到耶稣纪元的第一年，政府明确下令，修建纪念孔子的寺庙。一直到今天，诸如此类的孔庙已经达到千万所，遍布中国的各个地区。

在每一个中国人的记忆里，孔子就是天上的神灵。他的每一句话所产生的效力，与法律不相上下。最让人惊异的是，对于孔子的说教，上至皇亲国戚，下到穷苦百姓，每一个人都熟知于心。于是，整个国家便出现了这样一种情况：孔子的言论被引用到社会事务的各个方面，不管是日常生活中劝人向上从善，还是重大的国际问题商讨。大街小巷里，时常会发生一些争吵与纠葛，孔子的言论此时可以派上用场；国家的大政方针需要作出调整，孔子的言论又可以发挥作用。有时候在某些场合，人们引用孔子的言论，会让人觉得他是一个可笑的人，甚至精神有些失常。但由于在整个国家内部，孔子一身集中了三个重要角色——最伟大的仲裁者；说话最有分量的权威；以及一位和平的使者，所以他的言论经常发挥着至关重要的作用，尽管人们引用他的原话与所谈论的问题没有一点关系。

孔子死后，他的门徒及其后继者们，从他的著作中挑选出一些含义模棱两可的字句，加以阐释和扩充，逐渐形成了以他名字命名的宗教体系——孔教，亦称儒教。儒教认为，世界上的一切事物都来源于“第一元素”，也就是最基本的微生物。这种元素本身具有一定的作用，经过一段时间后，产生出阴性元素和阳性元素这两种相互对立的力量。之后，这两种元素交汇在一起，经过长时期的进化，于是地球上便出现了最早的生命形式。可见，儒教的理论体系，完全建立在物质世界基础之上。

当谈及有没有造物主或者上帝这个问题时，一位对孔子研究颇有造诣的评论家说：“关于上帝的存在，在现实生活中找不到任何证据。因此，孔子果断地将这一问题搁置。”另外，对于因果报应和灵魂转世的说法，孔子也是抱以同样的态度，绝口不提。因此，对于儒教的观念和理论，真正研究宗教制度的学者，从来不奢望能从那里获得什么，更别说抱有任何兴趣了。就目前存在的文献来看，对于儒教理论的解释，都是一些杂七杂八、不成系统的文字。它们既没有系统的思想，又没有明确的主题。同时，有一点我们不要忘记：那些追随者们，大多数活在离孔子很遥远的时代，只是按照自己的意愿进行猜测或者推断，他们得出的并不是孔子的真正思想。

外国人所说的儒教，在中国人看来，可以表述为“光明会”。这是由于，与“光明会”相比，儒教的很多东西与之接近。“光明会”规定，对于天地、祖先的祭拜，是他们宗教仪式中最为重要的一部分。此外，对于日月的祭拜，他们也很热衷。从时间角度讲，到了近代，“光明会”的教规中多了一条对孔子的膜拜。慢慢地，它就变成了中国的儒教。然而，只有那些官员，不管是在职的，还是候补的，才经常去孔庙祭拜孔子。而对天地的崇拜，则与之完全不同。不论男女老少，他们都很热衷于天地的祭拜。在中国，人们举行婚礼的时候，也是先要祭拜天地。在其他重要的场合下，祭拜天地也放在了首位。

在中国，最令人称赞的宗教建筑，是位于北京的天坛。在那里，共有两座祭坛，都很高大。其中一座露天，另一座在室内。每年，整个国家最为隆重的两次仪式活动，就是作为最高统治者的皇帝去天坛祭拜天地，同时进行一些祈祷活动。在这一过程进行时，皇帝身边没有一个随从，而且他必须本人亲为，不能让他人代替。此外，当这种仪式快要举行的时候，皇帝需要到一个专门的地方进行沐浴戒斋。这个时候，他手头的政事也就不得不暂时搁置一边。

关于这种仪式的详细内容，我们不用仔细探讨，就可以充分肯定，就整个过程的特点和每一个具体的环节而言，可以在《圣经》

中找到痕迹，有些地方甚至极为相似。不过，与《圣经》中的宗教仪式有一个最为不同的地方，那就是，在每一个祭坛的周围，分别环绕着如同篮子般形状的巨大铁炉。每年冬季的祭祀，皇帝都要在铁炉中焚烧一些纸张。那上面，记录了去年所有被处决的罪犯姓名，以及他们的罪行、审判结果。通过这种形式，这一年中的所有政事，尤其是全国的死刑执行情况，面对苍天，皇帝算是做了一个总结汇报。

值得一提的是，在这座皇家建筑里，还有一个特别引人注目的祈祷仪式。虽然全民上下都可以积极参与到祭拜天地的活动中，但是在天坛举行这一仪式时，女性却不被允许站在举行仪式的广场那里。一般来说，几乎在所有的祈祷仪式中，女性都是不被允许参加。并且，不论什么时候，她们都不能出现在天坛的附近，否则就要背负亵渎神坛的罪名。即便是看守天坛的官兵，怀中抱着一个不大的女婴，到精美绝伦的天坛周围闲逛，也是不被允许的。如果被发现，他将会受到严厉的惩罚。

1879 年春天，格兰特将军来北京访问。当时，天坛第一次向他开放。这在历史上是从来没有过的。在中国人看来，那是一个外国人受到的优待之一。有几个外国女人，知道了这一消息，便趁机跟随将军的人马混入其内。在她们看来，胆小如鼠的看守士兵们，见到她们跟在将军的后面，一定不敢横加阻拦。事实也果真如此。就这样，这几位外国女士实现了她们的心愿。后来，当着恭亲王的面，就这件事，我向他表示歉意。因为参观天坛的事宜，都是由我来牵线安排的。我本想认真解释一番，但是恭亲王立刻对我说道：“这件事情，我早就知道了。万一被更多的人知道，那就不太好了。所以，请您不要再提它了。”

在中国，人们是十分重视教育和文化的功效的。这一点，通过他们祭拜孔子的活动就可以看出来。几乎每一个城市，每一个较大的村落，都有一个类似行会性质的组织。那是由当地的文人骚客自发组织成立的。在街上，或者在其他人流较多的地方，他们都会设置一个箱子，里面放满了废弃的纸张。在箱子的外面，他们通常会贴一张纸条，上面写着“珍惜字纸”等字眼。任何人都要把手头的废纸扔进箱子里，而不管它们是印刷品还是手写的。有时候，在街头巷尾，你会看到一些人背着篓子，到处巡视。他们是行会组织雇佣来的，手里拿着一根嵌有锋利铁钉的竹竿，专门扎取纸片。

每过一段时间，文人骚客都要把收集起来的废纸弄到一起，在乐队的引领下，大张旗鼓地将其送到当地的孔庙。在孔庙中，有一个很有特色的建筑模型——神龛，或者又称神炉。当人们来到孔庙后，先把废纸倒进神龛。接着，人们纷纷跪在地上，看着神龛中焚烧的火焰，同时不断进行祈祷。在那些有学养的中国人看来，外国人对待废纸一点也不谨慎，总是毫不犹豫地乱扔。外国人的这种做法，常常让他们感到厌烦。在他们看来，这种做法首先是极不敬的，也是难以理解的：或许，外国人具有高度的文化修养，但是他们为什么要对废纸采取如此不端的态度呢？要知道，废纸可是他们学识的最初起源啊！正因为这一点，使得中国人对外来文化及其精华，怀有深深的蔑视之意。除此之外，没有其他的事情更让他们产生这种情绪了。

在中国，人们对于祖宗的崇拜，达到了无以复加的程度。在社会的每一个角落中，你都可以看到祭拜祖宗的现象。我们采取这种说法，一点也不为过。祭拜祖宗的人很多，但已经皈依基督教的人除外。像基督徒这样的一些人，他们不祭拜天地和祖宗，在中国可谓是异教徒了。他们经常会遭到人们的辱骂，甚至连人身安全都无法保证。一直到今天，我们才清醒地意识到，这个民族的发展与其祖宗祭拜，具有同样悠久的历史。对于祖宗的祭拜，已经深深地融入这个民族每一个成员的血液中，成为一种历史最长、根基最深的宗教形式。不难想象，以后在中国人心里最后消失的宗教信仰，一定是他们对于祖宗的崇拜。

祖宗崇拜，这一看似简单的现象，其背后蕴含的理论基础，却引发了人们无数次的争论。至今，还没有一个统一的说法。但不管怎样，这种普遍存在于每个中国人身上的信仰，具有这样一种真实的内涵：每一个中国人相信，人死后，他们的灵魂并没有散去，而是飘荡在生前的住处。于是，生者死后也希望能与这些灵魂在一起。同时，人们还相信，这些灵魂会利用自身的神秘力量，赐给后世子孙很多福祉。正是基于这些原因，人们要祭拜祖先的亡灵，以便获取他们的好感。更为严重的是，有些极其愚昧的人认为，灵魂会存留在坟头的供品上。如果没有那些供品，灵魂是没有办法显灵的。人们在祭祀祖先的时候，还会焚烧一些纸钱。这是因为他们相信，纸钱燃烧后会以某种神秘的方式转化成阴曹地府通用的货币。这样一来，神灵就能使用这些钱财了。尽管人们的这种做法和想法有些粗陋，但是它们却维系了数千年，并且激励着很多中国人照此做下去，而不会感到厌倦。不可否认，这些做法和观念中包含了子孙对于祖宗的孝敬，但更多的是他们出于对祖宗灵魂的敬畏，渴求与之友好相处，并从中获取保佑的心理诉求。因为他们始终相信，亲属的亡灵具有神奇的魔力，而这种力量可以办成任何一件事情。

尽管在中国人的信仰中，有很多地方让人摸不着头脑，但是有一点却很清晰，那就是对祖宗的祭祀和崇拜。它表明，中国人相信亡灵是存在的。而且，这种信念的存在足以证明，祖先崇拜不是中国人盲目的行为，而是他们经过思考而做出的选择。另外，中国人在其他事情上的做法和行为，也有力地验证了他们所特有的信念。在中国，很少能看到单身汉。每一个男子，必须结婚成家，养儿育女。只有这样，他们才能持续不断地祭祀祖先，从而保证他们不管是在人世，还是在阴间，都能获得长久的幸福和快乐。对于一个男子来说，女儿是可有可无的，但是儿子必须有一个。那么，为什么他要这样做呢？这里，有两方面的原因：

第一，每一个家庭都要举行祭祀祖先的活动。虽然每一位家庭成员都要参加，但是占据主要地位、发挥关键作用的，一定是家中的男性。

第二，当女儿长大成人后，必定嫁给他人，成为丈夫家中的一员，而不再过问娘家的事务。

以上事实，充分解释了为什么四处闯荡的中国人很少成为殖民者。同时，我们也可以了解另外一个事实：一个中国人客死他乡，无论多么远，他都会事先请求别人，把他的尸骨带回故土，安葬在他的祖先的坟墓旁边。只有这样，他才能因为遵守传统的礼俗而使得尸骨获得恩泽。如果他被埋葬在异国他乡，那么他的灵魂注定居无定所，孤零零地四处飘荡，并过着啼饥号寒的生活。

在中国，每一个家庭都会设立一个祖宗牌位，而且这已经成为一种定制。从理论上来讲，人们每天都要在祖宗的牌位前磕头跪拜，以表达自己的恭敬之意。祖宗牌位通常由木板和底座构成。一般是在底座上，固定住一块木板。做好之后，漆成红色。然后，刻上祖先的名字等内容。上面的字体，都采用金色，以传递神圣的含义。最后，把牌位放在一个神龛里。那种神龛的空间不大，一般经过精雕细刻，装饰得相当考究。每隔半年，家庭要举行一次正式的祭祀仪式。这种隆重的仪式一般设在祖坟上。其场面可大可小，视操办者的经济条件而定。

祭祀仪式开始的时候，先要把祖坟周围的杂草清除干净。接着，把坟头的形状重新整理一遍。做好之后，便在坟头摆上桌子，把早就预备的供品一起放在上面。祭祀的供品无外乎是各种肉类，比较常见的有猪肉和鸭子等。除了肉类外，还有米饭、糕点、酒水和供神灵穿衣用的丝绸。在中国的传统庆典中，鞭炮是一种必不可少的东西。祭祀祖坟的时候，自然也少不了它。一声声鞭炮响起，纸钱也焚烧起来。就这样，人世的纸币瞬间就化成了阴曹的通货。

在世界上，中国人的节俭是最出名的。当供奉祖先的祭品被先灵充分享用之后，家庭中的成员就将那些残羹冷炙一扫而光，连汤水也不剩下一滴。可以说，祭祀祖先的这一天，对于中国人来说也是一个隆重的节日。有些人家，由于生性吝啬，不想在祭品上多花一分钱；而另外一些人家，则由于经济条件太差，买不起丰盛的祭品。于是，这两类人经常去别家借用祭品，等白天祭祀结束后，再把这些东西原封不动归还原主。这些都是发生过的真实事件，并不是我们凭空杜撰出来的。还有些人的做法更为卑贱，他们买一些纸糊的烤乳猪和烤鸭子，在祭祖的时候欺骗死去的亡灵。那些东西与实物的外形很相像，而且与活人相比，亡灵更容易受到糊弄，于是他们便采取作假的方式。

在中国，除了皈依基督教的人之外，绝大多数人信奉儒教。这一事实，我们必须接受，倘若我们想要理解三大宗教在中国人心目中的真实地位。其实，儒教并不是中国人自己发明的，他们只是把一个名称加在了上面而已。因此，对于真正的儒教，中国人知之不多。不过，他们只清楚一点，那就是崇拜天地和祖宗，再有就是信从孔子的教诲。这就是最为质朴的中国儒教，可以说是最为原始的，没有掺杂其他成分。在下文，我们将要论述的两种宗教，在中国一直处于次要的地位。明白了这些，对于我们了解中国的宗教，将会有巨大的帮助。

关于道教，它是不是在中国起源，至今还有很多争议。其中，大部分人认为，道教并不是在中国产生的。它的创立者虽然是一名中国人，但是他曾经游历过亚洲的其他国家，思想上深受印度婆罗门教的影响。与孔子相比，他稍微年长一些，但这两个人差不多属于同一个时代。有一次，他还与孔子见过一次面。“道教”，也称“道”主义，这一名称就明白无误地透露给人们有关它的信仰内容。

“道”，这个中国汉字，具有“道路”、“途径或者方法”等含义。道教的创始人宣称，他所创立的宗教，就是为了帮助人们理解和研究宇宙、人生、万事万物与“道”之间的联系。在他的著述中，尽管论证的方式颇为简易，并且论证的含义也相当荒诞，但我们还是要选取几句话，以便说明他是怎样阐释自己的思想的。而这几句话，也许正是读者想要真正了解那种宗教所必须掌握的东西。第一句，“有形生于道，道生于物”。第二句，“道生一，一生二，二生三，三生万物。万物负阴而抱阳，冲气以为和”。这两句话极易让学者们想起这样一个画面：一条狗，正费劲地追逐着自己的尾巴，但是一点作用也没有。由此，我们可以看出，这种理论的意义甚微。

从理论上讲，盲目的偶像崇拜，在道教的原始形态中是极力避免的。换句话说，道教是不主张人们对有形的东西进行顶礼膜拜的。但是，它却引发了人们可以想象到的无数偶像形式。可以说，现在有些新的偶像，还在被它所创造，逐渐融入到旧有的偶像序列中。刚开始的时候，道教认为，人的主要责任和义务是研究“道”，并遵循“道”。在这一过程中，人们要限制自己的各种欲望。不过，经过长时间的流传，这种说教早已不是原来的面目。不知道从什么时候起，道教的追随者变成了江湖上的术士，杂耍戏法，无所不通。还有些人一跃成为算命的先生，或者治病的医生等。每天，他们四处招摇，嘴里喊得无非是那些帮助人们实现青春永驻、长生不老、体力不衰的神奇药物。

其实，道教的说教内容，就蕴含在这些江湖术士的骗人鬼话中。只要稍加分析，你就会发现其中的某些思想观念。另外，来自欧洲的一些虚假承诺，也成为他们装点门面的套语，比如，像什么化腐朽为神奇，将破铜烂铁变成金子等等。

可以这么说吧，以下事件具有至关重要的意义：第一，孔子被中国官方正式定为人们膜拜的对象，从此以后，儒教成为人尽皆知的一种信仰；第二，耶稣降生；第三，佛教传入中国。这三件大事，几乎发生在同一个时期。在中国，有这样一个故事在人们之间广为流传。说的耶稣降生的时候，中国的皇帝做了一个梦。在梦中，有人告诉他，说西方有个大智大慧的人就要诞生了。他还建议皇帝，派出一个使团的人马，亲自去西方邀请那个人。还有一个故事，说是五百年前，孔子说过一句话："在遥远的西方，有一位圣人。"皇帝看到孔子的这句话后，真的派人去西方寻找圣人了。关于第二个传说，我们倒是可以相信。因为在基督降生的时候，中国为了寻找新的信仰，确实向西方派出了一个使节。这个使节转了一圈，不想走到了印度。最后，佛教被他带回了中国。

在中国，到处可以看到有关佛教的建筑。它已经成为中国大地的一种景观。一般说来，在较大的城市里，佛教寺庙会有上百所；而在城市规模稍小的地方，寺庙只有几十所；到了更小的村镇，就只剩下两三所了。《哈姆雷特》如果没有了丹麦王子，整个故事情节就无法进展。同样，如果佛教寺庙中缺少了土地神，那么它就不成样子了。这些佛教寺庙，最初只是个别人收集财物修建起来的。在之后的岁月中，维修以及运作寺庙，也是靠人们的集资完成的。迫于公众的舆论压力，乡村中的每一个成员都要付出一些钱财。与此不同，有些寺庙是通过政府每年出钱来维护的。像这样接受国家财物的寺庙，其建筑都是很奢华的，给人一种流光溢彩、金碧辉煌的感觉。

因为那里的建筑屋顶，一概是用黄色的瓦片铺就的。而黄色，它是皇帝专用的颜色，象征着权威。一般而言，普通老百姓是不被允许使用黄色的。

在中国，除了有正式的佛寺外，还有许多乡村野外的小寺庙。在正式的佛寺里，是人们专门供奉释迦牟尼的地方。与之不同，小寺庙主要供奉身份和地位比较低微的小神。当然，它们有时候也会供奉释迦本人。曾经有一次，我出游山西。在那里，有一个佛教圣地，名叫五台山。当我距离那里还有十多里地的时候，在路上发现了一个小庙，十分破旧。这个庙不大，仅有狗窝那般大小，是用泥土垒起来的。别看庙小，作用很大，它是用来供奉当地一千二百四十九位无名的地上、天上和海里的众神灵。各路大神在中国都受到了较好的待遇，有单独的寺庙供奉。然而，还有为数不少的小神没有地方安置。畏首畏尾的中国人便想办法给他们建立了一个小庙，在那里供奉起来。虽然这种想法和做法，反映出中国人的细致周到，但对于这些，我们没有办法理解，甚至会觉得有些荒谬。

每个月，初一、十五以及某个特定的节日，是寺庙举行祈祷活动的时间。其他时候，一年到头，不论白天黑夜，人们可以随意进到任何一个寺庙。不管在什么时候，现场的祈祷仪式，总会有一个和尚主持。在佛像的前面，有一个油灯，里面漂着一根灯芯。虽然灯芯发出的光不亮，但是它一年四季从不会熄灭。一次祈祷仪式，只能为一个人祈福。到现在为止，还没有听说过，一次祈祷牵涉到两个人或者两个以上的人群。在几分钟内完成的祈祷，那是普通的祈祷。一般说来，人们从门口进去，接着从僧人那里买几柱香，然后僧人在佛灯那里将其点燃，并把它们递给祈祷者。最后，祈祷者将点燃着的香插进香炉里。这香炉就放在佛像前的桌子上。做完这些，祈祷的人站在面前的垫子旁，跪下去，叩头。像这样的跪拜，总共进行三次。与此同时，站在一旁僧人，会敲钟或者击鼓，用来提醒佛祖有人光临了。这道程序结束后，整个祈祷仪式算是完结了。祈祷的人从垫子上站起来后，就可以自由活动了。这就是中国寺庙里进行的一般祈祷仪式。这种做法很简要，并不需要人们花费多少金钱。另外，人们在清闲的时候进行祈祷，并不会耽误他们的工作。对于他们而言，这种祈祷方式很方便。

规模较大的寺庙中，有许多老僧人和一些小和尚。小和尚们必须每天轮流值班，就像海上的水手一样工作。在一些特殊的时刻，他们还得为祈祷的人主持仪式。在中国社会里，僧侣算是一个特殊阶层。他们经常遭到人们的非议。他们不但生性愚笨，还不守门规，总是做出一些不法的行为来。对于宗教礼俗的东西，他们几乎一无所知，唯一知道的，不过是几句梵语而已。而就连这样的几句梵语，也是他们从别人那里偷学过来的。当人们嘴中念诵的时候，他们也跟在后面不断地重复。慢慢地，他们就变成了现在的样子，整日嘴里念念有词。

寺庙中的僧侣，存有严格的等级界限。我们暂时找不出一个更好、更恰当的名称来，便把寺庙中级别最高的和尚，称之为大主持。在中国所有的宗教事务中，他的地位仅次于西藏的大喇嘛活佛。在佛教圣地五台山，我就见过这样一位高僧。他，西藏人，约莫七十岁的样子，看起来和颜悦色，行为举止从容不迫。我和他交流了很长一段时间，感觉很好，虽然他汉语讲得不是很好。为了招待我，他特意选取上等的茶叶，泡好给我喝。与汉族人的习惯不同，在茶水里，他还添加了酥油和食盐。我喝了一口这样的茶水，感觉一点也不难喝。这是一位健谈的老人，一说起话来禁不住唠唠叨叨。对于国外的一切事物，他一点也不了解。但是，在畅谈的过程中，他又表现出极强的好奇心。他对我说，寺庙中的大主持是很多高僧们一起选举产生的。选举出来的大主持，担任六年的时间。过后，就要重新选举。他已经连任三届了，再过几个月，将要面临下一届的选举。他还对我说，对于这一单调乏味的职务，年事已高的他已经不再抱有任何兴趣，而且连任的代价远远高于他所获得的名誉、报酬以及其他之类的好处。

以上介绍的僧侣制度，是中国比较正常的一种。此外，还有一种独特的制度，即活佛转世的说法。相对于正常的僧侣制度，这一制度是近代才兴起的。活佛，被人们认为是佛祖本人的化身。佛祖不参与佛教组织及其日常事务的管理，他本人十分圣洁。不过，为了接受世俗的祭拜，他必须一直坐在莲花宝座上。从理论上讲，他是不会死的，只是不断地转世投胎。然后，人们苦苦寻找，在一个地方发现一个男孩。据说，这个男孩就是佛祖的化身。按照这种说法，活佛转世以后，这个世界上应该只有一个。不过，令人感到纠结的是，中国在近代居然找出了四个转世活佛。他们当中一个在西藏的拉萨，另外几个分别在三个佛教圣地。那三个佛教圣地，据说还是相互对立的。

自从基督教产生以后，佛教一直与之共存。在后来的时候，对于基督教中的某些思想和观念，佛教就逐渐吸收了进来。从佛教中的某些词汇和用语，就可以看出这一点。今天，在佛教最初的关于尘世生存、善恶因果以及轮回报应等思想体系中，你是找不到它现在所宣传的思想和观念的。对于这一点，我们十分肯定。有关天堂和地狱、人格化的妖魔以及大慈大悲观世音菩萨等内容，你在早期的佛教理论中根本找不到影子。不难想象，我们可以找出一个图画，上面画着一个佛教徒双脚踏住魔王。对于这样的内容，早期的佛教徒是没有办法理解其中的意义的。同时，再找出一副观世音的图画，他也是不明白，这位佛教的圣母是怎样的一个人物。

走在中国城市的街道上，西方人总会感觉有些奇怪。与美国任何一个城市一样，名目繁杂、各具特色的广告在中国的城市也随处可见。你会看到，各种各样的广告，密密麻麻分布在大街小巷。偶尔看到一块干净的墙壁，那里一定写着“禁止张贴”的字样。如果这个西方人仔细搜索的话，在那些夸大其词的庸医假药广告中，他会发现这样一些内容：“只要心诚，不管要求什么，你都可以得到”，“有所求，必得到”等等。看到这些之后，他的第一反应是，美国人的幻想和狂热，不单单限于他们身上，中国人也擅长此道——在一些杂七杂八的地方张贴一些词句为自己做宣传，而这些词语与《圣经》里的差不多。事实上，这些吸引人注目的词句仅仅是一个外在的形式，就像是佛教的招牌一样，为了吸引更多的香客和祈祷的人。只有这些人带着钱和物去了，寺庙中才会有人为他们主持仪式。如果不出钱的话，是不可能完成祈祷仪式的。这已经成为一项规定。这样看来，那些广告无疑都是在拉拢生意了。

在中国，还有一部分云游四方的僧人，而且数量非常多。像他们这样的僧人，在中国是不合法的。根据规定，任何一个云游四方的僧人，可以在他所选择的寺庙投宿，并且吃喝、住宿等全部免费。实际上，这些人大部分都是专门乞讨的流浪汉。为了博得人们的同情，使得他们的遭遇为更多人所吸引，他们往往把丑陋的面容装扮得更加悲惨，或者故意把自己的身体致残，让人们不忍心再看一眼。他们还有一个惯常的做法，总会宣称自己是某个遥远古刹里的僧人。

曾经有一次，我在大街上就碰到了这样一个人。他的左手上面，指甲非常修长，因而特别引人注意。当着我的面，他用一种十分真诚的语气说，十年来他的指甲从来没有修剪过。不过，看看他的手，似乎没有清洗的时间远远超过十年。那些指甲大概有八英寸长，那弯曲的样子，活像一只鸟爪子。手上的大拇指，与其他手指不在一排，非常突出，就像一个长长的拱形结构，逐渐延伸到手背的地方。通常，他会把手掌微微收拢，手心向上，高高地放在胸前。这样一来，他的那只手便更加吸引人的注意了。我对他说，只要他愿意剪掉指甲，我可以出一大笔数量可观的钱财。当他听到我这样的话时，愤怒地拒绝了。还有一点，他的做法与佛教礼俗截然不同。他留着一头长发，披散在肩上。他总是对人说，他的头发已经超过整整十年没有梳理过一次。这头发和指甲，是这位云游僧人的谋生饭碗，所以，他说的那些话一点也不夸张。

除了云游僧人，还有一种被称为“职业化的聚钱僧”。这样的僧人一般不属于任何寺庙。但是，当一座寺庙需要大规模修缮，或者由于某种特殊需要着急筹集大量钱款时，这样的僧人便派上了用场。在北京，我曾经遇到过这样的一位僧人。在他靠近脸颊的部位，上牙和下牙全都拔掉了。而且，在他的脸颊上，还穿了两个圆形的洞。这样，一根与中指差不多大小的铁棒，从这两个洞里穿过，两边各露出一英寸多些。在铁棒的两端，挂着一个半圆形的铁环，绕在脑袋的后面。在这个铁环上面，还有一条铁链。那链子很长，他走路的时候，能在地上拖几英尺远。除了这些以外，他身穿百衲衣——只有街上的乞丐才穿的。这种衣服很有特色，由无数块颜色不同、形状各样的小布块拼凑而成。就这样，他拿着一身的装备，到处走街串巷，挨家挨户地请求人们施舍或者捐助。当他这样做的时候，还声称是为了修缮寺庙。

其实，这个人就是一个无耻之徒。他是被某个寺庙雇佣来的，并且每个月从那里领取定额的报酬。非但如此，在人们捐助的款项中，他还要拿走事前与寺庙说好的一部分资金算作回扣。在他的身上，没有一点值得人们同情的地方。他身上的铁棒、铁链和破衣烂衫，是他精心策划，刻意装扮的。甚至可以说，这是他的拿手好戏。他还有一个绝活，可以做出一种假象，让口中的鲜血，从脸颊上的圆洞中不断流出来。

为修缮寺庙而到处筹款的方式，除了上面的那一种方法外，还有一种方式需要说一下。在寺庙的院子前面，会安放一个箱子。那箱子不大，仅仅容得下一个人站立。有一个僧人，站在箱子里面，他被安全而又牢固地安置在那里。这种僧人也是乞讨僧，他们的乞讨方式很特别。

当僧人在箱子里被安置好后，在箱子的表面，就会钉满锋利的大头钉。大头钉透过木板，几乎接触到僧人的全身部位。他站在那里，一动也不能动。此时，他身上唯一可以活动的部位只有右手和前臂。在他的面前，有一根细绳，他刚好可以够到。于是，他抓起绳子，不断地敲打寺庙的大钟。过往的行人，被钟声吸引，无一不观看他的行为。箱子上面的钉子，每一根都有一个价码。这些价码加起来，就是这次募捐的总额。位于僧人不同身体部位的钉子，其上的价码是不同的。当然，位于眼睛和其他重要部位的钉子，其价码是最高的。寺庙之所以会这么做，是因为他们认为，过往的行人看到僧人如此的献身精神，一定顿生恻隐之心，并会用财力尽量相助。只要他们出钱，便可拔掉箱子上相应价码的钉子。一旦有人付钱，箱子附近专门有僧人负责拔钉子。那根钉子拔出后，一般会送给购买者。他们拿走之后，好好保存，算是他们乐于捐助的纪念。那被困在箱子里的僧人，只要钉子没有被全部拔掉，就得日夜待在那里，没有任何间断或者休息的时候。

对于信徒，佛教不但要求他们忍受苦难，还教导他们应该怎样奔赴苦难。在这里，由于篇幅有限，我只举一个例子，用以说明这一点。有个下午，天气炎热，灰尘满天。在北京的西南部，路边有个小茶馆，我坐在那里休息。这时候，有两个人朝这边走来，一男一女，行为非常古怪。他们所过之处，到处尘土乱飞。那个男子，按照估计好的距离，每迈出一大步，都要俯下身子，把头磕在地上。接着，他起身，把脚放在额头触地的那块，接着抬起另一只脚，向前迈去，再磕头。就这样，不断重复。当我看到他每次匍匐在地，磕三下头的时候，不禁想起童年时候见到的一种虫子。那是虾蠖，走起路来，一拱一曲的。

我很好奇，便问那个男人，为什么要这么做。他回答说，一年之前，他的独生儿子患了重病，于是他向佛祖许下诺言，如果能救活他的儿子，他便用上述的方式，从家乡走到五台山。在那里朝圣之后，他再接着以同样的方式返回家中。从他家到五台山，行程有几千里地。按照他这样的做法，走一步，叩三次头，每天大概只能走五公里的样子。这个男人已经七十八岁了，额头上有一个鸡蛋大小的肿块，身体极其瘦弱。浑身疲惫的他，即将接近人生的终点。很显然，在有生之年，他要完成自己的许诺，几乎是不太可能的事情。当我建议他不要再继续朝圣下去时，他先是一惊，接着很气愤。最终，他没有听取我的劝告，继续拖着疲惫的身躯走下去。我看着他们，直到他们的身影在眼前消失。

与西方的男人相同，中国男人多半在得意洋洋之际，不会想起宗教的用途。但是，当他们遭遇逆境的时候，又会义无反顾地寻求宗教的庇佑。因此，真正虔诚的佛教徒，大多是妇女和儿童。也许，男人们会把佛教视为一种附带的信仰，但是他们绝不会真正地遵从其宗旨和信条的，这已经成为他们的一种习惯。比如说，佛教严禁吃荤，不允许人们杀生。有一个考验佛教徒的方法，想必人人都很熟悉，但多少会让人感到恶心。那就是某人真是虔诚的佛教徒，他不会杀死身上的任何一个虱子。不过，你只要在中国随便待几天就会发现，几乎没有一个中国人不喜欢吃肉的。对于普通老百姓而言，他们不吃肉不是因为信佛，而是经济条件所限，买不起肉而已。还有，他们经常不喝酒，也是基于同样的原因。另外，佛教要求信徒不要撒谎。仅凭这一点，在中国，你几乎找不到任何一个合格的佛教信徒。

当较大的灾祸降临的时候，佛教能以一种巨大的神奇力量，将中国人吸引过来。这种现象，让我们感到很惊讶。就连那些富有智慧、运筹帷幄的大人物，当遭遇不幸时，也会匍匐在佛祖面前，做一些弘扬佛法的道场之类。尽管这种荒诞不经的做法，使得他的颜面和威风尽皆扫地。为了趋利避害，求得好运，他们经常不惜花费大量的钱财用在佛教徒身上。曾经有这样的一件事情，就发生在中国的清朝时期。有一位官员，在国内外享有较高的声誉，然而，由于某种原因，不幸被皇帝免去职务。为了恢复官位，他到处找人，几乎用尽了所有的人际关系，但是还没有办法恢复原职。结果，他算是空忙活了一场。无奈之下，在一年的时间里，他祭拜了北京所有的寺庙，几乎花光了自己的所有财产。当时，北京大大小小的寺庙，多得无法算清。这位下马官员为了扭转命运，前往寺庙朝圣时的方式，就是前面我们说过的“一步三叩头”法。

具有高度智慧的中国人，也有很强的功利主义信念。对于现代道教所宣扬的那些华而不实、夸大其词的荒唐内容，他们是不会认认真真接受的。不过，佛教却在一定程度上认准了东方人的弱点——较强的迷信观念。于是，与道教相比，佛教更能吸引人们的关注。正因为如此，佛教能够在中国长时间流行，并产生了不小的负面影响。它直接威胁到中国整个民族的身心健康，并使得他们的身体素质急剧下降。在此过程中，佛教的消极作用不可低估。只要是一个身心健全，充满理智的人，当他看到中国人受到佛教毒害的时候，没有一个人会怀疑上面对佛教的评价。只有那些对佛教一知半解，甚至全然不懂的人，才会对佛教顶礼膜拜，并极力赞扬。作为影响现实社会的宗教制度之一，佛教无疑就是一个座停尸房。在这座停尸房里，堆砌了不少死尸或者白骨，它们正在慢慢腐烂。

在中国，儒教的实际掌舵人是历朝历代的皇帝。他要求文武百官一律信奉儒教。对于外来的其他信仰，政府采取了一种宽容默认的态度。不过，面对佛教和道教，皇帝还是有所偏爱的。他经常以捐款或者资助的名义，维系着道教和佛教的存在。可以说，皇帝养活了无数的道教佛教信徒。还有的皇帝，亲自去过一两座寺庙。幸好，他不是去祈祷了，而是作为募捐人的身份前去察看。唯一能让皇帝下跪叩头的地方，只有在天坛或者孔子的牌位前。面对佛祖神像，他只是象征性地弯一下腰。至于到了道教的庙宇，看到纷乱杂多的众神像时，他也只是挑选其中的要人，稍微欠身而已。

在中国的北部和西北部地区，广泛分布着数量众多的穆斯林教徒。从血统上来讲，这些教徒属于波斯人，而不是汉人。因为这一点，他们感到无比的骄傲。几百年来，对于自己的宗教信仰，他们一直谨慎地遵守着。在与汉人相处的过程中，他们维持着自己的风俗习惯，并与汉人和谐相处。现在，穆斯林的清真寺广布中国，仅北京一带就有二十四所。

不过，最让人不可思议的是，在中国的中心地区，即河南省中部，有一个村落，全是由犹太人组成的。根据相关资料显示，从犹太人被迫流亡世界各地以后，他们就一直居住在这个村落里。几百年过去了，虽然这个村落经历了很多变化，但是村中的人们始终保持着往日的风俗。凭借这种礼仪风俗，我们就可以辨认出他们是犹太民族。

第七章　神奇的风水

凡是执着于喜爱研究迷信的人，想要看看它究竟给人类带来了多大的危害，产生了多久的影响，那么，中国无疑是他选择研究的最好对象。世界上，再也找不到第二个地方，能比中国更适合的了。就中国人的思维结构和精神状态而言，他们无一不沉浸在迷信的氛围中。

在中国人的日常起居中，迷信占有十分重要的地位。一个人，不管他做正经事，还是娱乐休闲，迷信都对他的计划产生着不可小觑的作用。迷信，既能使人获得横财，又能让他一贫如洗；既能使美好的愿望逐步实现，也能使之半途而废。谁与谁，能够结为连理，以及谁的丧事该什么时候办理，这都是有一套说法的，而这套说法全都在迷信里。由于迷信，人们会认为一些事情处理不慎，就会导致家庭不和，尤其是父亲与子女之间的关系。更为严重的，还可以影响到他们的生命，使之过早地离开人世。当一个人去世后，他的墓地位置、出殡时间、下葬方式等等，都有迷信的指导参与其中。上至最高统治者，下达平民老百姓，几乎中国社会的各个阶层，都被迷信深深地感染。可以说，迷信影响和支配着生活中的每一个人，以及他们做的每一件事。在人们的理智和逻辑之间，迷信通常混淆视听，扰乱秩序，颠倒是非。

除了个人的家庭事务不能免于影响外，国家政治领域内的事务也经常受到迷信的干扰。比如，国家的繁荣昌盛，原本是政府的事情，却交由迷信裁断。如果你有所怀疑的话，这里还有一些事实根据。一个外国人，只要他在中国长时间地居住，很快就会发现迷信广泛存在于中国人的心灵里。这就像是一张张蜘蛛网，布满了天空一样。在这些蜘蛛网底下，人们没头没脑地撞来撞去。有时候，他们觉得挺有意思，但是大部分时候都觉得很茫然，颇为烦恼。不过，对于中国人来说，迷信决不是什么蜘蛛丝，而是一条条坚硬的、不可突破的钢线。

在中国的迷信形式中，儒教或者道教的任何一种形式与内容，都不包含在内。很明显，迷信与宗教信仰是两码事。迷信渗透于中国人生活的方方面面，并在其中发挥着关键性的作用。正因为如此，有人会说，就像雾气和水的关系一样，迷信与宗教的关系类同。但是，迷信与宗教又有所区别。迷信的力量是持久的，范围比较广，同时，人们以积极主动的姿态面对它。而宗教信仰呢，往往是人们被迫接受的，因而具有一定的消极性。即便是伪宗教——一种虚假的信仰体系，迷信也与它的内容和形式极为不同。如果说，宗教体系是一个人创造的超自然理论，那么迷信就是他创造活动结束后手中所剩的那点零碎。不过，与那个宗教体系相比，这些零碎实际上更具有潜能和影响力。因此可以说，迷信是一种让人捉摸不定，不成体系，但又具有强大吸引力和渗透力的信仰。一个中国人，可以毫无顾忌地看着佛祖的神像在他的面前打碎，但是他却不敢擅自出门远行，一定要找一位风水先生，选择一个黄道吉日。对着道教体系中的各路神仙，他可以毫不犹豫地破口大骂，但是却没有胆量允许邻居，在他家的附近修建一座低矮的烟囱。

在中国，各种各样的迷信在地理位置上有着一定程度的联系。由于这些迷信通常与地理位置有很大关系，因此人们常常将其称为“风水”。幸运的是，在英语当中，几乎没有一个合适的单词与之相匹配。如果我们英文中有这么一个词汇的话，那说明我们也深深地陷入了迷信的泥沼。所谓“风水”，按字面理解，就是“风和水”的意思。其实，关于它的真正含义，我们可以做一个概要的阐释：在中国，每一个具体的位置或地方，都会有一种神秘的力量控制着那里。自古以来，人们一直承认这种力量的存在。因此，不管是对某一地形地貌的修改，还是对周围环境的变动，都有可能使那种力量受到影响。这种影响或许是良性的，但并不排除恶性的产生。不管怎样，人们倾向于认为会发生不好的结果。

同样的风水，所产生的神秘力量，对于不同的人，其效果也是不同的。也许，在这个人身上感觉很好，但在另一个身上，却惹出许多麻烦。因此，如果一个人可以在某个地方盖房或者做买卖，那么，他今后不但不会受到风水力量的干扰，还能得到它的庇佑。于是，他的家庭和事业，会变得一帆风顺，事事都好。但是，如果另外一个人完全模仿第一个人，也来这里凑热闹的话，他就有可能收获意想不到的结果——各种不顺心的事情接踵而至。他的儿子会患病，并且没有来由地死掉；他的生意也会日渐萧条，最后赔本破产；盘旋在周围的凶神恶煞，不断地诅咒他，使之最终灰飞烟灭。这说明，他不被此处的风水所接纳和欢迎。而如果另外一个人换一种方式建造房子，或者不改变房子的形态结构，只是把它挪为他用，那么这个人就可以避免灭顶之灾了。这是因为风水之神对他的做法感到满意，便对他置之不理了。据说，在一个地方，人们可以放心大胆地开肉铺，但是改作他用，比如卖干货或者五金器具，那么就违背了那里的风水，接着神灵就会不断地找人们的麻烦。

我们再举一个例子。假如布朗的母亲过世，被埋到了一个地点。在那里，他母亲的亡灵很安稳。它既不会跑出棺材，做一些打扰别人的事情，也不会受到其他事物的干扰。但是，如果是另外一个人的母亲，比如说是史密斯，他把死去的母亲安葬在上述的同一个地方，就有可能与布朗的母亲完全不同。她的灵魂可能在那里待得极为不适。于是，史密斯就会日夜受到他母亲亡灵的骚扰。还有一种说法是，如果两个人的母亲都可以安然地埋葬在同一个地方，但是如果有一天邻居琼做了一件事情，惹怒了其中一位老太太，那么这位老太太的亡灵就会跑出坟墓，四处侵扰，使得周围的一片地区都不得安宁。如果发生这样的事情，人们只好想方设法地安抚她的亡灵。之后，那一地区的风水才会平息下去。

就在几年之前，为了制止在距离皇家陵园约一百二十公里的地方采矿或者挖煤，朝廷里的一部分高级官员联名，共同写了一封奏折，请求皇帝下令禁止那些行为。在这份奏折中，官员们声称，如果继续开采矿物的话，某位皇后的亡灵必然会受到惊动。同样性质的一件事，也发生在几年之前的福建省。那时候，有些外国人跑到福州城的一个山坡高地上建房。这件事被福建总督知道后，很快就向皇帝上书，要求停止这一做法。他给出的理由是，在福州城的下面，有一条巨龙潜伏在那里。整座城市的基础，其实是建立在这条巨龙身上的。而那些外国人准备修建房屋的地方，恰好是巨龙的动脉和静脉。因此，一旦房屋建成，势必将巨龙的动静脉压住。这样一来，整个城市都将面临危机。

1875 年 1 月，在光绪皇帝之前的同治皇帝不幸去世。然而，他并没有立刻安葬，而是等到第二年的 10 月份才办理丧事。这是因为，考虑到风水因素，合适的安葬地点迟迟找不到。清朝时期，人们为了平衡风水，便建立了两座皇家陵园。其中，一座位于距离北京城大约一百多公里的西边，而另一座则位于北京城的东边，其距离也是一百多公里。既然在东陵安葬了同治皇帝的父亲咸丰皇帝，那么按照平衡原则，西陵应该安葬年幼时就死去的同治皇帝。但是，宫廷御用的风水先生宣称，同治皇帝无论如何都不能安葬在西陵，因为如果那样做的话，整个国家将会遭遇到意想不到的灾难。

于是，人们最终决定放弃西陵，而另外选择一个地址安葬同治皇帝。就这样，调查取证开始了。在此过程中，先是各种级别的官僚部门进行商讨，后来，新继位的皇帝也参与进来，不断地质疑、询问这件事情。当然，他也得到了各种各样的答复。整个事件前前后后，总共持续了将近九个月的时间。西陵是绝对不可以安葬同治皇帝的，但是东陵可以，只不过需要采取一些措施，以调和抚慰那里的风水。经过比较对照之后，同治皇帝的安葬问题得到了妥善处理。在此之前，这件事情不仅是政府会议中的首要议题，更是全国上下万众瞩目的焦点。事后，粗略估算了一下，整个过程花费了二十五万元的资金。在我们看来，这是一件颇为不划算的事情。一个年轻人，庸碌无为，死后仅仅只是为其找一个安葬的地方而已，但是却浪费了大量的金钱。

与世界上的其他地方一样，中国也有一部分人投机取巧，偷奸耍滑。同时，还有更多的人在一些公众的场合聚集，比如茶坊、酒肆之类的地方。在那里，他们广散言论，告诉人们这也不能做，那也不能做。为了提高说服力，他们声称这些禁忌是由风水先生和江湖术士潜心研究的成果。虽然这些人在皇家墓地的选址上，发挥着不可替代的作用，但是只要有空子可钻，可以捞点油水，他们巴不得无中生有地制造一些事端，并使得选址问题迟迟得不到解决。因此，如果有什么问题碰到他们手里，想要快速解决，基本是不可能的。不过，对于上述的事实，由于没有充分的证据，我们持一种怀疑的态度。按照上述说法，当下中国境内已经死亡但是还没有入土安葬的人数，只要我们随便统计一下，就会得出惊人的数目。这些死人被装在棺材里，高悬在寺庙里。不过，也有很多棺材直接放在家中比较偏僻的房屋或者作坊里，甚至有的露天放置。在这些棺材上面，通常会盖着一层草席子。这些迟迟没有入土的棺木，有的是因为家里虽然有时间，但没有足够的钱财操办盛大的葬礼；有的则情况与之相反，有钱但是却没有充分的时间。除此之外，很多情况下未下葬的症结在于风水问题。在中国，几乎所有家庭都有这方面的体会。

在前面的一章中，我们已经说过，中国人出于宗教因素的考虑，死后总是想法设法地安葬在先祖的坟墓旁。不过，就墓地的选择和丧事举办过程中的各种细节问题，他事先一定会请教风水先生。而风水先生一般都会说，这里神灵有哪些不满意，那里有哪些地方不妥。于是，新的问题产生了：怎样解决这些令神灵不满意的地方呢？改变墓地周围的环境和地形地貌，这是必须的。问题是，该用什么样的方式和措施来达到这一目的呢？一般说来，风水先生解决这些问题是比较容易的。比如，可以清除墓地附近的一块大石头，或者挖走一个灌木丛；或者在某个地方栽种一棵树。在我们看来，这些措施和方法，确实比较搞笑，一点意义也没有。偶尔有些情况比较棘手，神灵的不满难以解决。于是，死人下葬的事情便一拖再拖。也许，丧事办理会拖一个月的时间，也有可能会拖上一年或者几年的时间。在这段时期内，如果有人等不住了，宁可冒着风水的危险，将死人安葬，那么他们全家可算是有极大的勇气了。有一点我们需要指出，死者入殓以后，就被严实地封在棺材里，并不会影响到活人的健康。

事实上，在中国风水先生、江湖术士这一类人当中，有很多性格贪婪、爱财如命的人。在这片土地上，有的人以给人治病骗取钱财，有的人早就臭名远扬，但仍旧大肆鼓吹，以求钱财。当然，这些人都是少数，并不是普遍现象。在中国，风水已经牢牢地掌控着人们的行为，使得他们言听计从，尽管它只是一种错觉或者幻觉。风水先生、江湖术士这些擅长风水的人，与那些经常向他们请教解决难题的人一样，他们都深受迷信思想的毒害，俨然成为它的殉葬品。这里，我们再插几句有关同治皇帝的安葬事宜。前文已经交代，同治皇帝本应该在西陵安葬，但是由于风水问题不得不安葬在东陵。这一决定做出之后，虽然朝中有些大臣持不同意见，但是他们没有一个人敢于直谏。随后几年，各地出现连年洪涝、饥荒，以及其他天灾人祸。这个时候，那些大臣中的某些人，便向皇帝直言，指出天灾与破坏风水有很大关系，并认为是同治皇帝的不适当安葬所引起的。

风水，在中国可以称之为“地理迷信”。它已经对中国人的心理状态产生了很多影响。如果我们将这些影响全部记录下来的话，估计会写成一大本厚厚的书。在中国，风水是得到法律认可的。比如，如果乙做了某件事，从而使甲的风水遭到破坏，或者使他的生意经营惨淡，只要甲有足够的理由让法官相信那些事实，那么他就可以将乙告到法庭，并要求乙赔偿他的损失。甲的房子的烟囱或者一扇窗户，被乙不小心俯瞰了，那么甲就可以此为理由状告乙。而且像这样的案子，法庭很快就会受理。

在中国，像这样的案件有很多，在全部案件中占有很大的比例。比如，多年之前，有个著名的美国人，他与清朝的一位户部尚书是近邻。同在朝廷效劳的美国人，与这位中国官员的关系很好。有一次，美国人想要在邻居宅院的附近修建一座烟囱。但是，这位中国官员坚决不同意这一做法。理由是，那将会影响他的住宅风水。后来，到了寒冬腊月，这位可怜的美国人抱着火盆取暖，与此同时还得穿上厚厚的大衣。这是因为，在他的住处，暖气供应严重不足。后来，为了与供暖设施相匹配，北京城要建立一座高烟囱。但是，由于风水的原因，在烟囱周围，方圆几里地的住户陆续搬走了。剩下的住户没有迁移走，但是强烈要求降低烟囱的设计高度。最终，烟囱的高度降低了，但是供暖设施的效能大打折扣。在中国，人们一般不会将教堂的塔楼和其尖顶视为可以带来好运的事物，尽管它们没有给建造者们带来任何麻烦和危险。这是因为在他们眼中，这些建筑物极大地影响了风水。善于使用超自然力量的风水，一定会用不好的结果来回应人们的做法。

在中国，对于接受并认可其效用的人们来说，风水确实给他们带来了各种影响。对此，我们没有办法用准确的数字去衡量，也不可能做到全面的认识。尽管如此，有些影响还是可以预见的。比如，在生活中，人们的正常事务会受到风水的干扰；在身心健康方面，人们无疑会深受其毒害；面对风水迷信，人们畏首畏尾，思想上毫无疑问地会受到严重的桎梏。当然，这只是其中的一些影响。此外，人要是迷信风水，很有可能变成一个疯狂的信徒，为所欲为；还有可能变成一个胆小如鼠的懦夫。如若这样，那真是天下最让人失望和恐怖的事情了。

人们沉迷于迷信，就像是面对一种危险。这种危险没有现成的形式，让人不可捉摸。最终，人们陷于进退两难的境地。不难想象，这样一种迷信体系，既繁杂，又多变，必然会对社会的正常生活秩序，起到严重的阻挠作用。一切事物，在风水面前，会停止发展，止步不前。但是，面对如此的困难和麻烦，中国人天性中的适应能力就显示出来了。他们的忍耐力和柔韧性，呼之欲出。这样，他们会巧妙地躲过一些壁垒。然而，当他们实在躲不过时，就会做出适当的让步和妥协。这一点，在大多数中国人身上都有体现。同时，中国人善良、务实，又不乏冷静。因此，在整个国家笼罩在迷信之下时，他们并没有变得失去理智，甚至发疯。

对于众多神灵，中国人要经常给予一番抚慰。于是，他们便想出了各种各样的方法。在他们看来，这些方法具有神奇的作用，能让神灵庇佑人们，从而使得一切危险和凶兆都化为泡影。有些人能够预见未来的福祸，他们就是被称为算命先生的占卜者。对于他们而言，不仅可以预见一件事情的吉凶，还能将有害的征兆转变成祥瑞。

在中国城市的大街上，你经常会看见墙壁上镶着一块石头。那石头四四方方，上面刻写着几个字“泰山石敢当”或者“南岳神石”。看到这些，你不要感到奇怪。其实，东岳泰山和南岳衡山，是中国著名的神山。于是，人们便从那里采集回来一些石头，将其制作成方正的石块，并刻写题字。最后，将其嵌入墙壁的某个部位。这样做，为的是发挥它们降妖镇魔的效用。在某一条街的尽头，通常会有一个建筑物。这些预备好的石头，便被安放在这个建筑物的墙壁上。人们这样做的理论根据是，只要有妖魔鬼怪走在大街上，一旦看到这些石头，便会朝两边任意一个方向拐去。如果没有这些石头的话，妖魔鬼怪就会穿墙而过，荼毒生灵。

还有一种方法，既可以安财保命，又无需太多花费，就是找出一张红纸，在上面写下“抬头见喜”或者“出门生财”等字样。这些内容简单明了，直接反映出张贴人祈求赐福、避免祸乱的心愿。写好后，将这些红纸直接贴在人们的家门或者建筑物的墙壁上即可。

在中国有些地方，为了永久性地镇压某些凶神恶煞，便建造了很多宝塔。这后来成为中国的一大景观。它们的影子，遍布全国各地，随处可见。在中国，人们倾向于认为，奇数是个吉祥数位，可以带来好运。因此，他们建塔的层数都是单数。建立在玉泉山上的宝塔，即是这样。它位于北京西郊的颐和园的山峰之上，美观别致，堪称全中国最好的宝塔。

为了趋利避害，中国人还在某些地方修建小的神龛。在很多城市的屋顶上，都会发现这样的建筑。这些神龛看上去很小，就像一个麻雀窝一样。从外观看，它们确实不怎么吸引人，但是它们可以起到保护风水的作用，使其不受到干扰。此外，按照朝廷的旨意，在河岸边上，人们修建了很多比小神龛更加别致的建筑物。这种娇小的建筑物，人们用它来祭拜河中的“水龙”。人们之所以这样做，是因为他们害怕“水龙”由于受到冷落而发怒，以至于河岸的堤坝被冲毁，周边的黎民百姓遭受洪涝之灾。

在中国，还有其他的神秘力量主宰着人们，而不仅仅限于风水迷信。在这些神秘力量面前，人们十分担忧，唯恐惹怒神灵。比如，一年四季当中，他们很多人相信有一些吉祥的日子，还有一些到处是凶兆的时候。有人想要搬往新家，那么他就会选择一个大吉大利的日子。只有这样，全家老小才会平安。有人想要购买一块田地，他也会挑选一个好日子进行交易。新到任的官员，一定是在吉祥的日子接受官印。商人想要做生意，也肯定在一个黄道吉日里开张营业。

为了寻找这样一个黄道吉日，人们不得不求助于算命先生。算命先生接到求教人的一些数字和日期后，口中便开始振振有词。过了一会儿，就像是变戏法一样，算命先生挑选出了一个好日子。在决定人们的婚配嫁娶时，算命先生的作用更是不可小觑。通常的做法是，他手中会拿着两张纸条，上面分别写着男女双方的姓名、生辰八字等信息。根据这些，算命先生就可以指出男女双方能否结为连理。算命先生的推算，就像是皇家的圣旨一般，具有无可辩驳的权威和效用。因此，只要结果是否定的，男女双方就不得不分开。当然，中国人当中很少有逆天行事的。另外，因为男女双方原本就没有什么深厚的感情基础，取消婚约这种事情便很容易办妥，而不会让男女之间产生悲痛欲绝的感觉。

还有另外一种奇特的迷信，也在中国人当中广为流传，那就是各种各样的泥土占卜。由于篇幅有限，我们不打算在此做详细的论述。

实际上，关于这种迷信也没有必要详加细谈。不过，值得一提的是，在一百多年前的欧洲，流行着一种占卜命运的做法，与中国人的泥土占卜，十分相似。不过，不管是亚洲人还是欧洲人，他们都没有互相模仿。欧洲人的算命法与亚洲人的占卜法，可能是同一个出处，或者两者的相似，正好验证了天下所有人的忧患相同，而为解决这些忧患，人们便想出了这些方法。

在巨大的意外灾难降临之时，中国人往往求助于迷信。为此，他们建立了自己的迷信观念。据说，基督教信徒的宗教情感，也是在这种情况下逐渐产生的。比如，现在的北京城外，大约有几英里的地方，有一堵古老的城墙，是当年蒙古人建的。在这堵城墙的某个地方，有一个狐狸洞，荒废已久。每次遇到久旱不雨的时候，京城里的老百姓，不论男女，都会跑到那个狐狸洞里烧香祭拜，祈求狐仙降雨。事实上，他们所祷告的对象，就是一个空荡荡的洞穴，根本就没有什么狐狸的影子。不用猜，狐狸以及它们的祖先早就逃离了这个洞穴。因为它们认为，这群人是要他们的命来了，而不是什么雨水。

以上这个故事，虽然被人们认为是旅行家随意编造的狐仙传说，甚至是荒谬的幻想。但是，人们祈求狐仙降雨的事实却是存在的。每次遇到大旱时节，官府的做法也是很可笑的。相比较而言，老百姓的这些做法是可以理解的。大旱来临时，皇帝会亲自下一道圣旨，杜绝人们宰杀牛羊。关于这种做法，我一直没有找到合理的解释。我们知道，在天坛求雨的时候，一定要宰杀一头小牛作为祭祀。这样一来，牛被赋予了一些神圣的色彩。如果禁止杀牛之后，仍然没有下雨，那么皇帝就要亲自去天坛祭祀。在那里，他将会代表整个国家向老天爷求雨。如果还是没有降雨，皇帝会不断重复祭祀活动。

如果天坛的祭祀还是没有奏效的话，皇帝就会采取一种更为极端的做法。他会派人去一座寺庙，取回一个铁块。那座寺庙就在北京城西南方向，大约有几百里地。寺庙院子里有一口井，几百年前，人们从井里发现了一个铁块。据传，那块铁是从天上掉下来的。以后，人们就将铁块当做神灵之物，妥善地保管起来。皇帝屡次求雨未果，就会让其中的一个皇子带领人马去办这件事情。当铁块拿回京城后，紧接着选定一个寺庙，在那里举行交接仪式。铁块暂时寄存在那个寺庙里。然后，皇帝确定一个具体日期。当那一天来临时，皇帝亲自来到寺庙，匍匐跪拜在铁块面前，向它祈祷降雨。

在皇帝看来，他没有塑造起那些萦绕在中国人周围的神灵鬼怪，并使之成为有形的物体供奉在寺庙中。对于这些神灵鬼怪，皇帝本人也充满敬畏之情。除此之外，有些天然形成的神奇之物，皇帝偶尔也能够发现。遇到这样的情况，他会赶紧走过去，对着神奇之物，恭敬地祭祀一番，希望它能为人间降福。下面就有这样一个例子。在山西省的中南部，有个叫灵石县的地方。在县城内，有一个保存得十分完好的灵石庙，面积不是很大，周围风景宜人。在那里，有一帮身体健壮的僧人。很明显，他们有很好的待遇，根本不是什么穷和尚。有一块神奇的“灵石”，几百年来一直被人们顶礼膜拜。那块石头，深黑色，大约四至五英尺的直径，呈一个球形体，边缘很不整齐。它被人们长年累月地抚摸和亲吻，现在整个变得很光滑，也很润泽。就是这块石头，它的名字被清政府用来命名这个县城。为了更好地祭拜它，人们为它建立了一座寺庙。与之而来的，还有一帮僧人，作为它的忠实仆人。

来到这座寺庙后，招待我的僧人，便向我讲起这块石头的神奇力量，以及它对人和善的特点。听到他的话，我几乎无法相信，所有的善行居然来自于一块石头。因为它既不能抚慰痛苦和忧伤，也不能治愈疑难病症。有一把锤子，安然地摆放在石头的旁边。如果石头的神力遭到了人们的质疑，那么它可以接受质疑者的敲砸。当着僧人的面，我还是毫无保留地流露出对这块石头的怀疑。于是，僧人把锤子递给我，请我亲自验证一下石头的神力。按照他的说法，我拿起锤子，对着石头，狠劲地敲打下去。接着，石头发出声音，就像清脆的铃铛声一样，十分悦耳。看到这些，僧人对着我得意地笑了笑。在我看来，经过这一敲打，可以明确无误地肯定，那块石头要么是一块陨石，要么就是一块铁矿石标本。这种铁矿石在当地一定存储量非常大，且质地优良。这就是我 1874 年参观那座庙宇时所看到的景象。

在中国，枯藤老树也被人们认为具有某种特殊的力量。在这些树周围，经常建造起一些祭坛。就连树枝上也挂满了各种供物。这些东西主要是一块一块的木条，上面写着赞扬这棵树具有什么神奇功能之类的话。还有一些人，通过向它祈求获得了福运，便写了大量恭维的话。像这样的话语，也被挂在了它上面。当然，这些东西都是当地人自愿供奉的。

在距离山西太原大约有五英里的地方，有一块麦田。麦田的地头有一棵老刺槐。这棵树饱经风霜，浑身长满了疤瘤，经明眼的人一看，就知道它足有几百年了。然而，当地的人却坚持认为，这棵树已经存活了大约四千多年的时间，可以追溯到尧舜时代。即使没有当地人神乎其神的宣传，这棵树在当地也是颇有名气的。当然，这是因为它是大清朝最古老、最引人注目的一棵树，而不仅仅是因为它很神秘。不知从什么时候起，人们就已经对它顶礼膜拜，并将其流传下来。

那一次，我亲眼目睹了这棵树身上，挂满了无数形状不一的匾牌。那上面书写的内容不外乎“感谢治好重病”、“感谢赐予福运”以及“有求必应”之类的话语。根据传言，这棵树还有治愈眼病的功效。我从远处看去，这棵树果然就像一个乞丐，衣衫破败不堪。它的身上布满了布条和牌匾。其中，有一块布条上还有两只眼睛。那是人们专门画上去的。像这样的景致，是那些远道而来的朝圣者们的杰作。经过祭拜之后，他们的视力确实有所改善。于是，他们专门制作了一块布条，将其一端钉在树上，使之在风中迎风飘展。

在中国，还有许多形式的迷信，非常荒唐可笑，也很有趣味。在每一个中国人的日常生活中，它们影响到每一件小事上。与前面所讲的迷信形式相比，它们算是微不足道的一部分了。比如，某个地方正在打一口水井，在此过程中，任何女人都不能靠近它。当打井的人开始动工后，他们首先要挂出一面红色的小旗子，警示所有的女性远离这里。看到这种情况，我想了半天，始终不明白这其中的奥秘。

再有一个例子，参加中国的宴会，无论这种盛会持续的时间多么长久，每个人在桌子上的餐具都不能撤走。曾经有一次，我参加了一个宴会。上菜后，桌子上摆出了七十八道菜。人们进餐的时间，前后大约持续了十二个小时。在这期间，每一个人面前的盘子都不能撤走。

另有一次，我接受邀请，在北京一家最高级的餐馆吃饭。请我吃饭的是朝廷的一位高级官员，与我私交甚笃。吃饭的时候，这位官员朋友对我说："我和您之间，经常往来。对于双方的风俗习惯，也非常了解。在与外国人吃饭的时候，其中也有您在场。每一次吃饭，我都会发现一件非常奇怪的事情。那就是，每上完一道菜后，客人在餐桌上的盘子，总会被人撤去，然后换上一个干净的餐盘。我想，您应该早就发现了，在我们的餐桌上，餐盘是不允许撤换的。不清楚，您是否知道我们为什么要这样做吗？"

其实，我惯有的看法是，中国人向来不讲究卫生。但是，当着他的面，我不好意思说出口。于是，我对他说，我不知道。这位官员朋友好像已经看穿了我的心思，便继续说道："也许，您认为我们不太讲究卫生。但是，事实上并不是这样的。在我们国家，普遍存在着一种迷信，就是换一次家伙什儿，媳妇就会死掉。"中国人将这种说法运用到宴席上，于是席间人们便不撤换餐盘，否则他的媳妇就会死掉。

像这样的例子，只是中国无数迷信事例中的一个。

黑暗与无知的内容，是中国各种迷信的重要组成部分。因此，当我们对它进行准确的描述和概括时，省去那部分内容，是有失公允的。换句话说，我们必须揭露出迷信所导致的不良后果——人性当中的各种野蛮行径。在前面几章内容中，关于中国人家庭成员之间的相互扶助和关爱，我们已经完全领略。这种关系经过中国人不断地向外扩充，已经普及到稍微有点血缘关系的人当中。关于这一点，中国人感到很自豪。因此，他们指责敌人时，所使用的最刻毒的话，就是谴责他们没有血缘之爱。

然而，令人奇怪的是，不管亲人与他们的血缘关系是远还是近，他们都不会让他安然地死去。中国人的惯常做法是，当死者快要咽气的时候，他们便将他从床上抬下来，放到一个木板上。这样做的理由是，生怕死者的亡灵永远占据着那张床。虽然这是一种迷信的说法，但是中国人却尽量做到这一点。不过，有一点不得不说，他们的这种做法加快了病者的死亡进程。因为当他们从床上抬下病者的时候，大多非常仓促，显得极其混乱。如果人们在病者死去之前没有将其转移到木板上，那么病者生前所住的那张床，就要被彻底焚烧。就连病者所待的那间房屋，也要重新粉刷一遍。之后，人们才可以入住。

中国人杀害婴儿，虐待儿童的事件，层出不穷。这在我们刚刚认识他们时，就已经发现了。中国人普遍存在着弃婴的现象。关于这一点，只要是在中国长期居住，并拥有正常人头脑的外国人就会承认它。有一些权威人士，专门研究过这种现象。不过，他们却不承认这一现象的存在。魏三伟博士是研究这一问题的专家。他治学严谨，是当今一位权威性很高的学者。当谈到中国南方的弃婴现象时，他明确指出："关于广东省的弃婴现象，我们做了一项严格的调查。结果可以证明，这一地区几乎不存在这种现象。虽然国家法律中，没有明确禁止人们弃婴，更没有规定相关的惩罚措施，但是根据当地的民众意见可以看出，他们根本不会赞成和支持这种做法的。”从他的话语中，我们可以看出，关于中国北方是否存在弃婴现象，他没有明确的表示。

一个外国人，如果住在中国的城市，比如北京，只要认真观察的话，不难发现一个事实。这个事实很奇特，甚至会令他大吃一惊。首先，他会看到，有许多大小不一的儿童，欢快地在大街上玩闹。然后，只要想一想中国人的生活方式，以及他们缺少正规的医生这些事实，就不难判断，与西方国家任何一个城市的儿童死亡率相比，中国都有过之而无不及。于是，在他眼前，很容易浮现一个问题：既然有那么多儿童的尸体，为什么从来没有看到为他们举办的葬礼呢？关于这个问题，他会进行思考。但是在短时间内，他是没有办法想通的。也许，他实在等不及，就会询问当地的一位中国朋友。不难想象，他是得不到想要的答案的。在中国人看来，这种话题根本不适合拿出来谈论。因为它的提出，会让他们感到晦气，而且提出问题的人一定会让人觉得没有礼貌。不过，有一次，他走在大街上。当时，正是大清早，他看到了一辆运尸车。那里面装满了儿童的尸体，外面被捂得严严实实。这辆车子由两头老牛拉着，前面还挂着一个小旗子，用以表明这是辆干什么的车子。那个困扰他很久的问题，答案终于浮出了水面。

有一次，就在这样的一辆车子里面，我至少发现了有一百多名的儿童尸体。他们像垃圾一样被丢进车厢。这些尸体浑身赤裸，只有少数几个用麦秆裹住，还有的尸体早被狗啃咬得不成样子，其状非常悲惨。偶尔，也有一两个尸体被装在棺木里，而那种棺木也是极为轻薄的。每到晚上，运尸车就要在大街小巷来回晃荡。那些可怜的小尸体，就会被收拾起来。这些尸体就像木头一样，被扔进了车里。接着，运尸车拉到城外，将这些尸体倒进一个大土坑里。然后，用生石灰和泥土覆盖。这种丑陋的恶俗，用虐害婴儿的理论来解释，是最恰当不过的了。这一点在我看来，是没有任何疑问的。

仅就中国的北方地区而言，很少有大人故意虐伤小孩的。然而，那些不幸儿童的尸体，却是一种迷信的陪葬品。这种迷信是目前世界上最残酷无情的。在中国，与西方的家长一样，面对生病的小孩，父母也是积极采取救治措施，并细致入微地照顾孩子的。但是，当孩子无药可救，快要死亡的时候，父母就会采用另外一种相反的方式。在院子里的泥地或者砖地上，父母将那小生命放在那里，浑身一丝不挂。孩子就这样躺在那里，父母安然观察，等待最后的结果。对于这样的非人考验，孩子如果经受住了，那就是父母的亲生骨肉；如果他死亡了，那就不会被当作父母的孩子。事实上，在这种情况下，能够存活的孩子非常少。那些死去的孩子，会被父母认为是一个妖魔鬼怪，它化作人形来到这个家里，破坏家里的一切。于是，死去的孩子理所当然地被父母丢弃在大街上。最后，孩子的尸体由运尸车处理掉。

在中国，对于死去的孩子，父母不会为其举行体面的葬礼，更不会将其埋在祖先的坟地。不管是谁，也不管是哪一种力量，都没有办法劝服他们。如果父母那样做的话，就等于承认孩子是他们的亲生骨肉。但是，作为一个理智的中国人，他们是没有办法容忍一个妖魔鬼怪成为他们的家人。他们把这当成理论根据，并不觉得有任何不妥。那种把小孩扔在地上，置之不理的做法，不知害死了多少儿童。然而，这些死去的孩子如果在另一种环境下，或许可以获得新生。很明显，这种迷信导致了那些恐怖的现象——运尸车及其装满的“货物”。鉴于此，故意伤害儿童的罪名用在这种迷信上，一点也不为过。

以上讲述的迷信以及人们的做法，在中国的各个阶层中，都是随处可见的。在北京城，掌管军事的官员是九门提督。那是一个智勇双全的人。有一次，他想暂时休息一段时间，并得到了上面的准许。在这段时间，有一天下午，他来找我。当我看到他面黄肌瘦，无精打采的那副样子时，便关切地询问他的近况。他对我说：“没有，我的身体很好，只是最近遭遇了一件很不幸的事情。您知道的，我结婚这么多年了，身边只有几个女儿。对于我们中国人来说，是多么渴望要一个儿子啊！对于这种心情，我想您是可以理解的。三年之前，我终于盼来了一个儿子，那时我感到无比的幸福。然而，不幸的是，大约在两个月之前，我的儿子突然患病，一副病怏怏的样子。于是，我赶紧请来当地的医生诊治，但是病情并没有得到缓和，反而更加严重。百般无奈之下，两周前我破天荒地请来一位外国大夫。我多么希望那位外国医生能够治好我的孩子，但是结果，他也是无能为力。最终，在上周的一个晚上，孩子的尸体被我扔到了大门外。”

在我所经历的事件当中，还有一件对我来说，印象颇为深刻。有一所中国教堂，守门人是当地的一个中国人。他的孙子生病了。关于这一消息，在与人闲聊中，他告诉了教堂的教士。这个教士，是一位外国的年轻妇女。在一个礼拜天的早上，这位妇女提前来到教堂。她想在礼拜仪式举行之前，去守门人的家中看望一下生病的孩子。当她来到守门人的家中时，发现那扇门不容易打开。于是，她使劲地推开门。当她推开之后，却发现门后面有一个孩子。那孩子浑身赤裸着，就挡在门口。此时，孩子的父母以及他的爷爷奶奶，都坐在屋子里的另外一个地方。这家人看样子个个都很悲伤，但是他们没有一个人肯为这个孩子做些什么。

当时，已是十一月的下旬，刺骨的寒风从破落的窗户里吹来。屋子里没有生火，十分寒冷。年轻妇人看到眼前的情景，大叫一声。同时，她很快将自己的披肩脱下来，把孩子包起来，希望这样做能给孩子一些温暖。那孩子几乎要断气了。她连忙让孩子的父亲送来热水，接着又让他在屋内生火。手忙脚乱了一阵之后，孩子慢慢地苏醒过来，看上去有了一线生机。安排好一切后，年轻妇人要去教堂做礼拜了。临走前，她嘱咐孩子的家人，一定要将孩子放在火炉旁取暖，包在孩子身上的披肩也不要拿走。一个小时过去了，当年轻妇人重新返回这户人家时，像第一次一样，还是有什么东西挡在门后。当她推开门之后，发现已经晚了。就在那年轻妇人的怀抱中，孩子再也没有半点生气。

原来，当年轻妇女离开之后，孩子的家人立即将披肩撤走，同时又将他扔到地上。他们之所以这样做，是在验证一个问题：孩子是亲生骨肉，还是妖魔鬼怪？关于孩子的后事，年轻妇人恳求他的家人将其埋葬在祖先的坟地里，但是守门人的全家硬是不肯。在年轻妇人的逼迫下，他们同意用一口轻薄的棺材为孩子收尸。在黄昏的时候，那尸体被运出城外。在另外的一个地方，孩子的尸体被埋葬。

关于那个孩子，我还知道，他是家中的独生子。他的父母以及爷爷奶奶，都是虔诚的基督徒，多少年来一直谨言慎行地恪守着教规。不过，从他们对待孩子的方式来看，我觉得他们根本算不上什么基督徒。通过这一点，我只想说明，中国人的内心被迷信深深地攫住，是一件多么可怕的事情啊！

第八章　辫子的分量

与西方人的外表相比，东方人最大的不同在于，他们有一条长长的辫子。欧洲人和美洲人一般长着卷曲的、柔软的头发，并且颜色绚烂，富于变化。而东方人则不同，他们的头发又粗又直，乌黑发亮。在欧美，也有人的头发像乌鸦的羽毛一般黑，但是那样的人很少见。我在东方生活了这么多年，很少发现东方人有其他颜色的头发。不管他们是中国人、日本人、朝鲜人，还是马来西亚人和印度人，一律是黑色的头发。当然，这里要排除那些因为岁月流逝而变得白发苍苍的老人。另外，如果家族患了白化病，人们的眼睛是粉红的，而头发自然是雪白的。像这样的情况，也不属于我们所探讨的范围。

东方民族与西方民族，除了在头发方面有所不同，在面部的毛发生长方面，也存在着显著的差异。对于一个亚洲人来说，无论他怎么费尽心思，始终长不出旺盛而又茂密的胡须。不管是在中国，还是在其他的东方国家，人们的下巴或者上唇上，顶多长着几根胡须，看上去十分稀疏。不过，最为常见的，还是那些面部寸毛不生、光溜溜的人。偶尔有一两个人的脸上或者下巴上，长着几颗黑痣。在那些黑痣上面，往往生出三四根粗毛。像这样的人，他们通常会感到无比的骄傲。于是，他们随时整理、看护这些毛发，几乎到了无微不至的地步。他们的通常做法是，随身携带一把专门制作的梳子，随时梳理它们。他们之所以这样做，基于这样一个理由：仅有的稀疏毛发，是一个男子汉的标志。

依据这样的理由，中国的男人们非常羡慕，甚至是嫉妒欧美的兄弟。因为欧美人的胡须，竟成了一种美的标志。西方人的头发短短的，密密麻麻地散乱着，就像是灌木丛一般。而中国人认为自己的辫子很笔直，很修长。西方人的头发，颜色杂乱，而中国人的头发乌黑光亮。因此，在中国人看来，西方人的头发是不能与他们的相提并论的。然而，尽管西方人的大鼻子在中国人眼中不算美观，但是中国人惨白的脸色在西方人看来也是很难看的。就连西方人的蓝色眼睛，以及它们深陷其中的眼眶，中国人也是极为不喜欢的。甚至有的中国人，将西方人的耳朵比作他们家中驴子的耳朵。但是，当谈到胡须的问题时，中国人不得不承认西方人的优势，并自叹不如。

在中国，有很多人认为，不但西方的男子有胡须，就连女人也长胡子。1874 年秋季，有那么几个月，我一直行走在中国的内地。当然，我所经过的那些地区，一般的外国人是没有到过的。和我一起同行的，是两位美国的男性朋友。其中有一位，身材矮小，十分瘦弱。但是，如果用男子汉的标准来评价他的话，却也名副其实。这是因为他长着一双明亮的眼睛，具有男子汉特有的洞察能力。此外，他还有一撮胡子，很浓密，在胸部那里自由地飘荡。这样的一个人，在我们的旅途中引起了不少中国人的误解和谈论。

原来，人们都以为他是一个女性，并且是我的夫人。当我们得知这一情况后，感到十分吃惊。不过，在我看来，这种误解是没有道理的。虽然那位美国人的个子非常矮小，但是，除了这一点外，他浑身没有一点女性的特征啊！有个城市，大约有十万人左右。当我们路过那里的时候，几乎全城的人，都赶来观看我的那位美国朋友了。这时候，我无意中听到了两个人的对话。这是两位比较质朴的居民，只听见一个叫阿山的人，走在大街上，在背后指着我的那位同伴说："那，一定是个女人。""他还有胡子了，"另一位接着回答，"所以，一定不是女人。""哼！你太没有见过世面了。"阿山接着说，"在他们那里，与男人一样，女人也是长胡子的。"阿山说话时的神态，显出一副知识渊博的样子。他的邻居居然很佩服他。就此，两个人的谈话宣告结束。这些谈话，被我的朋友托马斯听到了。原本，他是不相信这一事实的。现在，他听到后，叹了一口气。

中国人留着长辫子，就像西方人蓄胡子一样，也算是他们作为成年男子的标志。从刚出生一直到幼年时期，中国人的头发要么被剃得光光的，就像一个弹子球，要么头上留着一圈一圈头发，就像是一块又一块的补丁。就这么点儿头发，就像杂草一样，在头上长着。然后，长到一定程度，每一片头发都被扎成一根一根的小辫。远远看去，让人觉得头部的血液供应很充足。随着时间的推移，头发很快长起来，最后可以梳成五六根羊角辫子。当孩子长到十三或者十四岁的时候，他的小辫子才被剪掉。至此，那根标志着他们已经成人的长辫子在头上蓄起来。

作为成年人的标志，辫子并不是中国本地的风俗，而是从其他民族那里借鉴过来的。在近代清朝的版图内，与其他风尚相比，辫子算是一种革新创造了。最初，鞑靼人或者蒙古人最先蓄辫子。大约在三百年前，清朝的统治者作为外来的民族，采纳了这一习俗，并将其在全国范围内推广。顺便说一句，汉族人从满洲人那里唯一学来的，就是蓄辫子。在清朝之前，像西方人一样，中国人也是不留辫子的。当满洲人建国立业之后，清朝的开创者就要求人们一律剃光前额的头发，并在后面扎起辫子来。刚开始的时候，清朝统治者的这条命令，遭到了很多人的反对。这是因为在汉族人看来，扎起辫子就是向异族人低头，是一种屈辱的标志。于是，当时在全国各地，爆发了不少的动乱。一时间，整个国家人心惶惶，危机四伏。这种情况预示着，不经过一场血雨腥风，蓄辫子的习俗是没有办法推行下去的。

不过，面对这种情况，清朝的那位统治者并没有手足无措。相反，他运用自己的聪明才智，很好地处理了这一问题。后来，因为这件事情，人们将他视作古往今来中国历史上少有的几个英明君主之一。与之前所采取的严厉镇压和打击不同，对于人们的反抗，他没有理睬，而是颁布了另外一条法令。这条法令规定，凡是犯罪的人，都不能留辫子。此外还规定，各个地方的官员马上将罪犯的辫子剪掉，而这些犯人也不能剃头发。就这样，皇帝通过这样的方式向人们表明，剃光前额，留起辫子，是一个人与罪犯显著不同的标志，而且还能受到他人的尊重。在这种情况下，普天之下的老百姓都很乐意接受这种发型。后来，就像他们当初反对的程度那样，他们又以相同的程度接受了蓄辫子。

更为重要的是，这位皇帝又颁布了一条新规定：如果某个人的父亲或者母亲过世，那么这个人就要蓄起头发，让辫子披在脑后，并不得梳理。因此，一个儿子，正在服丧期间，他在一百天之内是不会去理发店的，尽管他看上去多么脏乱、邋遢。由此看来，这位满清皇帝是利用中国传统的伦理孝道来推行蓄发制度的。这样一来，每一个蓬头垢面的孝子，便成为他服丧的重要标志之一。

在今天，对于辫子，中国人十分看重，几乎到了迷信的地步。每一天，他们都要对辫子进行梳洗，其呵护的程度简直到了无微不至的地步。在此过程中，为了让辫子变得更长、更粗，他们还会主动添加一些马鬃或者生丝。有时候，为了保持辫子的清洁，人们会把辫子盘在头上，然后戴上一顶干净的帽子。中国的儿童们十分渴望留起辫子，就像美国的孩子希望早日穿上带兜的裤子一样。在中国，谁的辫子被人扯一下，对那个人来说，简直就是受到了最大的侮辱。而将辫子剪掉，更是表示对统治者的极大不满。因此，那个剪掉辫子的人将会受到法律的制裁。

在礼仪规范方面，比如衣着打扮，或者言谈举止，东方人的要求是很严格的，甚至有些挑剔。就像这些规范一样，中国人对辫子的装扮也很苛刻。一个没有编紧辫子的人，会被人们认为是个无赖，且行为粗野。因此，每一个人的辫子一定要编得整洁紧凑，而且在末尾要系上一条黑丝带。如果有人恰好在服丧期间，那么他辫子尾端的黑丝带就要换成白色的。这是因为在中国，白色是表示服丧期间哀悼的颜色。为了表示自己的正直或者有教养，路上遇到朋友或者熟人的话，一定要在认出对方并打招呼之前，把自己的辫子放下来，笔直地垂在背后。如果在灰尘飞舞的街上行走，为了保持清洁，人们会把辫子盘起来。像这样的风俗还有，在男主人或女主人面前，任何仆人都不能盘起辫子出现。因为如果那样做的话，就好比仆人穿了半截衣服。在主人眼中，这自然是一种不检点的行为。

对于辫子，中国人已经把它当成国粹，每一个人都对辫子很重视。同时，他们对于辫子的迷恋几乎达到了迷信的程度。于是，我们不难理解，每年在某些地区开始出现“剪辫子”的风波时，人们会反应如此激烈，甚至变得很恐惧。对于这种风波，人们一般不会知道它从什么时候开始，是什么原因导致，以及最后的结果怎样。正如美国西部大草原上的旋风一样，这样的风波总是来无影去无踪，使得人们根本无所适从。不过，从有些事实可以看出，“剪辫子”风波是由某些不怀好意的中国人精心策划的。他们之所以这样做，是为了表达对外国人的不满，而对外国人存心报复。然后，他们把风波的肇事者推给外国人，说是外国人挑起的。在最近的几年时间里，在中国的外国人屡次遭到他们的无端指控。每一次风波，都让外国人心神不宁，寝食难安。

每一次“剪辫子”的风波，都会让身处其中的人们失去理智。不管男女老少，还是聪明愚钝，他们或是感到恐惧，或是感到兴奋。面对各种各样的谣言或者传说，人们几乎毫无分辨的能力，全都接受下来。下面就有几个传说，是我亲耳听说过的。第一个说的是，有个中国人走在大街上，忽然，他的辫子掉在了地上，接着便不翼而飞，再也找不到了。可是，他的身边并没有任何人。第二个是说，另有一位中国人顺手挽辫子的时候，发现辫子早就没了。第三个是说，又有一个中国人，猛然间感觉后脑勺一凉，接着便发现辫子与脑瓜分家了。第四个说的是，在大街上一起走的两个人，正聊得火热的时候，其中的那个陌生人突然不见了。接着，这个人发现自己的辫子跟着陌生人一起而去。第五个说的是，有个中国人看了外国小孩一眼，而那个外国小孩死死盯住他。这时候，伴随着一阵烧焦的味道，中国人发现自己的辫子没了。

上面这些都是让人感到害怕的怪人怪事，非常典型。每当骚动爆发时，它们就会频频出现。尽管这些事情听起来是那么荒诞不经，但是几乎每一个人都会相信。如果你想试图解释一下，并用最为正常的理智去说服人们，甚至与他们争辩，那绝对是白费口舌。比方说，你想说明，只有拿起剪刀或者其他锋利的工具，才能将辫子剪掉。但是，对于你的说词，人们根本不予理会。不难想象，中国人已经沉浸于迷信和江湖术士之中。这种情况直接导致他们毫不怀疑地相信“剪辫子”现象。关于这一点，上面的那些事例可以充分证明。确实是这样，每当“剪辫子”风波兴起之际，人们便像发狂似的失去理智。每当这个时候，即便是最亲近的朋友或是仆人，外国人也不要与他们争论。沉默是金，说话是银，而不开口这是最为妥善的方法。关于这个问题，如果你不小心说错了话，就有可能遭到中国人的怀疑，甚至还会产生难以想象的后果。

按照常理，中国的官员应该出面，对诸如此类的“精神台风”采取一些措施，以便有效地安抚人心和稳定社会秩序。然而，与我们猜想的完全相反，他们的做法反而加剧了动荡。这是因为在对待鬼神迷信的问题上，与所管辖下的百姓相比，这些官员的认识也不差上下。当“剪辫子”的风波刚刚兴起的时候，北京的官员就赶紧发布一些公告。那上面的内容，根本不是在消除不安因素，而是在加剧人们的恐怖不安。通常，这些公告的内容一上来就是警告民众，要他们在家中安稳度日，千万不要多管闲事，因为外面到处存在危险。接着，公告便要大家远离陌生人，不管是什么时候，都要关好家门。尤其是到了晚上，一定要照看好自己的孩子，不要在夜间出门。还有一些公告，直接告诉人们守护好辫子的方法。当然，这些方法都是很简单且容易实施的。有一张公告提供的方法是，让人们将红色和黄色的丝线编在头发里面；另一张公告的方法是，要人们口服某种药物；还有一种方法，也是开了一张药方。不同的是，这种方法要求人们将一半药撒到厨房的炉火中，另一半则直接吞下。

1877 年 1 月，顺天府尹公布了一个处方。关于处方的内容，至今我还记忆犹新。他的方法是这样的：找出三个汉字，交织地放在一起，组成一个大字，并用墨汁将这个大字写在三张大小一样，呈正方形的特制黄裱纸上；然后，烧掉其中的一张纸，并将其纸灰收集起来，放进茶水中喝掉；接着，将第二张纸直接编进辫子中；剩下的第三张，则直接贴在大门的正中间，而且必须是面向街道的那一面。实施这些措施之后，顺天府尹十分肯定地向当地的老百姓保证，再也不会出现凶神恶煞的“剪辫子”现象，人们可以尽管放心。在他们看来，正是那些凶神恶煞要夺取他们的国粹象征，还有他们作为男子汉的标志。后来，人们将顺天府尹的这个处方称为“无所不能地保护人们辫子的神灵”。

当然，有一点我们必须说明，就是在这种骚乱中，几乎从来没有出现过有人被剪掉辫子的事实。实际上，他们甚至连一根毫毛都没有缺失。那个时候，每当风波兴起，人们口中相传的就是那些怪事。这样，人们就会变得坐立不安，社会秩序陷入一片混乱，就连街上的生意也收摊了。那些诉说种种怪事的人们，其实根本没有亲眼见过他所说的事实。而向他们传说的人，也无不白日说梦，无中生有。因此，对于一个真正被剪掉辫子的中国人，他们从来没有发现或者看到过。事实上，在我所遇见过的中国人中，他们在风波当中也没有亲眼见过另外一个中国人的辫子，被一种莫名其妙的神奇力量所剪。可以这么说，每一件怪事都是添油加醋、无中生有的传言，并由此形成一种流行病，使得人们异常恐惧、不安，最后便形成了风波或者骚乱。

1877 年，在北京，这种流行病猖獗到几乎无以复加的地步。当然，顺天府尹也发布了公告以及那个处方。在某个大清早，我被一位美国传教士喊醒，说有事情着急向我汇报。原来在他所管辖的教堂里，有个中国人昨天晚上睡觉，半夜里辫子竟然没了。当时，正值“剪辫子”风波期间，这位传教士深知这一事件的后果。如果这件事情被传开，不到一小时的时间，教堂就有可能被一群愤怒的暴民毁掉，甚至有人会因此丢掉性命。考虑到这些因素，这位传教士将那位中国人锁在了自己的房间里，然后天亮之后便急着跑到美国驻华大使馆，向我求助来了。听完这位教士的讲述，我立刻写了一封信，派人送往京城的九门提督。在信中，我请求今晚与提督见一面。虽然我没有说明理由，但是明确告知他，希望他派出一队人马保护教堂，以免遭到意外的骚扰和毁坏。做好这些后，我便急忙前往现场调查这件事。

事情的经过很快水落石出。不错，这是一件名副其实的“剪辫子”事件。除了法律规定的罪犯必须将辫子剪掉之外，我还从来没有遇到过这样的事情。那位丢掉辫子的中国人，是从乡下来的，到北京，是为了学习基督教。他和另外两名当地的基督徒，一起暂时住在教堂背后的一间小房子里，当然，这些都是传教士安排的。他做这些，完全出于一片好心。由于那个丢辫子的中国人是外地人，于是刚开始的时候，我认定他是由某些心怀不轨的中国人派来的：学习基督教是假，故意剪掉辫子、挑起反对外国人的事端是真。然而，经过认真的盘问后，我发现自己错了。那位乡下人说的话，几乎前后一致，没有丝毫破绽。因此，最初的疑云也从我的心头消散了。

出事的那天晚上，那位乡下人早早地上床睡觉。当时，大概是不到九点的样子吧。过了一会儿，另外的两个人也上床休息。凌晨两点钟左右的时候，他睁开眼睛，发觉头上不对劲。于是，他顺手摸了一下。原来，他头上的辫子不翼而飞了。这一下，他吓得大叫起来。此时，他身旁的同伴也被惊醒了。明白是怎么一回事之后，他的同伴也吓得魂不附体。接着，他们点亮了一根蜡烛。三个人坐在那里，一动不动，浑身缩成一团，吓得直抖。天快亮的时候，他们当中的一个才去找传教士。那个人一走出房门，便发现了那条辫子。很明显，那是被人剪掉后，直接扔在雪地上的。

在我的盘问下，那位乡下人讲述了以上经过。听完他的话，颇使我困惑。在那间小房子里，三个人一起度过了一整夜。关于这一点，没有丝毫值得怀疑的地方。知道那位乡下人的陈述后，另外两个人也深表同意。此外，这座房子的院墙是很高的，人是没有办法爬上来的。还有一点，一到晚上，房间的门就被严严实实地关上了。所以，只要晚上有人试图进入房间，一定会弄出响动来的。这样一来，里面睡觉的人一定会被惊醒的。但奇怪的是，辫子还是被剪掉了。我顺手拿起那条被剪掉的辫子，不得不承认这一事实。这条辫子又粗又长，在它的一端，很明显有剪刀留下来的痕迹。那肯定是一把十分锋利的剪刀，在靠近头部大约一英寸的地方下手。锋利的剪刀，加上有力的手腕，那位乡下人的辫子便被不知不觉地剪下来。

又经过数小时的盘问，我还是没有找到任何线索。于是，我又将前面的问题重新问了一遍。

“在睡觉的房间里，除了你们三个人之外，还有没有其他的人？”

“没有。”

“那么，傍晚时候，是不是有其他人来过？”

其中有一个人说没有。但是，另外一个人想了一会儿，说：“有人来过。在昨天傍晚的时候，阿山来过这里。不过，在我们睡觉之前，他就走了。”

“噢，他来这里做什么？”

“帮助外国人将报纸装订成书。”

“哦，他使用什么工具？”

“有麻线、一根针，还有一把剪刀。”

“这间房子里，还有没有其他人使用过另外一把剪刀？”

“没有。房子里没有其他剪刀，最近也没有其他人使用过剪刀。”

“那么，阿山离开的时候，是不是将剪刀带走了？”

“是的。”

我不断追问，结果又意外地收获了以下事实：其实，阿山并没有离开那间房子。他坐在那里，一直在忙着装订报纸。等那位乡下人上床休息之后，他也没有离开。阿山的位置，距离那位乡下人睡觉的地方不远，可以轻易地接近乡下人的头。而另外两名中国人正坐在桌子的另一端，低头看着什么东西，距离阿山的位置比较远。如此说来，阿山不用挪动一下身子，就可以轻而易举地将那位乡下人的辫子剪下来，并且不会惊动其中的任何一个人。当然，如果另外两个人中的一个抬起头，也不会发现什么的。这是因为那张长长的桌子，远比那位乡下人的头高很多。阿山在那张桌子的掩护下，就可以剪掉乡下人的辫子。

以前，在我的一位朋友手下，阿山做过一段时间的事情。我很清楚他是怎样的一个人——虽然年纪不大，但是却干了不少坏事。尽管他长相英俊，但是眉宇间透露出一股凶恶之气。不难想象，乡下人的辫子很有可能惨遭他的毒手。于是，我便让传教士喊来阿山见我，但不要告诉他为什么。我想，只有阿山才能将整个事件的来龙去脉讲清楚。

当时，阿山在一家教会机构开办的印刷厂工作。很快，阿山就来到了我的跟前。他面带微笑，从容不迫，看上去一副满不在意的样子。见到我之后，他客套地寒暄了一番，接着便静候我的下文。我直截了当地问他，为什么昨天晚上剪掉别人的辫子。听到我的话，他先是坚决不承认，接着便装出一副很吃惊的样子，并且还反问我，到底有谁能犯这样的罪行。他说昨天晚上，他确实在那间房子里待过，就在上文我们所说的位置上，并且还使用了剪刀。在我的再三追问下，他承认了一件事实，那就是那些装订的纸张是他从印刷厂里偷来的。在他看来，偷几张白纸，就是一件小事，算不得什么。但是，剪掉一个人的辫子，那可是犯法的事情，将会受到严厉的惩罚。因此，对于后者，他是无论如何都不敢做的。

然而，我并没有放松对他的追问。就这样，大概过了一个多小时，他不断重复地回答我的问题。在一切细节问题上，我始终没有发现他的破绽。我对他讲了一番好话，并劝慰了他许久。然而，他一直无动于衷。看来，他是不会轻易落入圈套的。比如，我对他说："你做这件事情，完全是出于好奇或者冲动，原本不是要故意伤害他人或者制造麻烦。当那个睡觉的人的辫子从床下垂下来时，你看见了就忍不住开了一个玩笑。当我这么说的时候，他就打断我的话，立即用严厉的口气更正，说他是一位地道的中国人，深知剪掉别人的辫子是一件很严重的事情；当然，平时玩弄别人的辫子，也是不被允许的。我又对他说，如果他讲出真相，是不会得到任何惩罚的。但是，他还是矢口否认，说根本没有做那件事，要他承认什么。

我与阿山的初步谈话，就是以上那些内容。我明白，任何一种简单的方法，都是徒劳的，最终事情的真相还是没有办法浮出水面。面对那张孩子般天真的脸，冷静沉着的目光，以及明确坚定而又十分有礼的答话，我找不出任何合适的词语加以形容和描述。简而言之，我没有办法找到阿山的任何一个破绽。他的一言一行，表现得无可挑剔。如果他要是有罪的话，那么全中国的人都要判刑。我有一位朋友，他善于侦破中国的盗窃案件。有一次，他告诉我一个秘诀，就是要冷不防地询问被怀疑的对象：在什么时候，出于什么原因，要偷盗别人的东西。问完后，就要仔细观察他的喉咙，看是不是有咽口水的迹象。如果他真的偷了东西，那么他就会在答话之前，咽下一口唾沫。可是，阿山在我面前连眼睛也没眨一下，更别提咽口水了。

拖到最后，我变得有些不耐烦了。尽管如此，我还是坚信，就是阿山剪掉的辫子。于是，我对他说："很好。尽管你不承认，但我还是认为，你是有罪的。我找你来，是想帮助你，我们一起来解决这件事情，而不是找你麻烦。相反，正像我所给予承诺的那样，我很愿意想办法帮你。昨天晚上，你确实在那个房间里待过，也使用过剪刀。而你也承认，那把剪刀整个晚上都在你的手中。因此，昨晚那个乡下人的辫子一定是你剪掉的。既然你这么顽固不化，我只好把你交给你们的父母官，并交代清楚事情的原委。你们的父母官会如何处理一个

‘剪辫子’的疑犯，尽管他只有一丁点怀疑。关于这一点，我想，你比我更加清楚。这样一来，不管你是否有罪，都由他们来最后裁定。说到底，这毕竟属于他们的职责范围。”

说完这些话，他还是无动于衷。于是，我便转身喊仆人过来。我让仆人带上我的名片，到附近的警察局，请两名警察过来。看到我的这些安排，阿山还是站在原地，一点也不在意。可是，当我的仆人跨出门槛时，阿山瞬间改变了态度。他对我说：“不要那样做。那个乡下人的辫子，确实是我昨晚剪掉的。您说得没错，我走出房间后，将辫子扔在了雪地上。那是一个愚蠢的乡巴佬，我这样做就是想让他吃点苦头。”

我们知道，像阿山这样的小伙子，一旦落入当地官府的手中，一定不会有好下场的。于是，我和教士商量了一下，决定将这件事隐瞒不报。不过，关于九门提督那边，我得编排一个理由，解释一下为什么要与他见面。传教士可以在一小时之内，将阿山送出城外。而那个被剪掉辫子的乡下人，白天先在房间里单独待着，另找两个大胆细心的中国人晚上护送他回老家。当然，必不可少地要给他一些礼物，权且缓解一下他的恐惧。这些事情办理得极为周密，几乎没有被任何一个人发现。

这件事情过去一周后，恭亲王率领内阁大臣们一起来到领事馆，恭贺新年的到来。在闲谈当中，恭亲王问我为什么那天要与九门提督约见，但后来又取消了约见。我想，他们可能费尽周折才找到九门提督，但紧接着又收到我的第二封来信。在后一封信中，我取消了约见。当然，在回答恭亲王的问题时，我便将那天的事情说给他听。不过，我再三说明，阿山不是故意的，而是年轻人一时的冲动。我还请求说，这件事就这样算了。但是，恭亲王却不这么认为。听完我的陈述，他很气愤。他对我说，当那个阿山剪掉别人辫子的时候，就应该想到后果是什么样子——他会掉脑袋的。与此同时，恭亲王强烈要求我，将阿山的真实姓名和具体的住址提供出来。幸运的是，我早就忘记了那个年轻人的姓名，更不知道他现在身在何处。因此，最后官府也没有办法追查下去。可以肯定，一旦那个年轻人落到官府手中，他的一时冲动会将他送上断头台。从这件事情可以看出，对于“剪辫子”的违法行为，中国上层官员所持的态度是多么严肃。

第九章　衙门和司法制度

在一座衙门的中央大厅，摆放着一个木制架子。在大厅的地面上，铺着一张红色的毛毡。那个木制的架子十分低矮，大约有十平方英尺的大小。在木架和毛毡之上，有一张桌子，还有一把太师椅。那太师椅造得十分威风，也很引人注目。当然，这两件物什也被漆成了红色。在桌子上面，有一套书写工具。在墙上，挂着一条鞭子、一个竹板以及其他用刑的工具。在架子的另一边，摆放着铜锣、钟鼓，当然还有可供敲打的木槌。

上面所描述的物件，就是构成中国原始法庭必不可少的东西。这种法庭的存在，可以追溯到中华帝国产生之时。由此可见，这种法庭的历史多么久远。尽管所有的案件无一例外地都在高墙大院内审理，并且有些还通过私人关系最终了结。但是，如果从理论上来讲，中国真正的法庭就是上面所描述的。在那里，任何人都可以到现场观看犯人的审讯过程。当然不必说，这种法庭也是允许上天参观的。

在中国，只要任何一个人有事，需要控告另外一个人，那么他就可以径直来到法庭，敲打锣鼓，喊冤叫屈，而不管当时是白天或者黑夜的什么时候。收到讯息后，地方官员应立即穿好官服，走到前台，端正地坐在太师椅上。而台下是任何一个原告或者被告，他们不用交任何费用，并且在没有威胁或者偏袒的情况下，倾诉各自的请求。当然，在此过程中，地方官坐在台上会认真听取双方面的陈述。“正义的眼睛，永远是亮的”，这种古老的说法在中国流传了几千年。而中国法庭处理案件的方式，可以说是这种说法的最好注释。从理论上讲，在办事效率、花销费用等方面，中国法庭确实有独特的优势，并且享有较高的权威。

在世界上，中国司法制度的历史可能是最为悠久的。几千年来，这种制度没有发生多少实质性的变化。虽然这种司法制度较为简单，但是它的理念却始终没有改变。那就是，保护每一个向司法制度求助的人们，无论他是原告还是被告，无论他们所申诉的内容是敲诈勒索，还是对官方做法的不满。一件案子，在其审理过程中，还有诸多的监督和预防机制。比如说，那些对审判结果不服的人，可以到上一级法庭进行申诉。甚至有时候，皇帝亲自出马，审理某些案件。在大清朝建国初期，为了保护那些最底层的民众，还建立了一套特殊的司法制度。对于这样的人，中国法庭不能收取他们的任何费用，不管他们是申诉还是上诉。从理论上来讲，即使是那些大街上流浪的乞丐，他们的案件也可以送达到皇帝的手中，由皇帝亲自裁定，只要他们按照规定的司法程序去做。

就组织结构和权限范围而言，以上所说的司法制度，或者说中国法庭，是独具特色的。其中，都察院是最主要的组织机构。在现实中，人们更多的时候将都察院称为“监察部”。它是朝廷专门设立的，负责调查、破获各种案件的一个部门。因此，后一个名称好像更能说明它的具体职责和功能。在都察院办公的官员，称为督察官。他们可以随意听取任何司法案件的审理情况。在听取当事人的申诉时，督察官不能收取任何形式的费用或者报酬。对于各个司法部门的官员表现和行为，督察官要经常履行观察、监督、弹劾等职责。任何人，只要是朝廷的官员，不管他是朝廷重臣，抑或一个小小的七品县令，都必须接受督察官的监督。在督察官面前，每一个人的位置都是平等的。面对他们的监督和弹劾，有时候连权力最大的皇帝本人也没有办法逃避。

清朝帝国的现任皇帝光绪，在去参加前任皇帝同治葬礼的路上，就遇到了一位督察官。只见他跪在地上，双手恭敬地捧着一份奏折，其内容是反对光绪皇帝将全部大权揽于一身。为了表示自己的忠心和对朝廷的鞠躬尽瘁，这位督察官当场拔剑自刎。而那时的光绪皇帝年仅三岁，还是一个小孩子。1871 年，由于某件事情，恭亲王与在京的一位督察官闹得不可开交。在公开场合，督察官表示了对恭亲王的强烈反对。当时，恭亲王没有台阶可下。对此，我亲耳听到恭亲王对我说，真想收回成命，再也不管这件事情，而任由那个督察官去处理。这样总比与督察官发生争执，而引起不必要的麻烦要好得多。

在中国，早在两千多年以前，就开始了法律的制定。之后，所制定的法律条文，被人们不断地修改和增减。就像我们前文所指出的那样，就整体而言，清朝的法律饱含着中国人的智慧。面对人们，它不但温和，而且很有人道主义的色彩。

针对各种各样的犯罪情况，清朝的法律制定了程度各异的惩罚措施。这些措施，十分具体和详细。比如，它规定，对于那些重复犯罪的人，一定要加大惩罚的力度。关于这一点，与我们的法律很相似。还有，对于那些轻微犯罪，但次数众多的人，交纳一定的罚金，便可以了结。这样一来，某个人可以直接交纳五十两银子，从而避免一百大板的皮肉之苦。其中，还有一些法令，比我们想象得要温和许多。

比如，《大清律令》规定，如果死刑犯是独生儿子或者独生孙子；如果死刑犯的双亲或者祖父母身体残弱，常年卧病不起，或者他们的年龄已经超过了七十岁。像这种，只要刑犯被处死，其父母或者祖父母就会失去生活依靠的案件，就必须上报给皇帝，并由他亲自审理。除此之外，任何人不能擅自处治。有些妇女犯了罪，需要施以鞭打。这种情况下，她们可以获得准许，穿好自己的内衣。当执行对妇女的惩罚时，只要是七岁以下的儿童和九十岁以上的老人，一律不准观看。当然，也有例外的情况，那就是当妇女犯了叛国罪或者起义造反罪，接受惩罚的时候。

清朝还有一些法令条款，独具特色，也很有趣。比如，如果天文学家被判流放，那么他只要接受一百大板，就可以得到减免。但是，如果他犯了极为严重的罪行，那么是无论如何也不能减免的了。很自然，我们不禁要问：为什么天文学家会有如此的待遇？对于这一问题，我们没有找到答案。再有一个例子：如果一个男子，忽视父母为他择定的配偶，而远走他乡与另外一位女子结合，那么他必须听从父母的安排，与之前指定的女子结婚，而不得不放弃自己的选择。对于所管辖下的老百姓的女儿，地方官员不得与之结成连理；对于同一亲族的几代人之间，因为存在较为亲密的血缘关系，他们是不允许结婚的；更有甚者，如果两个人是同一个姓氏，也是不被允许结合的。如果发生这样的事情，他们的婚约必须解除，没收的聘礼全部上缴给国库。

对于这些条款，乍看上去不会对中国人产生实质性的影响。不过，只要我们想一想，中国大概有四亿多人口，共四百零八个姓氏。因此，与其他国家对于男婚女嫁没有任何限制的情况相比，中国的法律条款一定或多或少地给男女之间的结合带来麻烦。但是，有一条法规，也是关于婚姻方面的，却值得永远流传下去，而世界上的其他民族也理应学习这一点。那就是，当婚姻关系确立时，男女双方必须相互坦白，告诉对方的家人关于自己身体、年龄等方面的情况。这样做，是为了保证未来的新郎和新娘年纪不会相差太大，身体也都健康完好。如果其中有一方故意隐瞒实情，那么将会受到严厉的惩罚。

整体而言，中国的司法制度还是比较温和且符合常理的。再加之，它还有一套完备的监督和预防机制，可以有效禁止滥用职权和不公正的审判。可以说，只要它可以正常地运行，没有一个犯罪的人可以逃脱法律的制裁，也不会有一个无辜的好人含冤不白。不过，从现实情况来看，中国法庭存在着贪污受贿、徇私舞弊、陷害忠良等不法现象。像这样的情况，不仅难以避免，而且已经成为一种普遍的现象。尽管中国的司法制度堪称无与伦比，但是在开庭的时候，既没有律师，又没有陪审团。而案件的审判，不是依照现有的法律条文，而是根据以往审判过的案例来类推最终的结果。像这样的做法，产生了一批依靠法庭吃闲饭的食客，即被人们称作“求证者”的一部分人。

在社会上，这些人并没有获得公认的地位。不管是官员还是皇帝，都坚决反对这类人的存在。但是，尽管采取了不少限制的措施，这类人始终出现在全国的各个地区。只要哪里有具体的案件需要审理，这类人便派上了用场。在繁冗复杂的过往案卷中，他们要找出相似或者相同的案例。只有这样，法庭才能找到可供审判新案件的依据。不难想象，在那多如牛毛、历史久远的案卷中，“求证者”可以按照自己的需要，随意找出任何一个案例。也就是在这个关节，贪污受贿、徇私舞弊等现象产生了。不管是被告人，还是没有犯罪的无辜者，他们都要去拜访“求证者”。如果“求证者”能收到意外的钱财，那么在办理案件的过程中，他就会特别照顾那个给他钱财的人。

这里，我们要补充一点，贪婪的“求证者”除了接受原告或者被告的财物外，几乎没有任何其他的收入来源。尽管如此，他们当中的任何一个人，都是腰缠万贯，十分富有。这样，我们所要说的真相已经完全显露。根据传言，中国的官员几乎从不直接收受贿赂。但是，通过法庭雇佣来的食客，中国官员可以私下与食客用一种近乎做生意的方式相互往来，接受财物。

在中国，官员手中享有极大的权力。为了获取当事人或者证人的口供，他们可以毫不受法律约束地采取任何手段或者方法。这样的一种做法，危害可以说是极为严重的。在中国的法庭上，很少能碰到有人当场宣誓。即便他做出了这样的行为，他的言行仍然得不到信任。在西方，证人出庭作证，如果是伪证的话，那无疑就是犯罪；而在中国，根本没有作伪证这一说法。在中国人看来，如果有人存心要撒谎，那么即便宣誓，也是无济于事的。

事实上，中国的审判官员有自己的一套取证方式，而不会要双方当事人讲出实情，也不会请证人当堂对质。通常，他们首先对每一个当事人，单独过堂审理。对于证人的言词，他们会仔细地盘问和推敲。这样做的目的是，为了防止证据与证词不吻合。不过，当有好几个证人的时候，他们的证言就会出现相互矛盾的地方。如果出现了这种情况，互相矛盾的证人就会被带上法庭。然后，当着审判官的面，他们之间予以对质。这时候，每一个证人要当着另外一个证人，重新陈述一遍自己的证言。当他们这样做的时候，坐在一旁的审判官会仔细观察他们的神情举止。通过其中的细微迹象，审判官就可以推断出，谁在撒谎，而谁又说出了实情。对于这样的一种判断方式，中国的官员们都很上手。

如果上述方法没有奏效，对于被怀疑说谎的人，审判官就会采取严刑峻法，逼迫其招供。在审问的过程中，审判官经常命令停止审讯，接着被审问人的嘴巴会遭到竹杖的抽打。通常，被审问人的嘴巴被打得满是鲜血。此时，审判官会严词警告被审问人，如果再不老实交代，就会遭受更加痛苦的拷打。然后，案件的审讯会继续进行下去。还有一点需要说明，对于证人，审判官不仅可以让其跪在铁链子上长达数个小时，还可以将其双手捆绑，直接吊起来。甚至有时候，证人会被关在一个小房子里，不给吃，不给喝，或者限制吃喝。在某些案件的审理过程中，那些被法律条款所禁止的手段或方法，也被用来对付被审问人。如果一个人被认为犯了某个罪行，那么审判官所要做的就是，想方设法的让其招供认罪。为了达到这一目的，审判官经常会采取一些耸人听闻的残酷手段。这样一来，为了从难以忍受的酷刑中暂得解脱，有些人会承认他们犯过一些罪行，而事实上他们根本没有做过那些事情。

曾经有一次，我看到三个中国人是如何被迫承认其罪行的。这三个人被人指控，偷了东西。他们每一个人的双手被绑在背后，靠近手腕的地方用绳子结结实实地捆住。然后，有一条长长的绳子，一端系住他们的捆绑处，另一端高高地挂在一棵大树上。就这样，他们三个人被腾空吊起。当时天气特别炎热，太阳暴晒着他们的身体。大概过了三个小时，他们才被放下来。此时，他们早就失去了知觉。他们的肩关节处肿得很厉害，貌似骨头已经脱臼。那个惨状，让人不忍目睹。接着，经过一番折腾，他们终于醒来。不过，他们还是矢口否认偷过东西。于是，他们马上又要遭到先前的“待遇”。在这种情况下，他们慌忙承认了，其肯定的程度与刚才否定的程度不差上下。在这里，我们没有必要再一次讲述那些残忍的手段，是清朝法律所不允许使用的。此外，上级官员收到的由下级官员呈送上来的案件处理报告时，他们根本看不到下级官员所使用过的酷刑，即便他们果真采用了那些残忍的手段。

但是，根据以上这些，我们还是不能武断地说，这种丑恶现象已经普遍存在于中国的司法界。那些现象只是极个别的特殊情况，绝不是一般性的规律。尽管中国的官员不乏庸碌之辈，甚至相当迷信，但是他们绝大多数还是正直善良的，并且充满了人情味。在案件的处理过程中，我们会发现他们所使用过的一些手段和方法。在我们看来，它们是相当的荒谬而且迂腐。无论就内容还是形式而言，与两百年之前的欧洲法庭相比，这些做法显然极为不同，但是所获得的效果却等量齐观。虽然这些做法看起来比较可笑，但是我们对此并不感到奇怪。

在这些做法中，检查被害人尸体的方式是最为荒谬的。比如，在受害人的尸体面前，他们会将嫌疑犯拉过去，让他触摸一下尸体。如果尸体的伤口重新流出鲜血，那么这个嫌疑犯就是真正的杀人凶手。当一名受害者被怀疑是中毒而死，在检验尸体的时候，验尸的人会使用一根银针，将其扎进受害人的尸体。如果银针在拔出来之后，变成了绿色，那么受害人就是被毒药害死的。此外，受害人的骨头也会接受验尸的人检查。如果他的骨头颜色发生了变化，那么就证明，他是被毒药害死的。

与整个国家的政治体制一样，中国的司法制度也是建立在封建宗法思想基础之上的。从理论上来讲，各地的政府官员是他所管理的辖区内老百姓的衣食父母。因此，作为父母官，这些地方官员在案件审理过程中，总是想法设法地劝说证人或者嫌疑人承认其犯罪事实。在这种情况下，他们会采取一些特殊的方法，比如使用劝诱、恳求和威胁等手段，甚至还会用孔子的名义去教化一个顽固分子。在这中间，他们还会提出一些问题，甚至向犯罪嫌疑人承诺，他们会像父亲一般爱护和体谅他。至于他们所提的那些问题，与案件的审理根本没有任何关联。然而，为了弄清事实，他们在所不惜地使用这些方法。就是在这种不着边际的谈话中，父母官们细心观察，妄图从犯罪嫌疑人那里获得一丁点的线索。

有一次，一位美国公民遭到了七名中国人的袭击。一名主犯和其他六个人，全部被抓获归案。我和中国的官员一同审理这个案件。很幸运，我与中国官员坐在一条长凳上，可以观看他审讯主犯的过程。那几个人都是挖煤的矿工。他们每个人的肩膀上，分别挂着一个小垫子。他们使用这种工具，直接将煤块从矿井下面扛上来。那些垫子上面沾满了煤粉矿尘，就像一个个小沙袋一样。像这样的一种垫子，一旦击打到人的头部，后果不堪设想。然而，他们就是想用这种工具攻击那位美国人。可想而知，如果美国人被击中的话，早就死掉了。眼前的事实很清楚，这几个人难逃其咎。这次事件发生在该城市中心的一个广场上，且当时又正值中午，因此围观的人不在少数。如果需要找证人的话，估计一百个人也能找到。

审问开始了，那位已经七十多岁，让人肃然起敬的中国官员，先是询问了每一个人的姓名，接着用那张慈善的脸庞对着台下的一个人，用一种极为亲切的口吻问道：

“说吧，现在把整个事情告诉我，你为什么要打美国人？把知道的，全都说出来。”

“老爷，我根本就没有打他，”那个人说道，“当时，我并不在现场。您是知道的，我一向安分守己，是个老好人。我向您保证，我绝对没有动过那个美国人半根手指头。我敢向您承诺一千次，乃至上万次。”

“哦，你说的这些，我们已经听到了，”那位官员接上对方的话茬说，“像你这样的人，温存善良，估计连大清的一个小孩都不敢动。但是，你为什么要去伤害那个美国人呢？孔夫子曾经说过，四海之内皆兄弟。难道你没有听说过这句话吗？既然这样，你为什么要去伤害自己的兄弟？关于那件事，我们自然知道你没有去做。实际上，事发当时，你正在家中的床上躺着，或者正在享受一场甜美的梦。但是不管怎样，我们现在知道，就是你做了这件事。当然，我们知道，你并不是故意的，而只是想开个玩笑。或许，你在街上遇到了一个地痞无赖，他告诉你说，只要你敢打美国人一顿，或者恐吓一下对方，他就会永远地离开这个地方。所以，你听信了谗言，便想着尝试一次。就像你在场一样，你还是打了那个美国人，尽管你当时确实不在那里。我们并不想把事情搞得太麻烦，只要你趁早坦白。抬起头来，你看看，坐在我身边的这位先生，他从北京赶来，专门解决这个问题。他是美国的官员，关于事情的全部经过，他都清楚地知道了。他说什么，我就得按照他的意思去办。不过，从这位先生的脸上可以看出，他是一位善良的人，脾气温和。因此，你赶快告诉我实情，请求我将你们抓起来。这样的话，他就不会再找你的麻烦了，并且会放你走。不过，有件事我得向你说明，这位先生着急地要回北京，因为那里还有要事等着处理。如果我们今天把事情解决掉，他答应我，明天会请我吃饭。如果耽误他的事情，他一定会不高兴的。我想，你不愿意这样做，对不对？那你就赶紧交代吧，他已经知道了全部经过，就等你的坦白了。”

就这样，这位年长的官员没有任何逻辑，絮絮叨叨地乱侃。在这中间，他又是劝导，又是利诱，前前后后用了一个多小时。与之相应，那个矿工一直不厌其烦地说自己是无辜的。不过，他说话的口气和声调，越来越没有先前的气势。最后，他终于耐不住了，说："我和其他人不一样，我没有他们那样下手狠。”就这一句话，被这位官员灵敏地截获了。很快，他反问道："稍等，如你刚才所说，你确实打了那个美国人，是吧？你的表现不错，来，接着把所有的实情都说出来吧！”

听到这里，那个矿工低下了头，就像是一个顽皮的学生，用针扎老师的椅子，突然被老师逮了个正着一样。他知道无法抵赖，便说："好吧！我交代，坦白交代。那个美国人，可能是我先带头打的。”

“你早该这样做了，”那位官员继续说，“其实，我们早就知道是你干的了。不过，你坦白交代，终归是一件好事。”然后，那位官员转过身来，看着我，对我说："您看，我应该怎样处治他们？”我向他传达了我的意见。那是一种比较合适的惩罚，他表示同意。随即，他宣布了对那个矿工的处罚。其他的人看到这种情况，也纷纷承认了罪行。最后，审理顺利结束，前后共用了不到十分钟的时间。

对于大清的监狱，即使是最好的牢房，只要让美国监狱改革协会的成员看一下，他也会感到触目惊心的，甚至可能说不出一句话来。这是因为那些地方在中国简直就是地牢，阴森恐怖，臭气熏天。而且，那里经常发生一些匪夷所思的事情，其残暴的程度令人发指。不过，对于这样的监狱，我们必须说明两点：

首先，在中国，这种监狱是有威慑作用的。在乡村中，存在一些很庸俗的地痞流氓，或者鸡鸣狗盗之辈。这样的监狱，可以给他们一个较好的警示：谁要是成为那里的一名囚犯，一定会尝尽苦头的。基于此，那种监狱一定要设置得像地狱一般恐怖。但凡了解中国国情的人，知道中国老百姓的生活是怎样的，那么不管他是谁，都可以理解中国的监狱为何这般模样。实际上，如果我们把美国条件最差的监狱搬到中国来，把它随便放在中国的任何一个地方，那么不出几日，周围有能力犯罪的人会迫不及待地想要蹲监狱。这其中的人数，最起码不会少于一半。因为这种单身的牢房，对他们来说，简直就是一种福利。而他们在做了某种犯罪行为入狱后，为了能够长期留在监狱，还会想方设法地加重自己的罪行。

其次，关于中国的监狱，我们还得明确一点：在中国，法律对罪犯施加的惩罚，不是单纯的囚禁。监狱只不过是暂时扣押一些人的地方。这些人当中有证人、犯罪嫌疑人，还有那些候审的犯人。可以说，在监狱里，这些人在等待他们的最后判决。因此，在大清帝国内部，从来没有长时期地监禁某人这一惩罚措施。当然，这种事实也加剧了中国监狱实施灭绝人性的种种残暴做法。许多无辜的受害者，在这里遭受折磨，有的甚至含冤而死。在这里，各种各样虐待犯人的手段和方法，多得几乎超出我们的想象。只要你愿意找，在中国监狱内你可以发现任何一种残忍的手段。曾经有一个北京人，他在北京某处监狱的大门上，书写了“地狱”这两个汉字。其实，监狱内部的种种现象，远比这两个字所传达的内容要丰富得多。

在清朝的法律中，还有五种对犯人实行的刑罚措施。这五种措施分别是：笞刑、戴枷锁、烙刑、流放以及死刑。在这五种刑罚中，戴枷锁需要我们详细介绍一下。根据大清的律令，这种枷锁用一块干木头做成，形状近似于正方形。它有三十五斤重，三英尺长，两英尺零九英寸宽。此外，它还能被加重，最重可达一百二十五斤。当然，这要根据罪行的轻重来衡量。一般而言，枷锁分为两部分：一部分是用铁链子接在一起的，另一部分是一把锁。在正方形的中心，有一个圆形的洞，比人的脖子稍微粗一些。当使用它的时候，先将其打开，在犯人的脖子上比划一下，调整到一个合适的粗细程度，然后将犯人锁好。这种刑具套在犯人的脖子上后，他的脸上还要贴上两张纸条，一边一个。其中，一张上面写着犯人的罪行，以及他戴枷锁的天数；另一张上面写着犯人的姓名、年龄和家庭住址。枷锁戴上之后，犯人就要日日夜夜与之陪伴，一直要到规定的天数才可卸下来。在此期间，犯人不能自己吃饭，而由专人喂食，这是因为他的手没有办法触摸到自己的嘴巴。白天的时候，他被拉到街上，游行示众；晚上的时候，他被关在监牢里，睡觉的时候不能躺下，只能站着、蹲着或者坐着。

关于死刑的执行，有三种方法。其中，按其程度而言，最严厉的方法是凌迟处死，其次是斩首，最后是绞刑，而这也被人们认为是最体面的一种死法。执行凌迟处死的时候，犯人的肉会被一片又一片地割下来。这种残酷的处罚方式，只适用于两种情况——叛国罪和违反伦理孝道的罪行。在中国人的思想观念里，后者的罪名是最为严重的。比如，杀害父母或者祖父母的罪行等。执行斩首时，犯人的双手被反绑在背后，头低着，跪在地上。在他脖子的后上方，有一把沉甸甸的大刀。这种大刀有两个柄。只要大刀一落，那犯人的头就掉在地上了。执行绞刑时，先将一根绳子打个圈，套在犯人的脖子上。然后，刽子手里拿着一根木棒，从犯人的后脑勺处伸进绳圈中，开始转动这根木棒。随着绳圈的紧缩，犯人会慢慢断气。

在中国，孔夫子曾经宣教过，每个人的身体、头发和皮肤等，都是来自父母的。鉴于此，每个人临死的时候，一定要保证自己的身体完好无损。就像刚出生时那样，他们死后要与自己的先祖见面。因此，那些被斩首的犯人，他们的朋友会想方设法地帮助他找回首级。当然，为了打通官府，少不了要花费大量的钱财。当找回首级后，便会在犯人下葬之前，将其首级缝到脖子上。于是，他的尸体就周全了。不过，这样做有一个必要的前提条件，那就是他的头不能照原来的模样缝上去，而必须脸朝后背。还有一点值得一提，那就是，孔夫子的宣教产生了一个弊端：处于病痛中的中国人，宁愿死掉，也不要通过外科手术去除身上的任何一个患病部位。

执行死刑的时候，还有一种特别的待遇，那就是自杀。当然，这种方式只限于某些朝廷的忠臣，尤其是皇亲国戚。当他们被判处死刑的时候，往往会收到这种恩赐。比起那些由刽子手执行的任何一种死刑方式来，自杀是最为体面的一种。一般而言，如果一个高级官员犯了死罪，他会收到一个盒子。那是一种非常精美的物件，上面漆着华丽的图案。打开盒子，里面有一束白丝细绳。这些绳子的外面，包裹着一层丝绸。丝绸的颜色是皇帝御用的黄色。凡是收到这样一件东西的人，就像是接到了一个严厉的命令，必须用这根绳子了结自己的生命。如果一天之内，他并没有自杀，那么刽子手就会亲自找上门来。

在中国的法庭上，假如有一个外国人观看了案件的审理过程，那么，他的第一反应就是，中国的这种做法与他所在的国家截然不同。在中国，审判官位居法庭的高台，犯人和证人跪在台下，两只手伏地，趴在那里。等到案件审理结束的时候，他们才能站起来。在此之前，他们一直要跪趴在那里。而其他的人，包括有些官员、旁听者以及围观的群众等，都必须站立在一旁。像这样的法庭规则，在某些时候会引发一番争论。这时候，尽管会让人感到尴尬，心中颇为不快，但也有不少有意思的地方。

那是 1873 年的冬天，在北京，有两个长期居住的美国人与当地的一位包工头发生了纠纷。事情是这样的：这两位美国人想要建一座楼房，于是他们便找到这个包工头，与之签订了一份合同。然而，当楼房施工以后，包工头赚到了大量的钱财。之后，他就违反合同的规定，停止了在建工程。

事后，美国驻华大使馆与总理衙门进行交涉，一致同意将这件事情交由我和一名中国官员一起处理。当然，这位中国官员是总理衙门的人。很快，我们将那三个当事人传唤到法庭。这时候，出现了一个令人头疼的问题：到底让谁站着，或者坐着，让谁跪着？当时，我们并没有制定一个细致周全的规划。于是，按照我的意思，让他们三个人都坐下来。然而，对于我的这一建议，在我身旁的中国官员听了后，吓得六神无主。按照他的意思，包工头是中国人，理所当然地要跪在地上。而为了公平起见，另一方当事人即那两个美国人，也要跪在地上。对于他的这种态度，我深表理解。在这位中国官员看来，如果原告和被告堂而皇之地走进来，找个地方坐下，那岂不是与自己的地位平等了吗？如果是那样的话，法庭的尊严和权威就会完全丧失。后来，他又补充说道，一个中国的当事人坐在法庭上，而且还是他允许的，那么他的颜面就会荡然无存。不仅别人会嘲笑他，恐怕连自己的官位也保不住了。而如果让另外的两个美国人坐在法庭上，那么他将对此案采取一种袖手旁观的态度，置之不理。

那两位美国人，是我国的两个自由公民。他们的年龄比我稍长，其中的一位，已经是满头白发。可是，这位中国官员现在居然要求他们下跪。对于这种看法，我感到既荒谬又可笑。如果同意那位中国官员的意见，我劝说这两位美国人下跪，那简直是天底下最搞笑的事情。就此事宜，尽管我与那位中国官员的沟通很困难，没有办法达成一致意见。但是，我还是明白无误地向他宣称，在我们国家是从来没有类似做法的。在美国，即便犯人做了不可饶恕的滔天罪行，法官审问他的时候，也只是让他站立着，从来不会要求他下跪。此外，我还向他声明，如果按照他的意思去办，那将是对他们人格的严重侮辱。因此，关于这种做法，我们就没有必要再商讨下去了。

然而，我们还是花费了很长时间，进行了激烈的争辩。最后，终于有了一个共同看法：那位中国包工头按照中国官员的要求，跪在地上；而那两位美国人则听从我的意见，站在旁边。也就是说，双方当事人按照各自国家的通行做法行事。这样，我们才开始审理案件，作出判决。

1877 年，在中国的福州，发生了一件案子，与上述情况相似。这是一起受贿案件，牵连到一大批中国人。就程度而言，它要比前文所说的案件严重许多。在这种危急情况下，我又一次勉强去做自己不愿意去做的事情，和福建省的按察使共同审理此案。当案件快要了结的时候，按照需要，另一位中国人必须来到法庭作证。当时，这名中国证人在美国驻华领事馆中工作。此外，他还拥有正式的任命书。那是在华盛顿的美国国务卿亲自签发的。看来，这是一种很特殊的情况。如果我们通融的话，这名中国人就可以不受中国法律的约束。并且，还有一点很重要，只有我才有权力传唤他。那位按察使不断请求我，要那位中国人出庭作证。但是，除非把他当做一名美国人来对待，否则我是不会同意的。最后，按察使同意了我的要求。

第二天，那位中国证人来到了法庭上。可是，当他刚刚站定，按察使就一声大喝:“跪下! ”

“不好意思,”我说,“昨天已经与您谈妥了,他必须按照我们美国的通行做法行事,不能下跪。”

“他是中国人,就得下跪,”按察使继续吼道,“我才不管那一套,给我跪下! ”

“证人是不能下跪的,”我接着说,“看来,您已经违背了我们当初的承诺。”

“跪下! ”按察使继续坚持道。

“站起来,不要跪! ”我还是这样说。

“不行,你给我跪下! ”按察使又大吼一声。

“马上离开这里! ”我对证人喊道。

那位证人,按照我的意思,迈着小碎步,迅速逃离了现场。看得出,当时他是多么惶恐不安和手足无措。

接着,我和按察使又进行了一番激烈的争吵和辩论。最后,按察使向我表示歉意。我又派人请来了那位中国证人。这一次,他是站在法庭上接受审问的。

从这一案件可以看出,极端的不公正和残酷的野蛮行径,在中国的法庭上肆意纵横。案件的当事人中,有一个中国商人和一名翻译。这个中国当事人虽然被判有罪,也是整个案件唯一有罪的人。但是,从始至终他就没有接受审判,反而得意洋洋地出现在法庭上,充当了按察使的贴身顾问和最好朋友。原因是,他早就暗地里活动,打通了各处关节。就这样,他与当地的官员们勾结在一起,相互配合,十分投机。那名翻译虽然是土著中国人,但是他早就移民到了英国,成为那里的臣民。因此,面对中国和美国的法律,他不受其中的任何一个约束。结果,除了被免去职务外,他丝毫没有受到任何损伤。

这一案件的另外当事人,是当地的三十多名渔夫。他们愚昧无知,成为案件里最无辜的受害者。仅仅从所掌握的证据来看，他们当中的任何一个人，都没有触犯法律。审理案件的时候，正值八月份，天气十分炎热，福州城内霍乱肆虐，空气中弥漫着浓重的臭味。尽管如此，这些渔夫还是被关在牢狱里。那里，昏天暗地，不通风，没阳光，条件很差。在这样的环境中，他们每天除了没有饭吃外，还要忍受各种拷打和折磨。就这样，他们被关了几个月的时间。

当他们出庭的时候，活着的人已经只剩二十三个，其余的七个已经在狱中惨死。事实上，在法庭上的这二十三人，看上去各个遍体鳞伤，其状十分悲惨。他们虽然活着，但也仅剩下最后一口气了。其中，还有一个人，就像木头一样，被四个狱卒抬到法庭上。到庭之后，他被放在地上，努力挣扎着要跪，但却一头栽倒在地。看样子，他随时都有可能死去。最后没有办法，只好让他头朝天，躺在那里，接受审问。每一次问话，他只能吐出一两个字，并且声音极其轻微。这种情况，使得我们总是无法听清他在说些什么。

过了一会儿，我看见那人躺在那里，用颤抖的手，不住地在胸部摸索着什么。那里的衣服已经完全破烂，他好像在寻找什么东西。果然，很快我就发现，他从中摸出了一张纸条。那纸条是折叠起来的，被他紧紧地握在手中。不过，他的手已经无法完全合拢，纸条的一角在指缝间露了出来。这时，按察使的小厮，凶猛地扑过去，想要夺取那张纸条。不过，在那小厮行动之前，我早就偷偷地告诉我的随从，要他密切关注那个渔夫。渔夫的任何言行或者举动，都不能错过。因此，我的随从比按察使的小厮更为迅速，首先抢到了那张纸条。

接过纸条一看，原来是向我求助。纸条上面详细记录了渔夫们所遭受的酷刑，还有那七条人命。还说明，直到现在，法庭也没有证明或者指控他们到底犯了什么罪。由于我是外国人，对于涉及到中国当事人的问题，没有丝毫能力可以帮助他们。于是，我只好袖手旁观，眼睁睁地看着正义被抹杀。当时，我既感到厌恶痛恨，又满怀恐惧。我清醒地知道，对于中方的任何干涉，只能导致他们的官员更加不满。毫无疑问，最后倒霉的还是那些渔夫，他们将会受到更为残酷的打击报复。可以说，我在中国的法庭上经历了很多事情，但是，唯有这一案件让我看到，中国的法庭是那么的黑暗、丑恶和野蛮。

在中国，司法制度中还有一条历史久远的规定。尽管它现在已经销声匿迹，但我觉得有必要提一下。在我们看来，那条古老的规定似乎有些可笑，但是仔细琢磨，它其中蕴含了不少的智慧和道理。它的内容大致是，不管是什么时候，只要双方当事人依靠法庭来解决彼此的纠纷，那么在审判官正式审问或者当事人申诉之前，他们都会受到一通处罚——每人各打三十小竹板子。对于此，审判官十分公正，绝不偏袒任何一方当事人。之所以这样做，无非是想告诫他们，不要一遇到事情，就跑到法庭来解决。要知道，鸡毛蒜皮的小事是不值得青天大老爷审问的。

第十章　官员与百姓的微妙关系

在中国，老百姓与父母官存在着一定的关系。如果有学者感兴趣的话，可以对此稍作研究。不过，很快他就会发现，这种关系独具特色，既繁冗杂乱，又让人颇感兴趣。在这种关系中，有很多地方是相互矛盾，甚至是抵触的。不过，这或许可以更真实地反映出中国民情所独有的一面。

比如说，就经商而言，中国的商人恐怕是世界上最为谨慎行事、勤俭节约和细致周全的群体。其他任何一个民族，都无法与之相媲美。对于自己的生意，他们通常了解得十分透彻，可以精确地计算出自己的得失。为了一丁点的金钱利益，他们可以与同行吵得面红耳赤。然而，对于官府各种不同的苛捐杂税，他们从不敢落下。虽然他们知道上交的数额已远远超出法律所规定的，但是他们还是心甘情愿地上交。对于官府中发生的冤假错案、贪污受贿，他们从不妄加评论，只是默默无闻地忍受；而当他们的一位邻居或者一个好友，由于在某件细小的事情上没有顾及到礼节，他们便认为那是对自己的大为不敬。于是，他们很快就会挑起一次争吵或者殴斗。

有两位兄弟，我都认识。有一次，面对老大，老二直接喊叫老大的名字，而没有称呼“尊敬的老大哥”。结果，老大很气愤，两个人就在一起进行了一场昏天暗地的争吵。事实上，官府一直在欺压这兄弟二人，但对此，他们从来没有抱怨过。

以上事实，反映了中国民众的独特性格。当然，我们不能就此直截了当地推断，他们是一群迂腐无知的人，或者说对于自己的权利，他们一点也不关心。可见，要理解和解释中国民众，以上的事实并不足以做到这一点。

事实上，与某些人所宣称的恰恰相反，中国的民众既非麻木不仁、愚钝无知，也不是缺少必要的生命力和活力。对于官府的所作所为，他们也不是出于惧怕，或者躲避惩罚，才忍气吞声的。现实中，当谈及到皇帝的时候，他们的口气总是那么恭敬、严肃。然而，当谈论的对象换做地方官员，他们就不是那么一回事了。大胆地指责和批判，是他们经常对地方官所持有的态度。这是由于他们清楚地知道，地方官是从他们当中走出来的，曾经也是普通人，与老百姓没有什么本质的差别。也是因为这一点，对于地方官给他们的褒奖或者批评，他们也丝毫不会认真对待的。

另外，中国的老百姓很喜欢给别人起绰号。一般来说，根据地方官的特点，诸如说话的方式、相貌、为人处世的风格等，他们可以恰如其分地起一个或者几个绰号。甚至连那些元老级的大臣，也摆脱不了此种命运，经常也会得到几个特别的称呼。比如说，在朝廷中，恭亲王是首要的大臣，而他又是前任皇帝的第六个儿子，因此他被人们戏称为“领队的头目老六”；恭亲王经常与外国人打交道，对他们很友善，而中国老百姓又将洋人称作“鬼子”，于是恭亲王又得了一个

“鬼子六”的称号。另外，在朝廷内阁大臣中，有一位官员被直接称呼为“尺蠖”——一种为人熟知的能屈能伸的虫子，而没有人喊他的官衔或者尊号。还有一次，军机处有个大臣，和我谈起他们的皇帝时，将其称为“我们的老板”。

虽然有很多迷信的观念、独特的喜好或习惯，充斥着中国人的头脑，但是总体而言，他们还是比较追求实际的一个民族。精神生活对他们来说，简直就是另外一个世界。他们很少意气用事，几乎从不幻想，而是理智、冷静地看待一切。在他们看来，那种不着边际的事物，简直就是匪夷所思。因此，他们当中很少有人走上一条遥远无期的道路。不难理解，这种性格上的特点，与中国人忍气吞声地对待不公正待遇，有些千丝万缕的联系。当面对程度轻微的剥夺时，除非有十足的把握，确信能够获得实际的好处，他们才会起来反抗。在他们看来，如果为了维护某项权利，而使得自己的商业利益受到损失，那么他们就会置之不理，而不管你怎样对他们进行劝说和请求，都是徒劳无功的。根据以往的经验和观察，他们认为，与官府斗，是没有好下场的。因此，对于官府那些很明显的敲诈勒索、贪污腐败行为，他们一般只是默默忍受，而不会去做一些不靠谱的事情，更不会自己给自己找麻烦。

在中国，只要谈论地方官员与老百姓的关系，还有一个重要的因素无法回避。那就是，在名义上，中国官员的收入是非常低的。为了使得整个官僚机构得以运行，中国官员们大都需要雇佣幕僚、走卒、奴仆等人员。然而，这些人员的工钱开支，远远超出了他们从朝廷所获得的俸禄——一种被称为劳动补偿的薪水。只要我们想一下，为了管理家务，华盛顿的美国国务卿需要花费他一个月的所有薪水；与此同时，在欧洲的各个国家，我们所设立的外交机构中，领事馆的首席外交官仅仅凭借他个人的薪水，就能在一处不错的地方租赁到一套有模有样的房子。像这样的情况，几乎是没有或者很少的。知道了这一点，我们就不难理解中国官员的苦处和困境。清朝统治者意识到这一点后，每年给官员一部分额外的补贴。这些钱从当年的“反敲诈基金”中出。尽管中国官员可以收到比自己的俸禄多出二十甚至二十五倍的补贴，但是他们的生活依然过得很拮据。

对于上面的事实，几乎人尽皆知，没有一个人会提出质疑。正是所有的人都认同以上事实，于是便产生了一种通行的做法。那就是，在为老百姓办理的项目中，收取一定数量的额外费用，是每一个地方官员应有的权力。于是，如果官员审理案件，那么双方当事人必须向他行贿；如果官员为国家收税纳粮，那么吃定其中的一笔回扣，是在所难免的了。在大清帝国内，这种做法已经成为一种合法的惯例被人们所接受，而不会导致老百姓的怨恨。因此，所管辖范围内的平民老百姓才是真正养活或者支撑地方官的人。如果官员的心太黑，胡乱摊派在老百姓头上的费用过于繁多，那么就会引起民怨沸腾。当然，这属于另外一种情况。在西方人看来，中国官员的这种做法，会产生很多弊端和危害。这种可怕的后果十分明显，用不着人们过多地进行解释和评论。然而在中国，人们非但没有意识到，这种做法已经加剧了贪污腐败的出现，反而竭力维护并支持它。在中国人看来，这种做法是正当的，也是合理的，就像是他们做生意一样。

在中国，这种做法已经使得从上到下的各级官员，发生了诸多变化。有一位中国官员，常年代表清政府在国外处理事情。凭借优秀的才能，他在国外赢得了外国人的尊重。有一次，他对我说，从国外回到北京，他去拜见某位皇室成员的时候，随从的仆人必须带上见面礼——一份一百两银子的礼物。在进门之前，他必须给看门的官员这些银子。当然，这只是第一次。以后，如果他还要来的话，与之前一样，也必须给看门官员见面礼。不过，与第一次不同，后面的几次只需要五十两银子即可。此外，那位官员还对我解释说，在中国，只要拜见皇室成员，都必须上交见面礼。每个官员按照自己的官衔等级，决定上交的数额。而这位中国官员的官职，正好需要上交一百两银子，因此那就是他第一次所带的见面礼数额。

下面是另外一个事例。有一次，有个官员从职位上卸任后，想去觐见皇帝。但是，内侍告诉他，像他这样的官衔，最起码需要五千两银子才能见到皇帝。这一数字，让这位官员整天闷闷不乐。最后，他提出只交一半的见面礼。但是，他的这一请求仍然被拒绝了。就此，他放弃了见皇帝一面的打算，尽管他清楚地知道，他将再也没有机会得到朝廷的重用了。然而，作为一名严于律己、克己守则的官员，他不得不那样做。因为他没有那么多钱，也没有办法弄到那么多钱。

还有一次，算是比较偶然吧，在北京的一个珠宝商人那里，他向我展示了一百只盘子。那些盘子各个精美绝伦，颜色亮丽，通体就像丝绸那般光滑。盘子上分有十个空格，每一个空格处，刚好可以放下一块银锭——一种十两重的银块。此外，珠宝商对我说，目前他正在做准备，只要接到某个高级官员的通知，他立刻就会把银锭摆好。所有盘子的空格装上银锭，正好一万两银子，这就是那位高级官员要送给一位皇子的见面礼物，既高雅，又体面。

同时，我们也应该看到，这种给人送礼物的做法也有它的好处。在维护社会秩序和稳定方面，这种做法显然发挥着重要的作用。在清朝的法律制度中，虽然没有明确的规定，某种犯罪行为的赎罪，可以通过缴纳一定的钱财冲抵，但是对于某些轻微的处罚，它却允许罪犯缴纳一定的钱财了事。这种做法的存在，导致了一种十分不好的现象出现：那些善于投机取巧、偷奸耍滑的人，往往通过交纳一笔钱财，便人不知鬼不觉地了结了案件。尽管交上来的这部分钱财，在某些时候，可以用到急需建设的公共事业上，但是在绝大多数情况下，它们根本不可能到达国库。

有些官员因为不履行自己的职责，引起老百姓的普遍不满。这个时候，钱财便派上用场了。这是因为上级官员碰到这种情况，按照规定就要处罚下级官员一定的钱款。而一旦出现问题，下级官员会积极主动地向上级官员上交罚金。这样一来，他就可以保住自己的官职，而不会有什么危险。交上来的罚金，再由这一级的官员，向更高一级的官员上交。就这样，罚金一级一级地往上交，用以安抚不同级别的官员。从中我们可以看出，这种罚金的作用影响深远。

这种罚金送礼的制度，具有一种抽象的意义。当然，人们之所以这么做，是有一定根据的。但是，不管其意义和根据如何，我们看到，这种制度直接导致一种后果，那就是，征收罚金的官员，为了避免被自己的上一级官员处罚罚金，他会竭尽全力地维护当地的社会秩序。与此同时，他在征收罚金的时候，会变得更加小心谨慎，生怕触怒民情。不过，要想做到这一点，地方官员必须意识到，当他们捅了篓子以后，他们的上级会与他一起共享征收来的罚金。那么，他们就只能得到一小部分财物，而一半或者大部分钱财都被上级拿走。与其这样，他们倒不如少征收点老百姓的罚金——只是原先金额的三分之二，这样到手的那部分钱财，也比他们与上级瓜分后的数额要多。如果地方官员不这样做，那他们简直太傻了。

与上面的情况相似，有些官员不履行自己的职责，引发的民怨积累到一定程度，那么他必定难逃其咎，尽管有时候这些民怨不值得一提，或者根本就没有正当的理由。以下就有一个简单的事例，可以充分地说明这一点。

有一次，我遇到一件偷窃案，迅速到美国领事馆附近的一个巡捕局报案。事情的经过是这样的：有个中国人受雇于领事馆，在这里做一名抄写员。在抄写员所住的房间里，有一些银质器具，是供摆设或装饰用的。结果，有个小偷，悄悄地溜进他的房间，偷走了那些银质器具。抄写员大概损失了不超过十二或者十五美元。

听完我的陈述，这位中国警官十分诚恳地向我保证，那个小偷一定会抓捕归案。但是此后，这件事情就再也没有了消息。于是，这件事情慢慢地淡出我的脑海。三个月过去了，又有一个小偷，居然溜进我所住的房间，盗窃走了比上一次更加多的财物后，逃得不见踪影。这一次，那位中国警官被我请过来。鉴于上一次的情况，我决定对他施加一些压力。我警告他说，九门提督会知道这件事情的，如果他不能及时有效地处理。

没有想到，我使用的这一计策奏效了。案件发生后的二十四小时之内，他将盗贼抓捕归案。那些丢失的东西，一样也不少地归还给了我。又过了几个星期，那位警官约我见面，我答应了他。刚一进门，他就把上一次失窃的东西——抄写房中的银质器具，摆在了我的面前。我看了看，一件也没有少。对此，我先是感到惊讶，接着便向他表示感谢。然而，他却对我说出了下面的话：

“您知道吗？为了找回这些东西，我损失了一大笔钱。如果您向九门提督汇报这件事情之前，跟我说一声，我肯定会更早地帮您找回失窃的东西，也不至于我枉费了那么多钱财。”

“可是，我并没有向他汇报这件事啊！”

“不可能，您一定对他说过，要不然，他不可能了解得那么清楚的。”

“真的没有。就这件事或者其他事情，我从来没有在提督面前，说起对您的不满意。至于我房中失窃的东西，我只是警告您，要尽快处理。事实上，您处理得很好，令我非常满意。而抄写员房中丢掉的东西，不值多少钱，因此我就不再追究。事实上，我早就忘记了那件事。”

“在九门提督面前，就失窃的事情，难道您从来没有提起过吗？”

“您第二次迅速地抓捕了窃贼，关于怎么处治他，我曾多次到提督那里与之商讨。我们在交谈过程中，对于您的办事效率，我向他美言了几句。说实话，我对您的表现，既感到惊讶，又感到高兴。我还对他说，之所以我有这种感觉，是因为之前也向您报过一个案子，可惜一直没有消息，尽管您当时答应得很爽快。我只是间接地提了一下，并没有直接告诉他什么。”

“哦，这就是了。有一天，提督把我喊过去，先是把我夸奖了一番，说您对我是如何满意。接着，他的语气一变，要我交代之前的那个案子是怎么一回事。他还处罚了我一千两银子。之后，他又警告我说，如果再不把您第一次失窃的东西找回来，一个月之后他还要罚我一千两银子。更为严重的是，我的官职也保不住了。现在，您再也不用担心了，以后领事馆不会再有小偷进入，也不会再丢失什么东西了。”后来，正如他所说的，领事馆再也没有发生过失窃事件。

从以上事实可以看出，中国拥有一套完整的统治管理体系，恐怕世界上没有第二个国家可以相媲美。就这一点来说，它确实让我们感到很惊讶。在这样的管理体系中，对于不公正的压迫以及各种职权滥用等现象，他们设计出了一系列措施。这些措施十分严密，处处充满了智慧。与中国相比，其他国家真是难以企及。老百姓如果遭到政府的欺压或者虐待，可以求救于许多法规和章程。那些法规和章程，细致入微，也很丰富全面。这样一来，监督体系如此严密，各级官员必须履行自己的职责。而那些不受监督的行为，都是无效的或者非法的。如果政府拥有这样的统治管理体系，那么它就是世界上最为理想的政府。

此外，中国的监察制度，我们在前文中也提过。这种制度的存在，可以排除外界一切因素的干扰，对公众利益实行独立的监督。按照这种制度，都察院各级御史必须时刻注意各级官员的举动。而那些被监督的对象，不管他们身居何职，地位如何高贵，都必须接受同样的监督。在这样的体系之下，每一个人，即使是那种身份最为低微的人，如果有了冤屈，也可请求皇帝为他主持公道，而不用花费一分钱，更不会受到任何人的胁迫而有所顾虑。

还有其他的一些规章制度，也是有关官员的任命，以及如何规范他们的行为的。在这里，我们有必要叙述一下。这些制度不仅充满了智慧，而且政府也越来越意识到，制定颁布它们很有必要。因为这样可以有效地防止各种社会弊端。比如，有些制度规定，任何官员不得在他所出生的省份任职，同时，他亲属中的任何一个人都不允许在他手下当差。只要是官员，不管他的官衔如何卑微，都不能与当地老百姓的子女通婚。此外，如果两兄弟是同一对父母所生，那么他们也不能在同一个省区内任职。如果出现了这种情况，根据相关规定，他们将会在一年时间内调离。像这样的几条规定，目的很明确，就是防止出现任人唯亲的裙带关系，从而出现不公正的现象。

在中国，还有一条规定，那就是同一个地区的官员，任期不能超过三年。三年过后，这个官员就会调往他处。不过，从理论上讲，政府会根据他们在职的表现和政绩，要么升官，要么降职。还有一种情况很特殊，那就是，如果当地的老百姓极力挽留的话，这个官员可以继续留任三年。不过就整体而言，三年一届任期，然后再改任他处，在大部分官员身上得到了严格的执行。这种做法，可以制止官员与当地某人结成过为亲密的关系，或者预防他们相互勾结，压榨百姓。总之，它可以有效保证官府进行正常的管理，维护政府的良好形象。

在大清帝国内部，卖官鬻爵的现象自然会有，而且有好多人凭借这种方式获得了一官半职。他们在自己的职位上，还做出了不少荒谬可笑的事情。关于这样的内容，人们已经写了不少的著述。它们大多是一些奇闻异事，虽然可信度不高，但很有趣味，因而在社会上广为流传。在我个人看来，它们中的某些说法和观点，根本没有事实根据。

对于朝廷中两种截然不同的荣誉，虽然人们竭力追求，但是始终分辨不清，以至于产生了那些观点和说法。在某些形势危急的时候，朝廷会出卖一些官方的荣誉头衔。获得这些头衔的人，一般会在帽子上佩戴珠子。像这样的荣誉，皇帝还经常授予某些个人。他们一般是热心于公益事业的人。比如，那些捐款兴修道路、桥梁和水利工程，以及在其他方面作出杰出贡献的人，经常会收到皇帝赐予的荣誉头衔。尽管这些荣誉中包含着某种特权，但绝不是说你拥有了它，就可以加官进爵。

在我的周围，有许多这样花钱购买并拥有这种荣誉头衔的人。然而，他们并不是什么正式的官员。另外，经过调查和询问后，我发现，没有一个中国人能够凭借这种名誉性头衔，将官职做到乡村级别以上。在中国，名誉性头衔可以通过金钱购买。但是，获得一官半爵必须通过国家举行的科举考试。不过，当某个人通过科举考试后，在仕途上平步青云，要说没有金钱的作用，那也是不符合事实的。

在规范各级官员的行为方面，公众舆论发挥着不可小觑的作用。一个人，如果不顾及公众舆论而做出一些伤天害理的事情，并引发老百姓的怨愤，那么他的命运早晚会变得多舛。在清朝帝国内，一个地方官员需要履行三种职责：维持当地的社会秩序，保持安定；帮助朝廷在此地收取捐税，或者减免一定程度的赋税；务必使得当地的老百姓安居乐业，对地方官员没有任何意见或者不满情绪。

如果一个地方官员可以做到这三点，那么他就可以放任自由，做自己想做的一切事情。只要社会安定，人与人之间和谐相处，百姓没有怨言，那么，就不会有人出来指正地方官员的为政方式。对于地方官员的职责和权限，老百姓比我们所料想的要清楚明白得多。就像前面所说的那样，老百姓可以容忍地方官超越一定法律所规定的权限做事。然而，如果地方官员的行为，做得过于离谱，老百姓就会表现出强烈的反应。一位地方官员三年任期届满，如果有一份政绩不佳的档案跟随着他，那么可以说，他今后的仕途生涯就不会有什么起色。因此，对付地方官员的超越或者滥用职权行为，中国人有两样法宝：洁身自好、严于律己。

在清王朝统治的疆土内，还有一个被人们称之为“乡绅阶层”的一类人。对于这类人，我们外国人也很熟知。一般而言，乡绅阶层是在当地读过书，受过教育的人。与一般的读书人一样，他们也读完了该读的东西。不但如此，他们还通过了通往仕途的科举考试，尽管只有一两级。与西方社会阶层相比，那些毕业后不在政府机构担任职务的大学生，与乡绅阶层在中国的境况十分相似。不过，两者之间也存在明显的不同之处。那就是，中国人将做官视为终身最大的奋斗目标，他们十年寒窗苦读，为的就是做大官；而西方人读书却不一定是为了从政。在中国的科举制度下，每一个人通过自身的努力，都可以成为当中的佼佼者。可见，在仕途面前，中国人都是有希望和机会的。

乡绅阶层中的每一个人，在他们所在的社区中，是颇有影响力的人物。这一点，我们早就预料到了。一些法定的特权和豁免权，也是他们所拥有的权利。而对这样的特权，督抚之下的地方官员，根本没有权力进行干涉，更没有办法将其减免或者废除。可以说，与地方官府相比，乡绅阶层是独立于他们之上的，并不受其管束。

乡绅阶层很少进行体力劳动，也不从事商业。在他们看来，那些活动都是很不光彩的事情。当然，除非万不得已，他们才会为了衣食而奔波忙碌。可以说，他们生活过得很闲散，衣食无忧，自由自在。当然，他们也有充分的时间和精力，对未来做一些精打细算：去投靠到哪一位的门下，按照谁的路子走，往哪里走？同时，他们自认为是统治阶层的一部分，因此当他们评论地方官员的时候，言辞不会很过火，一般比较中肯和适度。对于公众舆论的形成，乡绅阶层的作用是非常大的。他们既可以决定公众舆论的形成，又可以对之加以引导，甚至是控制。对于地方官员与老百姓之间产生的各种问题，他们可以帮忙处理；对于平民老百姓之间的琐事纠纷，他们可以充当仲裁者。就这样，他们逐渐形成了一个随喊随到的“陪审团”，虽然不是官方指定的，但是被人们广泛认可。为了与这一阶层保持密切联系，清朝统治者制定颁布了一系列监察制度。这样，他们的建议和意见，可以迅速地反馈给朝廷。可以说，在很大程度上，他们代表并反映了人民群众的呼声和要求。清朝政府深知，对于群众不满意的事情，是万万不能做的。因此，对于乡绅阶层提出来的意见，朝廷绝大部分都会采纳。

从以上情况可以看出，在中国的社会生活中，乡绅阶层调节着其中的矛盾纠纷。对于那些地方上的贪官污吏，他们显然也产生了不可低估的影响。一方面，乡绅阶层自认为位于统治阶层之列，他们中的很多人积极谋求在仕途上的发展。因此，对于徇私舞弊的贪官，他们评判时很含蓄，不会一针见血地指出其不法作为。另一方面，乡绅阶层的亲朋好友，往往遭受着当地政府官员的盘剥或压榨。对于亲朋好友的申诉或者请求，乡绅自然不能袖手旁观，置之不理。因此，在必要的时候，乡绅也会义愤填膺地指责地方官员，为他们的亲朋好友说话。而对地方官员而言，他多少能听取乡绅阶层的意见。毕竟，他的管辖统治想要获得一定的权威，必须仰仗乡绅在道义上的支持。由此可见，不管是在中国的哪一地区，乡绅阶层在社会生活中所起的调节、平衡作用，都是不可忽视的。

在中国的官与民之间，乡绅阶层的介入，无疑对形成一个良好的政府，有着非常重要的作用。这一点，是不可否认的事实。但是另有一点，他们在其他方面也起着非常重要的作用。对于国家而言，这些作用是消极的，并产生了很大的危害，如大量的对外赔款，多次使国家濒临战争的危险。中国的乡绅阶层，每一个人都认为是孔子的后世化身，并且拥有孔子那样的智慧，可以充当后世的典范。对于孔子本人及其理论，他们十分推崇，并达到了极端的地步。任何理论或学说，只要是超出了儒家理论的范畴，就会被他们视为旁门左道，甚至是不值一提的垃圾。就这样，维护传统的道德说教、遗风古俗和封建王朝制度，都被他们当做自己的责任。

就个性而言，乡绅阶层既顽固不化、不知变通，又狂热地沉溺于迷信。在他们身上，已经形成了一种自我无法克服的弊端：不求进步，固步自封。因此，当历史潮流向前推进的时候，他们就是其中的绊脚石。在老百姓与外国人之间，他们百般挑唆，使得老百姓极度仇恨、敌对外国人。许多暴力冲突，尤其是那些袭击外国传教士的活动，背后都有他们在推波助澜。关于这些指控，我们并不是空穴来风，而是有充分的事实证据。事实上，对于国家的强大与发展，乡绅阶层起着相当的危害作用，尽管他们一再声称自己是维护清朝统治的中流砥柱。

为了褒扬地方官员的杰出政绩，中国老百姓自创了很多独特新奇的方式。如果一个官员出行，他的随从在前面开路，手里拿着一把红色的绸缎伞撑着，那么人们认定，这个官员一定是深得民心，爱护老百姓的。这是因为，这种伞不是普通的伞，它是由老百姓捐赠的财物专门制作的。在这把伞上，老百姓会刻写一两句称颂的话语，同时还将捐资人的姓名留在上面。做好这些之后，人们就会把这把伞送给那个受人尊敬的地方官。有时候，老百姓还会举行一个隆重的仪式，比如搞一场盛大的游行，将这把伞送到地方官的府衙。还有一种方式，那就是，将一些颂扬的话直接写在牌匾或者是一条绸缎的绶带上。然后，老百姓将其恭送给那位得民心的地方官员。1870 年 6 月，天津有个地方官就收到了这样一把伞。与此同时，还有一块类似于上面所描述的那种牌匾。老百姓在伞上刻写着“万民之伞”等字样，而牌匾上则写着“万民的活佛”。在他们看来，这位官员就是保护者，就像以慈悲为怀的如来佛祖一样。总之，这些东西和话语，反映了当地老百姓对这位地方官的美好祝福。

这些礼物，确实非同寻常。不过，它从侧面反映出，中国乡绅阶层的幕后力量和作用，真是让人不可小觑。关于这一点，前文已经提及。不难想象，那把伞，连同那块牌匾，如果没有乡绅的舆论支持，可想而知，那位地方官是不会得到这种奖赏和鼓励的。然而，一起重大的屠杀事件，就发生在天津，而且距离那次赠送仪式仅有三天。这一事件的整个经过表明，正是乡绅阶层以及他们煽动下的老百姓，才酿成了那一悲剧：二十名外国人，且大部分是妇女，丧生在一种令人恐怖且难以描述的方式之下。接着，那位地方官员被发配到边疆，到阿穆尔河畔充当劳力，这就是他的那把伞和那块牌匾所换来的。政府处决了二十个当地人，此外还另有一批人受到牵连，遭到了惩罚。最后，清政府向法国赔款五十万两白银。同时，为了抚慰法国，清政府还专门派出了一个特别代表团向其道歉。

在中国到处游历的人，当他进到一个城市，路过城门的时候，很有可能看到一双或者几双靴子挂在牌楼上。那是一些大小、形状各异的靴子，且有些已经破败不堪。像这样的一种场景，是中国老百姓对他们所爱戴的官员表达敬意的另一种方式。当一位地方官的任期快到三年的时候，他马上就会离开这个城市。在他走之前，老百姓会在当地选出一个代表。这个代表在当地人中间，必须有一定的知名度和威望。然后，这个代表就会去找那个地方官员，请求他将自己的靴子留下。当然，在这之前，这个代表还会极力夸赞地方官一番。像这样的一种请求，在地方官来看，是一种极大的荣誉，几乎不会拒绝它。最后，地方官的那双靴子，被人们用一种极为隆重的仪式悬挂在城门上。整个仪式过程，人声鼎沸，敲锣打鼓，乐声不断。之后，那双靴子一直停留在那里，经历长期的风吹日晒后，最后完全破烂掉。

对于地方官员的敲诈勒索和强取豪夺，中国老百姓抱以宽容的态度。不过，老百姓也有自己的一套方法，可以有效地抵制地方官员的徇私舞弊。像这样活生生的事例有很多。下面就我所知道的一件事情，来证明这一结论的真实性。这件事情充分展示出，老百姓对于地方官员的忍耐和克制，是有一定限度的。地方官员的做法一旦超过那个限度，老百姓就会采取措施，直到取得一定的成效。看来，老百姓确实有一套自己的处事方法。现在，我们用这件事作为这一章的结尾，可以说再合适不过了。

清朝的法律有一条规定，凡是种地的农户，都要上交一部分土地税。对于每一亩土地而言，都有固定的税款。每一个人的土地数量不是很多，因而单就个人而言，所缴纳的税款是很少的一部分。老百姓在缴纳税款的时候，一般都是用铜钱代替银子。每一两银子对铜钱的基本比价，大概是一比两千文左右。尽管这一比价经常变化，但是大体维持在这一水平。虽然如此，这还是给当地的官员提供了投机取巧的机会。由于市场上银子与铜墙的比价在不断波动，地方官员利用这一现象，趁着收取税款的时候从中捞利。

京城外有个县城，大概距离北京有一百来里。在那里，多年来，地方官员使用一比四千文的比价征收税款。换句话说，地方官可以通过征税这种方式，从中谋得百分之百的利润。像这样的情况，人们其实知道是怎么回事。但是，就像前文所指出的那样，地方官员的生计也挺艰难。老百姓明白这一点，所以他们一般都按时交纳税款，没有半句抱怨。可是，当一位新来的官员上任之后，他把原来的比价进一步提高，变成一比五千文。当老百姓知道后，并没有说道什么，只是继续缴税。这样一来，就给新任官员一个错觉：老百姓就是那个样儿，不敢说什么。接着，没过几个月，他又开始提高比价。这一次，在原来的基础上，提高到一比六千文。慢慢地，人们私下里开始议论了。

但是，他们还是继续缴税。然而，过了一段时间，比价再一次上调，结果变成一比七千文。这下，老百姓忍无可忍，个个义愤填膺。人们开始想办法，准备组织一次反抗活动。但是，这次活动半途而止，并没有取得最后的结果。当新任官员的任期超过一半时间时，他将比价提高到一比八千文。如果使用这样的比价征收税款，地方官将获得超过老百姓正常缴纳数额的四倍。

这样的举措，直接导致一场危机的爆发。为了应对这一情况，当地的老百姓自发地组织一次群众会议。在集会上，人们决定写一份申诉状。这张状纸是写给皇帝的，经由御史转呈。状纸的内容陈述了老百姓所受到的不公正待遇，并表达了他们强烈的愤慨。同时，他们要求皇帝尽快查处他们的地方官。这个县城距离北京很近，为了尽快摆脱这种不公正的待遇，人们在会上决定将状纸直接送到北京。申诉状写好之后，交由当地的代表团。他们带着申诉状来到北京，亲手将其交给都察院的相关负责人。这个代表团由三名乡绅组成，在当地他们都是有一定知名度的人物。

关于正式的申诉状，其规格、形式和写作方式等，清朝政府都做了不少的规定。这些规定既严格，又繁琐，人们必须按照它去做。状纸必须是特制的，其颜色也较为特殊。与一般文体相比，状纸的文风极为严谨，必须符合规范要求。状纸的内容写好之后，折叠好，然后装入信封封好。折叠的时候要注意，必须按照规定的尺寸。做好这些之后，在信封上写好收状人的姓名和地址等内容。

然而，这三位上诉者却遇到了麻烦。在他们的状纸上，有一两处地方，不符合状纸的规定要求。虽然那两处地方微乎其微，但是状纸还是被御史驳斥了回去。并且，他们每个人还挨了五十大板，罚款若干数额。理由是，他们的做法藐视法庭。就这样，代表团的这三个人回到了家乡。他们灰心丧气，就像是被打败的公鸡一样。这件事情，很快就传到地方官那里。为了庆祝自己的胜利，他很快再一次提高银铜比价。这一次，比价上升到一比九千。

然而，对于中国的老百姓以及他们的力量，这位地方官知道得太少了，甚至有些轻视。很快，人们重新召开了一次集会。在会上，人们比第一次更加认真地起草状纸。其中，人们还把地方官最近的一次暴行写了进去。写完之后，人们又派几名代表到京城递送。这一次，他们的状纸被接收了。那位地方官非但官位丢失，连以后被任用的机会也没有了。这就是他最后所得到的惩罚。

接着，朝廷又派了一位官员到那里赴任。这是一位颇有声望的清官。为了确定一个合理的地税比价，这位官员到任后，立即召开民众大会。这次大会参与的人十分众多。在会上，大家畅所欲言，纷纷发表自己的观点和看法。最后，所有的人一致同意，将地税的比价定为一两白银比五千文铜钱的标准。为了更好地维持这一标准，人们专门树立了一块纪念碑。那是一块花岗岩石碑，矗立在城镇中心的广场上。上面刻写了一些内容。其中一部分内容是，某年某月某日，地方官与老百姓协商后，一致同意将地税的价格比定为一两银子比五千文铜钱。从此以后，地方官将按照这一标准执行下去，永远不得改动。

第十一章　科举制度

在中国，“读书做官”似乎是每一位父母经常在口头上念叨的一句话。这不仅是为人父母的殷切希望，也是每一个做孩子的奋斗目标。“读书做官”，简而言之，就是接受一定的教育，然后在朝廷中谋得一官半职。每一个中国的孩子，最先接受到的教育和灌输，就是读书做官。从孩提不懂人事到慢慢融入社会，再到进入学堂，孩子们无时无刻不受到这一“格言”的熏染。而所有的中国父母，在竭尽全力为孩子提供教育机会的时候，他们所思所想的，也不外乎是“读书做官”这一点。

中国人自古以来就抱有强烈的求学动机。中华民族的悠久历史，可以说很好地解释了这一动机。几千年来，中国的政权大部分掌握在一部分人手中。这些人往往出自平民百姓，他们接受了一定教育之后，在仕途的道路上逐渐攀升。最后，他们到达了高处，俯视着周围的一切。可以说，这些人是白手起家的。在美国历史上，也有很多穷苦人家的孩子，通过奋斗成为人尽皆知的大人物，比如，林肯、格兰特、加菲尔德等。而在中国，由于其几千年的悠久历史比美国要长久的多，像这样的例子多得更是不计其数。

在中国，每一年都有很多学子，在先辈的榜样激励下，进行着艰苦的读书生活。想要做出先人那般的光辉业绩，对于那些读书的学子来说，是很有可能的。就在刚过去的几年前，清朝有位官员病死。这是一位执政大臣，他本是一名寒门子弟，父母都是农民。虽然曾经担任要职，但是始终克己奉公，清明廉洁。因此，他的死给皇帝带来了无限忧伤。皇帝为他加封了谥号，并亲自下诏说明："他是朕最重要的臂膀，更是朕的心腹。"这位官员的尸骨在北京停放期间，皇帝亲自派遣一位皇子为其守灵。皇子带领他身边的贴身侍卫，在那段时期内一直守护着。此外，这位官员的尸骨运送其家乡后，皇帝还派了当地的督抚，去他的家乡主持丧礼。通过这种方式，朝廷借以表达了对那位大臣的尊重和褒扬。当时，全国上下都知道了这件事。由此可见，就像我们的国家一样，中国对有所作为的大臣，也是格外重视和恩宠的。

有些人持有这样一种模棱两可的观念：中国虽然人口众多，但却没有文明，一点也不开化；在这个国家里，到处充斥着落后低俗且野蛮残暴的封建迷信；生活于其中的人民，终日沉溺于封建迷信中，不能自拔。但是，如果这些人稍微阅读一下中国的文化古籍，那么，他们原先的观点就会发生改变，旧有的狭窄眼界也会得到拓展。从中，这些人会发现他们意想不到的东西，比如数量众多的箴言佳句，崇高纯洁的伦理道德，以及一整套价值规范评判体系等。像这样的一些东西，对于西方人来说，可以直接用来教育他们的孩子。而在中国，这些东西也早已编写进教科书里，成为教导训诫学生的重要内容。大约在公元 775 年之前，有一位学者，很出名，专门研究孔子的典籍。在阐释、评论孔子典籍的基础上，他将其改编成一套教材。这套教材很有特色，非常适用于学龄前儿童的启蒙教育。这本书自从编订以来，一直没有发生过改变。直到今天，它还是中国大地上所有学堂的通用教材。

就这本书而言，调教和培养孩子，是其主要内容之一。当孩子学会说话的时候，作者告诉人们，应该先教会孩子们如何回答问题。对于男孩子来说，回答问题时要响亮干脆；对于女孩子来说，回答问题时要温柔缓和。接下来，作者又讲了一些内容，主要是针对男孩子的教育而言。他说，男孩子七岁的时候，应该教育他们学会认数。在日常的生活中，他们不能与大人或者长辈在一个餐桌上吃饭，也不能与大人或者长辈共同坐在一个座位上。八岁的时候，他们应该学会礼让，凡事要做到先人后己。同时，他们要学会侍奉自己的长辈。十岁的时候，他们应该外出读书，在私塾里向先生求教。这一时期，他们日日夜夜待在私塾里，不仅要学会写作，还要学会算术。外出的时候，他们穿着打扮一定要朴素、庄重；待人处事时，一定要谦逊，不要说或者做一些不符合自己年龄和身份的言谈或行为。十三岁的时候，诗歌和音乐，成为他们学习的主要内容；十五岁的时候，骑马和射箭，是他们的学习内容；二十岁的时候，他们已经成人，为此要举行一些专门的成人仪式。当然，他们还要学会一些其他的礼节，凡事都要做到切实遵守孝道伦理。这时候，虽然他们已经掌握了广泛的知识，但好为人师、卖弄学问的做法，是不允许出现的；三十岁的时候，他们就可以娶妻成家，并从事一些家庭的杂务；四十岁的时候，他们就可以为国家效力；五十岁的时候，他们可以在国家的重要部门工作，比如担任尚书等；七十岁的时候，他们就要告别朝廷的职务，回到老家颐养天年。

这本书还就其他方面的内容，给出了一些教导的意见：听大人或者先生讲话的时候，一定要集中精神，不能分心；在听取正确的意见以及善意的规劝时，要像流水那样快速而自然；看到德才兼备的人，一定要向他看齐，看到不贤的人，要经常反省，看看自己有没有相似的毛病；穿衣时，一定要保持整洁，不能粗心邋遢；每天要复习以前学过的东西，这样可以加深对新内容的学习和理解；儿童们讲话不能撒谎，一定要说实话、真话，让他们时刻明白自己该待在哪些地方，无论是站立还是坐着，都要挺直身体。这些相关内容的阐述，全都包含在这样一本教科书里，并被广泛用于中国的课堂。像这样一本富于智慧的教科书，真是难以想象，居然会诞生于哥伦布发现美洲新大陆之前的三百五十年左右。

这里，还要介绍另外一本教科书，它与上一本具有同样的价值和效用。这本教科书的名称是《家训全书》，它主要讲述了作为一名成功的学生，应该掌握哪些学习方法，寻找哪些学习路径。这本书传达了一个最为重要的主题，那就是“学习的内容不在于多和杂，而在于少且精”。换句话说，它要求学生在刚开始学习的时候，一定要有毅力和恒心。在学习的过程中，不管遇到多大的困难，一定要钻研到底，千万不能略微尝试一下就停止。对于学习，既要树立高远的目标，又要脚踏实地，认真对待所遇到的每一个问题，透彻理解多方面的知识道理。此外，这本书的作者还建议，在每个人的书桌上，摆上一两本不错的书，以便一有时间就能阅读它们。同时，他还建议每一位学生，准备一些抄写本。这样的话，如果在读书过程中碰到一些良言美句，就可以随时抄写下来。值得一提的是，这本书还运用了一条谚语。与这本书的历史相比，这条谚语的历史要悠久多了。它的内容是，如果一个人三天不学习，那么他的面目就会变得可憎，就连语言也失去了味道。像这样高超的教育智慧，建立其上的教育体制该是多么稳固啊！中国传统的政治、经济、文化等制度，历史久远，且长盛不衰，根源就在于此。前文提到的那部分持怀疑态度的人，看到这里，估计不会再有任何疑问了。

就中国所拥有的力求至善至美，教导人们怎样安身立命的名言警句，历史上任何一个国家，在其所经历的任何一个时代，恐怕都不能与之相比。但是，如果我们就此论断说，在世界上，不论整体还是部分，中国的教育内容都是最完善和最美好的，那么未免失之偏颇。卫三畏博士曾经在他的博士论文中指出："在那个以天朝自居的国家里，人们接受教育无非有两个最为重要的目标：一是为了使人们服从统治者的管理和约束，使他们变得中规中矩；二是为了净化他们的思想和情感，使其变得更加单纯如一，就像是被洗过脑子一样。因此，他们接受教育的目的绝不是用知识来武装大脑。"

如果中国的古代教育是这样一种情况，那么中国近代教育的情况也大同小异。这是因为几千年来，中国从古代发展到现在，教育的内容一如既往，并没有发生实质性的改变。关于清朝所规定的教育内容，只要我们认真审视就会看出，只要是高级官员，他们必须学习和掌握那些教育内容。明白了这一点，对于那些道德说教和良言美句，我们原先的态度会迅速发生改变。随之而来的，我们会感到震惊，接着便认为它们完全是一些教条。在所接受的教育内容中，还有一些政治格言，分散在各处的历史和习俗，以及一些杂乱无章的地理知识。其中，那些政治格言，究竟有多少实际价值，不敢恭维。那些有关历史方面的内容，有些准确，有些模糊，与地理知识一样，数量很少。因此，它们并不是每个人必须要学习的内容。总之一句话，这便是清朝教育的全部内容，它们往往摘自于儒家经典的某一个段落，或者某一句话，而不顾全篇的主旨和内容。况且，这些儒家经典在很早的时候就已写成，甚至比基督诞生还要早几百年。从这些事实中，我们不难想象那些知识的准确性和实用性到底如何了。

在中国的教育体系中，有一些伦理道德的说教，在我们看来是有必要存在的。除此之外，即便我们用最为乐观的态度审视这一教育体系，它所起的作用也无非是教会人们学会阅读和写作，提升人们的记忆力，并使之不断强化。可以说，中国学生经由这种教育体制的培养，人人都会变得记忆力惊人。这是世界上任何一个国家或者民族不能与之相提并论的。

关于学生的课程，我们在这里也做一些简要的概述。《三字经》——许多儿童最先接触的第一本书，早在他们五六岁入学的时候，就摆在了他们的面前。《三字经》的目的在于，锤炼一个人的良好品格，能明辨是非，远离坏人而站在好人的这一边；不断告诫学生，要不断诵读古代圣贤的书，并且要神情专注；在皇帝面前，力争做一个忠心耿耿的臣民，并对其怀有恭敬之心；一定不要忘记给父母增添荣光，始终要以光耀门楣为己任。除此之外，这本主要由一些传统道德规范和广为流传的民间故事组成的书，还讲了一其他一些为人处世所应具备的品质。就内容形式而言，《三字经》相当于打油诗之类的东西，每三个字一句话，读起来很有韵味。这本书的篇幅短小，作为一个学生，不仅要做到每一个字都要会写会读，熟悉地背诵整本书，还应该明白其中的正确含义。

学习完《三字经》后，接下来学生应该学习的第二本书是《百家姓》。与《三字经》相同，这本书读起来也韵味十足。不过，就其内容而言，它只是将中国的所用姓氏罗列在一起，并没有什么实际的作用。在学习的过程中，学生们要会读、会写其中的每一个字，并能将整本书的内容熟记于心。学生应该学习的第三本书是《家训全书》。在前文中，我们已经论述过它的内容。与前两本书相同，学生们要会读能写其中的每一个字，并要熟练地背诵整本书的内容。当然，这三本书学完了，只是学生学习生涯的初始阶段。往后，学生要学习那九卷本的儒家经典。对学生而言，学习这些通常摆放在他们书桌上的经典，是最为艰难和繁杂的任务。就像对待之前的那三本书一样，对于这九卷本的儒家经典著作，学生们务必要会读能写其中的每一个字。

当然，对于学生而言，学写诗歌和作文，与学习儒家经典要同时进行。在中国的历史上，流传着许多优美动人的诗歌。并且，中国素来就有吟诗作赋的传统。中国的语言不但可以表达出细微精妙的思想和情感，还具有简洁、明快的特点，能在固有的形式中显示出万般的变化。对于中国的学者来说，其语言所具有的独特魅力无疑是其中大部分人擅长作文和写诗的前提条件。有一位著名的中国学者，他的一些书信集被我翻译成英文。就原文来看，用词精确、简洁，如果去掉或者改变其中的任何一个字，作者的原意就会发生变动。而完成翻译后，我发现这些英文译稿足足有一百多页。

我们已经对中国古代的经典著作，做了很多的阐述。事实上，就内容价值而言，有一部分微不足道，根本不值一提。同时还有一部分内容，不管是对于中国人还是外国人，都是晦涩难懂的，根本没有办法彻底弄清楚。其实，那些书当初写出来的时候，可以说是最高的智慧，也可以说是深刻的哲学。但是，随着时间的流逝，它们的含义和作用已经发生变化，并且连用法也较以往大为不同。在这种情况下，我们不难想象，今天再次探究它们的真实含义，是多么困难的一件事啊！对于我们来说，它们就是一堆无法解决的难题和谜团。这里，我们举一个例子，它就是《易经》中的一句话："大人见虎，往见神明。"像这样的一句话，对我们来说，简直就是胡言乱语。那么，我们能从中获取些什么呢？学生们在学习那九卷本的儒家经典时，不但要牢牢记住每一个字，还要对其做出某种解释。与那九卷本的儒家经典相比，《易经》的内容似乎要更好一些，最起码不差上下。就我们所论述的这些，已经涵盖了中国教育的主要内容。

在大清帝国内部，每一座城市和每一个乡村，都有学校的分布。

作为父母，如果不能送自己的子女去读书，那便是脸上最没有光彩的一件事。很快，他们就会受到人们的议论，甚至是指责。由此可见，在中国，广大民众十分重视教育。学校一般是民众捐资兴建的。其中，学生缴纳的学费也是一个重要的资金来源。因此，这里的学校并不是我们所认为的那样，是由政府拨款建立的。在课堂上教书的先生，薪水很低，他们往往是通过了某一级别的科举考试。在偏远的乡村，经济落后，教书先生每年只有七十五元的报酬；而在一些经济较为发达的城镇地区，他们每年可以得到一百五十元左右的报酬。此外，还有一些私塾先生，他们帮助学生应对科举考试，虽然使用“填鸭式”的教学方法，但也取得了不小的成就。像这样的私塾先生，他们往往被人们冠以盛名。鉴于此，他们每年的收入也不低。

在每一间教室内，都有一张八仙桌。那桌子上面，摆放着孔子的牌位。在八仙桌的旁边，是教书先生的坐椅。以上就是一间教室里最为重要的设施，十分简陋原始。当然，八仙桌前面，还有一些桌子和凳子，十分小巧，供学生上课使用。这些凳子，形状就像是木匠使用的木马一样。一间教室所包含的所有东西就是这些了。

每一个学生，人手必备一些纸张、一块砚台、一块黑墨和一支毛笔。那毛笔似乎是用骆驼毛做成的。当然，这些用品都是次要的，最为重要的是那些书籍。教书的先生一般都有一把戒尺，或者是一根竹棍。另外，他们通常戴着一副眼镜，大大的，圆圆的。教鞭，这是世界上任何一个地区的学生都不会陌生的东西，可以及时惩戒学生。大圆眼镜，可以更好地展示教书先生的师道风范。

一般来说，五岁或者六岁的时候，儿童便开始进入学堂。有些孩子进入学堂的实际年龄，甚至还要更小。每天，这些孩子在学堂里度过九个小时。就是遇到周末或者假日，也没有他们的份儿。这样的情况会持续下去，直到他们学完前文所说的教育内容。此时，他们大多已是十八岁的年纪。学生们在进入教室，或者离开那里的时候，路过教书先生和孔子牌位，必须行礼鞠躬。在背书的时候，学生们需要做到一字一句地朗诵，并且不断重复。同时，他们的声调十分高亢。看样子，如果他们背不会，就不会轻易放弃。如此说来，一个中国孩子，如果很用功读书的话，他的肺活量可以将教室的屋顶掀翻。虽然距离教室的距离很远，但是你只要听到孩子们大声地读书，你很快就会知道，那里是他们上课的地方。此时，与中国的教室相比，一家工厂或者锅炉房，尽管它们机器轰鸣，或者热气沸腾，但仍旧是一片教区墓地，到处充斥着死气沉沉的气氛。

在学校里，每一个学生会根据自身的状况，慢慢地进行学习。而教书先生也会针对不同的学生，采取不同的教学方法。因此，对于每一个学生来说，他们都是相互独立的。在日常的教学生活中，如果哪一个学生最先背会了，他就可以径直走到先生跟前，把书本交给先生。然后，他背对着先生，双手交叉，放在背后，大声地背诵刚才所学的东西。实际上，"背书"从字面意思来理解，在中国就是学生"背对着书本"。这种独特的做法，就成为"背书"的起源。英文中，有个单词叫"recitation"，它的含义与"背书"基本相似。

就整体而言，中国人的智商是很高的。他们通常具有较高的创作能力。关于这一点，有很多证据可以说明。最近，有许多考试和测验。与西方学校的青年学生相比，中国学生的实力很强劲。这一点，从中外学生在各个方面的竞争可以看出。有个中国孩子，他在教会学校接受了一段时期的教育。那种学校是香港和澳门地区特有的，一般对孩子实行预备教育。紧接着，这个中国孩子被教会的慈善机构送到了美国。在那里，他可以继续完成学业。这位学生后来在耶鲁大学的英文写作比赛中，获得了第一名的好成绩。若干年前，在北京街头的一个水沟里，人们发现了一个被丢弃的女婴。尽管当时是十二月的晚上，但是小女孩被人们打捞上来后，竟奇迹般地复活。后来，幸运的她，被送往英国接受教育。接着，她又来到美国，在一所著名的女子学院就读。最后，她在那里毕业时，由于取得了最为优秀的成绩而获得了该校的最高荣耀。仅仅以留美学童（清政府选择出来到美国接受教育的儿童）而言，按照西方人惯有的标准衡量，就可以从他们的表现中看到，这个东方民族不但善于思考，还拥有惊人的智慧。

这一百二十名被选派到美国的学童，大多数年纪不过十一岁。就汉语的学习程度而言，他们的能力已经不算差了，人人都可以做到会写能读。不过，外文对于他们来说，却是一个全新而又陌生的事物。在他们当中，只有非常少的几个人在我们所开办的教会学校里学习过。在美国的女士们看来，那些学童一定出自皇家贵族或者鼎鼎有名的大户人家。实际上，她们的想法错了。在中国，有一部分家庭，年收入大约在二百到五百元之间。像这样的家庭，就已经算是中产阶层了。这些学童全部来自这样的家庭。当然，他们的选拔是按照中国人自己的标准来的。这些孩子们来到美国，用最快的速度学会了英语。要知道，英文是世界上第三大难以掌握的语言。然后，他们又开始学习另外的课程。那些课程对他们而言，也是完全陌生的。不过，他们在学习的过程中展示了优越的天分和较强的适应能力。我们发现，在行为上，这群孩子没有一点不恰当的地方；在智力上，他们也没有丝毫的欠缺。无论是理科课程，还是文科课程；无论是最为基础的中小学内容，还是具有较高难度的大学内容，他们在学习的过程中表现很出色，每每成绩都排在班级的前几名。在这里，有一点非常值得我们称赞，那就是他们的言行举止，没有一处不符合规矩的。没有任何一个人，能在他们身上挑出毛病。那些学生中，有五十一名曾经与我共同乘坐一艘客轮。那一次，我们横跨太平洋。他们所在的舱位条件非常差。当时，我认为，如果是美国学生的话，在那样的条件下是不能坚持那么长时间的。然而，中国的学生却做到了。他们不仅能做到，而且还很有绅士的派头。他们在外漂泊，既没有负责的官员，也没有指导教师，简直就像是一群失去了母亲的孩子。然而，他们每一个人都展示出非凡的独立能力，对自己的行为也能够很好地控制。我和他们在海上度过了二十五天。与他们相处，是一件令我难以忘怀的事情。

最近，有所美国大学校长告诉我说，有两个中国女孩和三个中国男孩，获得了这所大学的入学资格。在美国，这所大学的规模是最大的。他们能通过入学考试，并顺利地进入校长所负责的学院学习，真是难能可贵。要知道，他们五个人只是在中国的教会学校接受了一点很基础的课程，根本没有在美国接受过任何入学前的辅导。即便如此，他们在与几百人的考试竞争中胜出。其中，那两名女孩的数学成绩是最高的，而那三名男孩则是拉丁文考试的佼佼者。

在中国，人们对这个国家的文盲状态总是怀有极大的兴趣。各种各样的论断和估计层出不穷。不过，所有这些观点没有一点价值，它们仅仅是凭空猜测而已。这是因为，人们所做出的这些论断，根本没有一点确信可靠的事实证据或者资料。在中国偏远的乡村地带，教育的普及率和文化程度，远远低于较大的城镇地区。根据粗略估计，就整体而言，不同地区识字的人占该地区总人口的比例，会有很大的差异。在中国，人们可以十分肯定的一点是，妇女没有接受教育的权利。对中国的教育和文盲问题来说，这一事实具有决定性的影响和作用。在整个大清帝国内部，没有可供女子读书的学校。当然，这并不包括外国传教士开办的教会学校。这样看来，如果我们要对中国的文盲程度进行粗略估算的话，整个人口的一半，也就是全部的女性，都得算作全文盲了。

在大清帝国，学校可以开设任何课程，并且没有一点限制。因此，我们不能武断地说，官方决定了现在学校的全部课程。像这样的情况，如果真有，那也是很早以前的事了。有关那方面的官方记载，由于间隔的时间相当久远，可以说现在几乎找不到任何痕迹。唯一可以确认的是，在中国的唐朝时期，也就是距今大约九百多年前，有个皇帝开创了科举制度。这一制度在以后的发展过程中，很好地笼络了天下的有才之人。直到今天，这种制度还在使用。不过，科举制度从开始到现在几乎没有发生任何实质性的变动。就像其他的事物一样，科举制度一出现，就没有发生过变动，好像它本身就是最完美的，不需要做任何补充和完善，就可以永久流传。

在清朝内部，有一部分人是不允许参加科举考试的，尽管他们有接受教育的权利。这些人包括演员、犯人、娼妓、宦官、主持葬礼的人、理发师、店小二以及奴仆等。这些人员不能参加科举考试，就连他们的子孙四代也不能参加科举考试。在被禁止的范围内，如果有人斗胆参加了科举考试，一旦被查出，将会受到最为严厉的惩罚。

像这样的政策，饱含着浓厚的歧视之意。其中有些政策看似理直气壮，实则没有任何合理的成分。有时候，读者看到一些说法，一定会感到荒诞不经，甚至有些可笑。比如说，一个厨师，还有他的后代，是可以自由参加科举考试的。换句话说，在功名利禄面前，他们可以毫无顾忌地去追求。政府的荣誉和奖赏，对他们而言，并非完全得不到。然而，将厨师做好的菜肴端上饭桌的伙计，却没有那么好的待遇。他自己连同四代后人，都与科举考试无缘。通往仕途之路的大门，对他们而言，永远是紧紧关闭的。他们站在外面，只能唏嘘叹气。同样的遭遇也发生在艺术家身上。虽然在别人的脑袋面前，他们整日忙碌，但是在科举考试的大门外，他们及其后世的四代子孙，却从不需要忙碌。比较之下，在修脚行业做活的脚医算是幸运的了。他连同后世子孙，只要有能力，就可以在科举之路上顺利行走。他们不但可以得到高官厚职，还能收获不小的俸禄。

对于这样的歧视政策以及它们所存在的差异，我们始终捉摸不透其中的缘由。但是，就像中国人在其他事情上所表现的那样，他们对此也能找出说服自己的理由。在中国人看来，奴仆身居卑贱的位置，整天围绕在主人周围，奔波忙碌。与之相比，厨师的状况是截然不同的。基于同样的理由，中国人还认为，理发师站在顾客的身旁，忙着用剃刀和剪子干活，因而这是一种很卑贱的工作。干这样活的人，不适合谋取功名。不过，他们很快又补充说，修脚的脚医从来都是坐着干活的，甚至在皇帝面前也是如此，因而他们的职业相对高尚些。这就是中国人找出来的理由，他们才不管西方人是怎么看待的呢!

在中国，科举考试有不同的级别。一般而言，通过考试的人大致分为三个级别：秀才、举人、进士。“秀才”是最低级别的，他们算是刚刚出道，只有很少的名气；“举人”是中间级别的，他们的身份比秀才有所提升；“进士”是最高级别的，他们是拥有渊博知识的学者。一个人，想要取得秀才的资格，必须参加在当地县区城镇举行的三次考试，且这三次考试必须通过；想要获得举人的资格，必须到所在省的省城参加考试，这种考试，每年只举办一次；想要获得进士的资格，必须到京城参加每三年举行一次的考试。只要是参加考试的人，不能越级，必须从最低一级开始。任何一个有资格参加科举考试的人，只要他愿意，可以无限期地考下去，甚至付出整个一生的代价。事实上，像这样的人有很多。他们不断地在考试之路上徘徊，有希望，也有失望；有成功，也有落败。总之，他们执着地追求，一直到年老头白之时还在深入研究经书。只要他们没有触犯考试的规则，就不会被禁止参加考试。对于他们而言，能参加考试，就有一线希望，于是他们便不断地考下去。有时候，外国人用西方的学士、硕士和博士三个学位，与中国的秀才、举人和进士相比较。但是，由于它们的本质完全不同，那仅仅是比较而已，没有任何实质的意义。

获得秀才资格的人，其实就可以担任某些公职。但是，由于秀才是最低一级的学位，因此很多人不满足现状，不想待在某个从属的位置，而奢望更高的追求时，要么请教一位先生，要么继续只身苦读。等考取了更高级别的学位后，他们才去谋求官职。正如前文所说，许多人的青春年华就是在这样的情况下消耗殆尽，等到头发都白了，他们还是没有通过考试。在北京，每隔三年，都要举行一次举人考试。每当这个时候，我们在考场上就会发现一些两鬓斑白的学生，堪称是一道风景线。有一次，在一张参加考试的名单中，我发现了一个考生，他填写的实际年龄是八十六岁。另外，还有六个考生，他们的年龄也都在七十岁以上。还有一次，一位八十八岁的考生，由于在考场上精神和体力过度疲劳，最终死在了那里。对于他的不懈追求和努力，朝廷特意追加了一个荣誉称号，算是对他的一番表彰。有很多考生，尽管通过了前两个级别的考试，但是在最高学位的考试中却屡次失败。像这样的人，言行端正，品格良好，如果他们到九十岁的时候还没有成功，皇帝就会赏赐他们“进士”的荣誉。当然不必说，这种荣誉与实际的官位没有一点关系。

关于科举考试，有很多规则和制度，如果我们详加研究的话，可以写出篇幅较长的论文。为了消除一切作弊的行为，比如冒名顶替、相互抄袭或者串通一气等现象，每一位考生在考试的过程中都处于极为严密的监视之下。与科举考试相对应，各有三部分政府官员负责与考试相关的事情。参加秀才级别的考试时，为了证明自己的身份，考生必须到登记处报到。面对负责的官员，他要证明自己完全有资格参加考试，与其他考生竞争这一学位。所有相关的情况，他都必须向官员解释清楚。最后，他们把一个糊好的信封交给负责的官员。那信封里，装着他们各自选定的化名。考试的时候，考生只需在试卷上填写自己的化名，而不用填写真实的姓名。等到考试的时间一到，考生就进入规定的考场。这时候，负责考务的第二部分官员就来监督考生。首先，他们要严格搜查每一位考生的身体，如果有谁被发现身上有任何带有字眼的纸条，那么他就会被驱逐出考场，并且永远不能参加考试。如果考生经过搜身，没有发现一点异常情况，那么他就会被关进一个小房子里。这是专门为考试而准备的，仅仅只能容下一人。几张纸，一盒笔墨，就是考生的所有用具。等到一切准备工作就绪后，考生才能得到统一分发的考试题目。考试的题目从《四书》《五经》等儒家经典里出，数量至少一个以上。在那种小房子里，考生必须停留二十多个小时。在这段时间内，考生的周围不断有监考官和巡查人员来回穿梭。这样做的目的，是为了防止考生串通舞弊。考试结束以后，所有的试卷交由负责考务的第三部分官员——阅卷官。经过一段时期的评判，他们会确定出胜出者的名单。当然，这里的名单还只是化名。最后，根据信封里的化名，再一一核对考生的真实姓名。从理论上来讲，关于失败的考生姓名，考官是没有办法得知的。

不管是哪一种级别的科举考试，考试的流程和出题方式，与上文所说的基本相似。在北京，进士考试每三年举行一次。每一次，参加考试的人数都在一万四千人左右。但是，每次考试结束后，胜出者仅有五百人左右。通过这一事实可以看出，科举考试的竞争程度是很激烈的，考试的要求也是很严格的。审阅试卷的过程中，阅卷官主要看考生的书写、文体和内容。与之相关的要求是，书写必须规范，文体必须符合八股，而内容则不能超越孔孟经典。考生的试卷上如果出现任何逾越儒家经典著作的学说或观点，那么他的成绩是不会好的。他的观点和学说不仅被视为异端邪说，还要遭受严厉的批判。此外，文体和书写也深得阅卷官的重视。如果试卷上的字体优美，文风流畅，那么这张试卷一定会受到阅卷官的青睐。而做出这张试卷的考生，一定会在众多人中胜出，并在仕途之路上不断前进。相反，如果试卷上有一个错别字，或者有零星的墨点，那么这名考生今年的努力就白费了。每一次考试下来，能够如愿以偿的人，大概不会超过参加考试总人数的百分之十。

每次考试，失败者居多，而成功者只占少数。因此，幸运的考生会感到无比的激动和兴奋。而他们的家人也喜气洋洋，顿觉有无限风光。之后，自然少不了一番热烈庆祝，通常，他们会大摆筵席。席间，夸耀称赞的声音此起彼伏。考试的成绩出来后，中第的人或者他们的亲朋好友，会把这一消息在大街上广为散布。他们采用这种方式，借以表达喜悦和炫耀。关于那些张贴在大街上的消息，我们尝试着翻译了其中的一份。它的内容是这样的："好消息啊！很荣幸与大家分享，承蒙皇帝的浩恩，王先生的愚钝之子在省城最近举办的考试中，以第一百六十九名的优异成绩，获得了举人学位。这真是一件天大的喜事，特与诸位一起分享，共同庆贺！"于是，王先生的家人和其他的朋友们无不欢天喜地，将这个消息到处宣扬。

在中国的历史上，虽然有许多文化作品，但其中值得评说的内容并不多见。每一个朝代积累了众多的文学作品，然而，它们的价值较为一般。我们可以看到，它们当中的精华部分，无一不是建立在厚实的伦理道德基础上。当然，得出这一结论的前提是，我们首先要清除掉其中的糟粕部分——错误的宗教思想和封建迷信观念。我们还发现，那些东方的思想家们只是选择一个细致入微的方面进行研究，然后不断钻研，将其扩充到极致，而他们从不顾及自身具有怎样高超的思辨能力和智慧。同时，这些创作者们从不触及较为宏大的题目，自然也不会形成大工程、深功夫的著作。他们的能力仅仅限于细微的描述和生动的解说，并涵盖所有的方面。众所周知，中国历史上一切文人的创作，都必须以孔子的著作为典范，竭力效仿。那些偏离孔子思想或观点的学说、言行，将会受到极大的侮辱。它们其中的有些观点或言行，甚至有可能遭到毁灭性的打击。之所以会出现这种情况，与我们刚才所说的内容有很大关系。此外，除了几部精彩的小说，具有相当的价值外，中国历史上的大部分文学作品都很低劣。它们往往说了一大堆废话，就像垃圾一样。因此，这样的作品需要专门审查的人员予以禁止。

尽管如此，中国人还是留下了大量的警言箴句。这些话语都是从历代思想家和文学家的作品中选摘出来的。它们反映出中国人的头脑具有丰富的智慧。与英文中的谚语相比，虽然它们的形式不同，但可以达到同样的效果。这里，我们选出几条，以供大家欣赏：

“富贵的人未必没有烦恼，但是安贫乐道的人一定逍遥自在。”

“人无远虑，必有近忧。”

“让三分心平气和，退一步海阔天空。”

“挥霍导致贫穷，积累创造财富。”

“十个女人里面，必定有九个怀有嫉妒心。可见，这是她们的天性。”

“身正不怕影子歪。谣言终究是要破灭的，是非曲直自有公论。”

“和商人做朋友，你会变得越来越富有；和官员做朋友，你会变得越来越贫穷；和僧人道士做朋友，你只会得到一本请求募捐的小册子。”

“有聚必有散。”

“沉默是最可贵的，就像水越深，越是平静。因此，那些喋喋不休的人，一定不是圣明之人。”

“学习任何东西都是低俗的，只有读书才是最为上乘的。”

“让土地荒芜，粮仓就会空虚；有书本不读，子孙就会变得愚蠢。”

第十二章　讲“礼”

在中国，与一个人身上的道德水准相比，礼仪的重要性要远远高出许多。与其他国家相比，仅就礼节形式而言，中国确实是一个礼仪之邦，因为它所拥有的礼节看起来十分严格、刻板。关于这一点，其他国家是没有办法与之相提并论的。的确如此，中国人的礼节已经变成行为者的一种嗜好或者习惯。这些繁文缛节的形式以及人们对其严格的要求，一直存在于人们的生活中，尽管它们并没有任何实质性的内容。

在中国，不管是农村里的乡下人，还是城镇里的纨绔子弟；也不管是街上的马车夫，还是路边行乞的要饭人，他们的言行举止，从未敢超越礼节一步。由此可见，全中国的人们欣然沉浸在礼节的形式当中，从来不会感到丝毫的疲倦。在很多情况下，你可以公然指责一个中国人，说他是一个骗子或者善于撒谎的人。对此，他会欣然接受。因为他觉得，你是在恭维他。但是，在另一种情况下，却不是这样。

那就是当你指责一个中国人没有礼数，做出了失礼的言行时，他就会和你吵嘴，与你争辩。

就像我们所预料的那样，作为一个古老的国家，中国拥有一套礼仪习俗。它们不但具体固定，而且还体系繁冗，规定复杂。长期应付它们，确实会让人感到疲劳。但是稍微做出变动，就会受到惩戒。礼节存在于人们生活的方方面面，可以说人们完全受到它的包围。中国人在与人谈话的时候，总是陷入一种僵化的模式。他们先要竭尽所能地恭维对方；同时，他们不会忘记，要把自己无情地痛斥一番。这样的做法，好像要使自己显得与众不同或者很荒谬可笑，但是通常会让人感到很无聊，甚至恶心。哪怕与他们交谈的是一个很小的话题，他们也是这样的做法。这样一来，语言的鲜活魅力和创造性，就在这样的谈话过程中丧失了。于是，整个谈话将会变得索然寡味，意味阑珊。比方说，两个乞丐，或者两位绅士见面时，他们一定会按照下面的套路开始谈话。以下是他们之间的一小段对话：

"请问，您贵姓？"

"兄弟我免贵姓张。"

"今年高寿？"

"不高，我今年才七十有余。"

"贵府在何处啊？"

"寒舍在某某地方。"

"令郎近况如何？"

"犬子怎样怎样。"

当然，在这样的对话中，人们也会或多或少地得到些有实际价值的信息。虽然这些信息很简单，也有准确的内容，但是必须按照固定的谈话模式进行。为此，说话的两个人还得格外小心，显得十分呆板。在整个谈话过程中，如果其中一个人没有使用恭维和谦卑的话语，那就算是失礼的行为。换句话说，这个人对另外一方做出了大为不敬的行为。不可否认，按照固定的谈话模式进行交流，初衷是好的。毕竟，它有效地维系了人与人之间的尊重。然而，也正是基于这一点，说话的双方总是在不断地贬低自己，而过高地恭维对方。像这样的情况，我们可以肯定，它已经失去了最初的效用，并且变成了一种没有实际意义的形式而已。如果不是这样的话，那么那些毫无来由的吹捧，也会使得谈话本身变得可笑，而没有传达任何实际的内容。

在中国，众所周知，当众直接呼喊一个人的名字，尽管那个人与你是同辈，也是一件严重失礼的行为。不过，这种情况也有例外，比如在与知己的朋友或者关系较为紧密的亲属交往的时候，可以不受上述礼节约束。除此之外的情况，尽管双方是同胞兄弟，也不能直接呼喊对方的名字。如果那样做的话，被呼喊的那个人，就会变得怒气冲天，不可遏止。像这样的两个人之间，他们只能说“尊敬的大哥”或者“尊敬的弟弟”之类的话语。一个母亲所生的两个儿子，彼此之间经常由于违反了这一礼数，而闹得不可开交。这样，一场恶斗，势必在他们之间展开。像这样的事实，是有可靠的证据的。

在中国，按照儿子们出生的先后确认他们的长幼顺序，以及使用数字排列，是人们所采用的一种独特方法。按照这种方法，琼斯先生的儿子们，便有了“琼斯老大”、“琼斯老二”和“琼斯老三”，与之对应的分别是他的大儿子，二儿子和三儿子。在家庭之外，有些人的官衔和地位相同，这样便有两种称呼方式。一种是，可以直接使用官衔称呼；另一种是，直接称呼他们为“尊敬的琼斯老大”或者“尊敬的琼斯老二”等。上述做法，在中国被认为是很有礼貌的，并且实行起来，很容易被人们接受。

另一方面，面对下级官员或者晚辈后生，高级官员和年长的人可以随意地直接呼唤他们的名字。这是因为高级官员和年长的人有权力那样做，也应该那样做。如果高级官员和年长的人使用下级或者晚辈之间所采用的称呼，那么他们将会被认为是极其愚蠢和低俗的人。这种事实正好印证了前文所交代的同辈人之间那种奇特的谈话方式。如果同辈人之间，直接呼喊对方的名字，那么将被视为冒犯行为，是对高级官员和年长的人所拥有的权力的侵犯。像这样用以区分长幼和尊卑的细节有很多，在生活中可以随处发现。然而，这种情况的存在，给在华的外国人与他们雇佣的中国奴仆之间增添了不少的麻烦。尤其是他们谈话的时候，总会出现错误，显得很可笑。

在我印象当中，就有这么一位外国绅士。在他家里，有个勤杂工，外国绅士不懂汉语，却总听见别人喊那勤杂工为“老兄弟”，于是他想当然地认为，那个勤杂工的姓名是“老兄弟”。结果，他总是称呼那勤杂工为“老兄弟”。在北京的美国使馆，有个成员一直称呼总理衙门的大臣为“恭亲王”。后来，他收到了一份严重的抗议，理由是，他没有按照中国的礼仪，称呼总理衙门大臣为“王爷”。像这样的错误，不仅仅是听起来有趣，有时候还会导致严重的后果。这是由于在东方人看来，事情本身的内容，其重要性远远低于形式上的礼节。而有些外国人由于触犯了那些礼节，因此被中国人看作是没有一点教养的野蛮人或者乡下人。于是，在某些情况下，有些重大事务的交涉受到了不小的影响。

整体而言，在与中国的外交关系中，礼节问题至关重要，发挥着不可小觑的影响。由于礼节而产生的中外摩擦和误会，是一般人没有办法预料的。在中国，各级官僚之间的交往存在一套礼仪规范。这种规范十分严格，甚至达到了苛刻的地步，身处其间的每一位官员都不得违反。单个人的脸面和尊严，是中国官员特别关注的。有时候，他们的在意程度让人感到难以接受。因此，我们不难理解，当遇到与自己的级别近似或者相同的外国官员时，中国官员十分不愿意在彼此之间推行更为高级的礼节。这里，我们可以举一个例子加以说明。

在中国，如果一个官员的级别很高，那么他的府邸大门就很特殊。这种大门一般由三个门洞组成：在中间，有一扇大门是全部打开的；在两边，分别是两扇小门，则是半翕半开的。中间的大门，只允许与自己同级别的官员进出。这种做法已经成为一条规定，十分严格。在很长的一段时期内，驻广东省的各国外交领事，与当地的督抚一直没有见过面。原因就是，督抚拒绝打开大门迎接他们，而他们也不愿意从旁门进入。就这样，双方进入了一个僵局。确实，与督抚的官阶相比，各国的领事要明显低很多。但是，他们也有自己的理由：如果从旁门进入，那将是对他们国家的极大侮辱。就这个问题，双方唇枪舌剑地争辩了很多次，并直接影响了中外的贸易进程以及其他方面的事情。幸运的是，督抚做了最后的让步，僵局终于得以打破。

与上述事件相似，外国人怎样觐见中国的皇帝，也产生了一系列的问题。就此事宜，人们谈论得够多的了。当然，见不见皇帝，是次要的。最为重要的问题是，它关系到整个天朝的礼节和体制问题，其影响是不可小觑的。事实上，经过长达六个月的争辩与讨论，清廷内部才于 1873 年有了一个处理问题的方案。对于外国人想要觐见皇帝的事情，中国人从来没有表示反对。不过，他们一致要求，外国人朝拜皇帝的时候必须按照中国的礼制。

我们知道，从古至今，不管是哪一个朝代，官员觐见皇帝的时候，都得行“三跪九叩头”之礼。不管他们是多大的官员，抑或皇室宗亲，也不管是什么时候，都必须这样做。通俗地说，这种礼节就是磕头。人们先将双膝跪在地上，同时两只手接触地面，然后再俯身向下，用额头贴近地面。就是这样的一套动作，但是来人必须重复做完三次，才算结束。

当得知必须行使这种礼节后，各国的领事代表严词拒绝了。因为他们知道，那种做法非但不高雅，还将对人格构成极大的侮辱。因此，在他们看来，按照此礼节行事，他们的身份将被大大贬低，而他们在本国会见最高统治者的时候，也不是行使这样的礼节。更为重要的是，一旦那样做，他们所代表的国家或政府，在外交关系上与清朝政府的地位相比，显得极为不平等。所以，他们表示，只能按照本国的礼节方式觐见皇帝，除此之外，他们不会采取其他任何方式，用以表示在皇帝面前的忠实顺从。然而，中国人还是一再坚持，要外国人行磕头礼。这种局面大概僵持了将近六个月的时间。

后来，我遵从美国政府的指示，向清政府表明了立场：如果一直坚持原来的要求，那么美国政府将宣布与之断绝外交关系，并会根据事情的发展和后果，采取相应的措施。在这种情势之下，清朝政府权衡利弊，不得不做出了让步。于是，他们的皇帝答应各国领事，只需要在其面前鞠躬行礼即可，而不用行使磕头的礼节。

这里，值得一说的，还有两件小事。有一次，我们的一位外交大臣被他们弄得洋相百出。这位外交大臣的脾气相当温和，中国人便利用这一点，坚持要求他在觐见皇帝的时候，务必把眼镜放在家里。要知道，我们的这位外交大臣高度近视，没有眼镜，几乎看不见任何东西。然而，中国人的理由是，戴着眼镜会见皇帝，是一种很不合礼数的行为。就这样，我们的外交大臣答应了他们的要求。结果，他进皇宫面见皇帝的时候，由另外的一位同事搀扶着胳膊，摸索着走路。还有一件事情。在外交活动中，外国人总是喜欢佩戴一把刀剑。其实，这种刀剑只起装饰性的作用，并没有任何杀伤性。对此，中国人表示了强烈的反对。在他们看来，在皇帝面前，不管佩戴什么武器，都是极其严重的失礼行为。

在中国，一杯茶水递送和接收，以及怎样喝茶，都有着一套严格的礼节规范。在外人看来，那是一件很简单的事情。但实际上，那里面蕴含着很多学问，并非我们所想的那样。在这一环节上，许多外国人总是存在过失，以致闹出了不少笑话。下面这件尴尬的事情，就是我所知道的其中一件。出于某件事务的需要，一位美国绅士前往一位中国官员家中拜访。刚开始的时候，这位客人受到中国官员的热情而有礼貌的招待。当他坐下之后，官员的仆人马上端来一杯茶。接着，官员双手端起这杯茶，高高地举到额头处，送到美国绅士的跟前。官员这样做的时候，神情十分庄重。然而，客人却一直坐在那里，心安理得地接受了那杯茶。奉茶结束后，官员回到自己的座位上，端坐着。这时候，仆人又给他送来一杯茶。这位美国绅士经过长途跋涉，早就口渴难耐了。于是，他一把抓起茶杯，几口就喝完了。这一下，麻烦便来了。看到这种情景，中国官员的态度大变，刚才客气有礼的行为，在官员身上立刻消失殆尽。相反，官员摆出一副傲慢的神情，对美国绅士的所谈论的事情置若罔闻。最终，就像对待奴仆那般，那位美国绅士被打发走了。

其实，在整个事件中，美国绅士出现了两个失误的地方。在西方人看来，这两处失误纯粹是细枝末节的问题，无伤大雅。然而，在中国人看来，那却是严重的失礼行为。首先，作为客人，当主人端送茶水的时候，一定要起身相接。其次，不管客人口渴的程度多么厉害，他都不能着急地去喝茶，要等主人的再三催促，或者主人先带头喝茶，然后他才能端起茶杯喝茶。这一点对中国人来说，是极为重要的。另外，客人必须明白，当主人再三劝茶时，那就是暗示他时候不早了，应该起身告辞了。与那位中国官员的官阶相比，如果美国绅士的官阶与之相同，甚至更高，那么他就可以随意地喝茶了。但事实上，他的官阶要低很多。因此，按照中国的礼俗，主人的言语神态是客人说话办事的指挥棒。如果主人端起茶杯，那就表示他已经不耐烦了，希望将谈话尽快终结。

如此看来，那位美国绅士是第一次拜见中国官员；而中国官员似乎之前也没有接待过任何外国客人。于是，双方各行其是。为了判断眼前的客人是否有教养，中国官员用他的老眼光打量着美国客人的言行举止。很快，客人的喝茶举动，立刻引起了主人的不满。在主人看来，那位美国绅士一定是个鲁莽粗野之人。最后，中国官员下了逐客令，而那位美国绅士拜访时的言论也就成了不经之谈。

在中国人看来，那些细微繁琐的礼节，是评价一个人道德品行的重要标志。因此，不管是达官贵人，还是平民百姓，中国社会的各个阶层都十分重视礼节。不过，对于他们的那种观点，我们的评价不是很高。一个人，如果想要与东方人处好关系，并与之进行贸易往来，那么他必须重视那些礼节。这样做对他而言，实在是明智之举。在判断一个人的品行修养时，中国人往往就是采取那些礼节标准，尽管它们繁琐且没有什么实际效用。与整个民族的历史一样，那些礼节流传了数个世纪。就像自然界中的高山河流一样，它们永恒地在后世子孙间相继延伸。在那些标准中间，有些内容一点意义也没有，枯燥而又荒谬。对此，我们可以冷眼旁观，并嗤之以鼻。然而，不管怎样，它们已经成为这个民族整体内在的一部分，并一直存在下去。想要与中国人搞好关系，并试图与之合作，共同建立一番大事业，任何人都不能对他们的礼俗掉以轻心。当然，对于某些让人掉身价，丧失个人尊严的礼俗，我们则另当别论。就像前文所述，同级官僚之间，以及上下级之间的礼节，中国人是相当重视的。在这一方面，外国人往往出现失误。那些故意违反礼节的行为，以及忽视礼节的做法，经常会造成一些不好的影响或后果。对此，我们可以为读者编写出一本专著来。

有一次，有件公务需要到清朝内部的某个省会解决。当时，使馆内部有位工作人员，被我派往那里，与当地的巡抚合作处理。这位工作人员拥有一座产自墨西哥的马鞍，上面装饰有很多小物件。在他看来，这样的马鞍，要是能配上一匹高大的马，一定很有派头。然而，这位绅士骑的仅是一匹产自中国的马且身材矮小。配上那座马鞍后，那匹可怜的家伙只能露出头部和尾巴。最后，他穿上长靴，戴上边沿很大的帽子，手里拿着一条重鞭，启程了。他脚上穿的长靴，产自墨西哥，上面还有马刺。就这样，作为美国政府的代表，他自豪地向目的地走去。所经之处，中国人都望着他，眼中流露出惊恐不安，好像他是动物界中的一个怪物；所有的狗跟在他的身后，大声喊叫着。

经过一周的奔波，这位绅士顺利到达目的地。到了省城之后，他虽然满是尘土，一身疲惫，但并没有就此打住，而是跨上马背，匆忙向巡抚衙门走去。就这样，他沿着平直的街道，十分莽撞地向前走着。从到达省城，再到巡抚衙门，这中间的行程仅有三十多分钟。看来，我们的绅士动作极为迅速，甚至到了让人瞠目结舌的地步。他这样做，也许是想尽快解决掉事情。到了衙门口，他把马往附近的一根柱子上，胡乱地一拴，接着便用马鞭的手柄敲起府衙的大门来。听到声音后，从那扇威严的大门后面，站出一位高贵的仆人。看到眼前的绅士，仆人吓得心惊胆战。绅士掏出自己的名片，往仆人手中一塞，希望他快快进去通报。结果，这位绅士吃了一个闭门羹，巡抚大人不想与他见面。不过仆人回话说，如果想要与其他官员交涉那件事情，倒是可以。对此，绅士表示没有办法接受。就这样，一周的时间过去了，绅士在省城白白晃荡，一无所获。最后，他不得不收拾行装，打道回府。

在归途中，绅士路过一个城市时，遭到了当地人们的攻击和骚扰。原因很简单，这位绅士的行为，已经严重违反了中国人的礼节。而他身上肩负的那项使命，在此后的三年时间内，一直没有得到妥善解决。这件事情被推来推去，情况变得越来越复杂，令人大伤脑筋。不过，凡事有始有终，为了交代清楚，我还是将此事的处理结果告诉读者，当然，这也是为了说明在中国遵从礼节的重要性。三年之后，带着同样的使命，我来到了那座省城。同样是那位巡抚，但是他对我的态度，与对那位绅士的态度迥然不同。我们之间非常客气而又友好地进行交谈。我与那位巡抚第一次会面时，那件事情就得到了圆满解决。对于那位绅士而言，如果他能稍微注重一下中国的礼节，那么他的使命也会很轻松地解决。与他相比，我并没有什么过人之处，只是为人处事的方式不同而已。

在中国，不管什么时候，只要两个相识的人在路上骑马相遇，或者乘坐的轿子相逢，或者乘坐的马车邂逅，每一个人理应从交通工具上下来，彼此致意，打招呼。每当遇到这种情况，每一个人都尽量争取第一个站到地上，然后恳请对方不要下来。但是，对方还是会下来的。两个人碰面后，必然要相互寒暄一番。之后，为了礼让对方先走，双方又少不了一番争执。当他们这样做的时候，无不显示出真诚、坦率、热切和执着。其实，这些只不过是逢场作戏而已，并没有任何实质的内容。在他们各自的心中，对于谁应该先从交通工具上下来，已经思量得很清楚了。如果有谁在对方的请求下，在该下来的时候没有下来，或者在该后走的时候先走，而让比自己年长或者地位较高的朋友目送，那么，他会尝到这样做的恶果。那就是，从此之后，朋友们将不会再信任他，也不会再认可他。而他那由来已久的绅士声誉，也会随之扫地。

然而，人类天性中的某些东西，在那些素以修养颇高著称的中国人当中也时常出现。在公开的场合，他们从不忽视或者违反那些繁文缛节，尽管它们是那样得枯燥无味和繁冗啰嗦。但与此同时，他们也千方百计地尽量回避这些礼节。这样，便产生了一些有意思的现象：那些很少步行出门的绅士们，在大街上要么对自己的朋友熟视无睹，要么就竭力躲避与朋友碰面。如果他们骑在马上，那么他们总是望着另外一个方向，就是不肯看你一眼。如果他们坐在轿子里，那么他们总是把帘子拉得很紧。有一位中国官员，我与他相识许久。有一次，在街上，我和他不期而遇。看到我，他很客气地鞠了一躬，算是打了声招呼。然而，还有一位中国官员，既是他的朋友，又是他的同事。他们在一起处事已经四十年了，几乎每天都要见面。可以说，他们是很要好的一对朋友。当他按照国外的礼俗冲我打招呼的时候，却根本没有顾及他的那位朋友。可见，他在心中权衡利弊后，决定与其虚情假意、逢场作戏地与朋友寒暄一番，还不如装作完全没有看见。

在中国，当许多人要一起在一张桌子上入座，或者走进一间房屋或者离开时，也有一套十分麻烦的礼节。实际上，对于自己应该在哪里入座，每个人心知肚明。每一个人都明白，谁应当坐在上位，谁应当坐在下位；谁应当第一个出来，又是谁应当最后一个进去。这是因为与他人比较，每个人的地位和官阶都是确定无疑的。像这样的礼俗规定，要求很严格，时时处处都有所体现。对于那些违反这条规定的行为，人们一般是没有办法容忍的。尽管如此，人们还是要装腔作势地往后退，总是礼让别人先走。不同身份地位的人碰到一起，这种你推我让的友好言行，一定要上演好几分钟，每个人才能按次序地各就其位。这样看来，中国人好像没有什么时间观念。如果他们认识到时间重要性的话，就不会花费那么多时间去搞一通逢场作戏的客套礼数。

以下是我在总理衙门经历过的一件事情。那次，有一些问题，需要我亲自去总理衙门跑一趟，与那里的官员进行商讨。当我到达那里的时候，只有两名官员在。那两名官员共同出来迎接我。当我们进门的时候，彼此相持了好长一段时间，才理清楚进门的顺序。接着，在一张谈论正事的桌子面前，大家又开始了一番礼让，然后各自才找位子坐下。我们的谈话开始后，接着又先后来了五名官员。这五个人当中，每来一个人，坐在桌子旁边的官员都要连忙起身，走到门口去迎接。于是，进门的时候，大家又上演一次你推我让。落座前，人们又忙着絮叨，谁都争着把首席位子让给他人，而自己要坐下位。就这样，在这场荒唐可笑的闹剧中，许多宝贵的时间悄悄地流逝。结果，那次我们开会前后不到两个小时，但是每个人的座位次序就变动了五次。

相传，有人认为，中国人就整个民族而言，吃了很多苦头，犯了很多错误。究其原因，就是他们苛求礼节造成的。在中国人看来，谁要是说一个“不”字（尽管它十分简单、坦诚），也会被认为是最没有礼貌的行为。换句话说，在拒绝别人的请求时，他们的语气非常柔和、委婉。当他们不无遗憾地说出那些话时，听者也会由衷地感到，确实是他们不得已而为之，或者是他们没有办法胜任。一般来说，中国人身上很少发生那种不给别人面子或者不赏脸的事情。即使出现这样的事情，那么拒绝者一定面带忧色和歉意，表现出十分难过的样子。经过很长时间的磨炼，中国人逐渐练就一种功夫，可以让他们很随意地就能找到托词或者借口。像这样的做法，世界上的其他民族是无法企及的。这种情况是真实存在的。当不愿意做某件事或者不想与某人见面的时候，我们发现，几乎每一个中国人都能找出一大堆义正言辞的理由，为自己开脱。

当谈话中出现不合时宜的话题时，中国人也时常使用上述的做法予以处理。达成目的方式有很多种，但是所采用的方式一定要迂回，反来复去，不能太直接。尽管别人所讲的话，自己听起来很不高兴，但是他也不会当众表示出来，更不会说出一些故意冒犯或者不得体的话。当他不苟言笑地讲述一个似是而非的故事时，他不会直接告诉对方他的不满以及不满的原因是什么，而是让对方细细品味他说的这番话背后的含义。当然，在我们看来，这种不满的情绪和原因是可以直接说出来的。但是，中国人却不这么认为。在他们看来，如果直接说出来的话，会影响彼此的和气，伤害大家的面子。

对于所从事的工作，如果中国的奴仆感到不满，或者认为薪水太低，那么他从不会在公开的场合表示抱怨。因为他心里明白，那样做是很没有礼貌的。不过，他会编造一些理由，比如说他的父亲病逝，或者自己的哥哥突然生病，卧床不起。然后，他将这些理由告诉主人，希望能让他早点回家。如果主人是个外国人，同时对东方人的这种伎俩不是很熟悉，那么他就会相信仆人所说的话，并对他的遭遇表示同情。仆人在这种情况下，也许会真的离开。这样，主人便失去了一位宝贵的仆人。但是，如果外国人对中国人的习俗早就如雷贯耳，那么他除了表示遗憾和同情外，还有可能向其他的雇工打听真实的情况。然后，他根据实际的情况和需要进行处理。他明白，如果把所有的话说开了，那么就会使得仆人丧失面子，并感到极度的不光彩。这样一来，即便他给仆人再多的金钱，仆人也是要离开的。所以，对于主人来讲，这个时候他会假戏真唱，装作一无所知的样子。

遇到自己不喜欢做的事情，或者不想表露真实的情感和行为动机时，中国人往往会将其隐藏得很深，其程度让人感到十分惊讶。这种做法普遍存在于中国社会的各个阶层。对这样的一种礼俗，与那些最为卑贱的苦力工们相比，官阶最为高级的官员和学识最为渊博的学者的实践能力反而比不上，或者说他们之间是不差上下的。就一件不幸或者不受欢迎的事情而言，当不得不向别人提起的时候，他们会采用一种不屑一顾的神态，以及满不在乎的语气。我曾经就遇到这样一位中国官员。当谈到幼年的儿子不幸死亡时，他表现得异常镇定，泰然自若，好像那唯一的儿子的死去，对他来说没有任何影响。但事实上，这件事情对他的打击，是其他任何事情所无法比拟的。只有私下里与自己的至交好友聊天时，他才会一吐衷肠，发泄出所有的不快和痛苦，而不去理会什么礼节或者面子问题。

对于自己的真实情感，中国人总是喜欢刻意地压制和约束。其实，这是很不正常的。在西方人看来，就整个民族而言，中国人好像冷血动物一样，既没有热烈的激情，又对一切表现得很冷淡。但是，事实绝非如此。中国人的情感世界是很丰富的，他们不但眼光敏锐，而且自视甚高。正像我们所预料的那样，当他们被逼无奈，走投无路时，又会变得一发不可收拾，任由情感的力量去支配行动。不管最后的结果是吉，还是凶，他们完全不予理会。在我们看来，他们这时候又走向了另外一个极端。这种做法与他们压抑真实情感的行为相比，没有什么不同，都是极端荒谬的。也许，我们做出这样的结论，未免有失公允，甚至过于苛刻，毕竟我们的思想观念与他们的是迥然不同的。

中国人有一套冠冕堂皇的礼仪规范，就好像一件厚厚的大衣，披在他们每一个人的身上，将其严实地包裹着。一般情况下，别人没有办法获悉他们的真实想法。除非在极个别的情况下，其中的某些真意才会流露出来。最起码有一半的外国人认为，人类天性中的优秀品质，在中国人所谓的那套礼仪中是没有任何踪影的。因此，他们认为中国人的礼节没有任何实际的价值。我们经常发现，面对一些微乎其微的事情时，中国人的反应异常剧烈，通常会变得难以遏制，怒气冲天。像这样的事实，更加肯定了上述的错误认识。有一个人，他的脚被别人不小心踩了一下，于是他勃然大怒；一会儿，这个人被羞辱了一番，他却抱以淡淡的微笑。也许，我们会想，不能有效地控制自己的脾气，是孩子气的一种表现，而面对羞辱一言不发，也不是男子汉所应具备的品质。尽管如此，这样的一种看法并不具有普适性，它只局限于一小部分特殊的事例。中国人在漫长的时期内已经形成了一种克制自我、谨遵礼节等信念和法则，并深受其影响和控制。只有深刻了解这些信念和法则，并以此作为评判的标准，我们才有可能对现在的中国人做出一种比较公允的评判。

就像我们穿衣服一样，中国人喜欢把自己的真实想法包裹起来。与之相反，我们却倾向于暴露自己的真实意图。所以，当西方人，尤其是美国人和英国人，大张旗鼓地追求某件事情或者实现某个目标的时候，再没有比这更能让中国人感到惶恐不安和不知所措的了。在与中国人的交往过程中，一方面，由于我们的坦率、直接，他们经常会步入歧途。于是，他们便误认为我们所需要的东西，并不是内心真正所想的。这样，一旦满足我们的需求，他们便会暗自得意。另一方面，他们从不直接表露自己的真实意图，经常使得我们很着急，但却又摸不着头脑。

下面所讲述的这件事情，足以说明中国礼俗中极端复杂的一面。1881 年 1 月，我的管家突然告诉我，他要辞职离开我这里。管家在我这里干活，快有十年的时间了。在这段漫长的时间里，他做的一直很好。所以，当听到他的这一请求时，我感到很吃惊。于是，我追问他，为什么要辞职不干。他对我说，前天晚上与伙夫发生了一件不愉快的事情。

事情是这样的:

因为有事，管家吃过晚饭后，就径直出门了。临走前，将宿舍的门锁上了。那间宿舍，除了他之外，伙夫也在那里住。他走得很匆忙，忘记把钥匙留下来，而是将其带在了身上。那时候，伙夫本人也出去了。当伙夫回来的时候，已经是晚上十一点了。由于没有钥匙，伙夫进不了宿舍。于是，一场乱子便产生了。

原本，伙夫可以到另外一间宿舍，与其他人凑合住一个晚上。然而，他却没有那样做。管家的家庭住址不远，就在领事馆附近。伙夫很生气，便径直来到管家的门口。他越想越来气，越来气越乱想，最后忍无可忍，怒气冲天地在管家的门口大声骂起来。他将管家的妻子和老娘，逐一骂了一通，且所用语言十分淫秽，简直难以入耳，就连管家附近的邻居也深受其扰。

就这样，大概过了一个小时，伙夫才回到领事馆。他来到另外一个宿舍，与那个仆人睡了一个晚上。其实，他应该早点这样做的。事情的前因后果就是这样。另外，管家还对我说，伙夫闹得动静挺大，几乎周围的人都知道了这件事情。为此，他决定要与伙夫“打一场官司”。鉴于一个主人底下的两名仆人打官司，会对主人的声誉产生影响，所以，管家决定向我辞去工作。

听完管家的讲述，我首先向他指出，对于他的控告，中国的法庭是不会受理的，原因很简单，只要伙夫一直停留在领事馆，中国的法庭是没有权力传唤当事人的。如此说来，伙夫也必须得辞退。如果不是那样的话，放弃工作对他来说，是没有任何意义的。其次，我告诉管家，将这件事告到法庭上，无疑会让伙夫当着至少五百人的面重新陈述一遍他所骂的内容。这样一来，原本只有不超过五六十人知道的脏话，会让更多的人知道。我向管家承诺，我一定会认真调查这件事情。如果事情真的像他所说的那样，那么伙夫一定会受到严厉的惩罚。同时，我还劝说管家，在我处理这件事情之前，不要轻举妄动，更希望他不要辞职。对于我的提议，管家听后稍有犹豫，但是，很快就答应了。

打发管家离开之后，我便派人喊来了伙夫，想听一听他单方面的说辞。令我感到不可思议的是，与管家的陈述相比，伙夫的话几乎一模一样。他很坦然地承认，他做了一件错事，并对自己的行为感到内疚、羞耻。同时，他向我表示，愿意接受我给他的惩罚。就伙夫的罪行，我明白无误地指出，如果他是一个外国人，辱骂另外一个外国人的家属，并采用同样的骂词，那么他的性命早就保不住了。

我狠狠地训斥完伙夫后，将这件事情暂时搁置。两天过后，我把管家和伙夫同时喊过来。除了我们三个人之外，在场的还有其他仆人。接着，当着众人的面，我把事情的来龙去脉重新说了一遍。那两个人听后，没有任何不同的看法。然后，伙夫跪在管家的跟前，承认了错误，并磕了三个头。伙夫用这种谢罪的方式，诚恳地请求管家谅解。后来，我又让人陪同伙夫和管家，一起到管家的家里，向管家的妻子和母亲赔罪。这件事情，按照中国的解决方式算是了结了。

在我看来，受害的一方既然没有异议，那么整个事件就到此为止了。然而，又过了两天，管家来找我了。对于伙夫的道歉，管家和他的家人都感到很满意。但是，管家附近的邻居已经听见了那些骂人的脏话。还有一点，对于伙夫的道歉，周围的邻居们并不知晓。现在，邻居们对伙夫另眼相看，并且不再理会他。用管家的话说，“除非伙夫能把自家的大门重新漆一遍”。换句话说，只有让周围的邻居们都知道伙夫已经认罪并道歉，人们才会与他相互往来。而那种最严重的事态——将伙夫驱逐出去，才能得以避免。

对于管家的话，我觉得还是有些道理的。我认真考虑了一会儿，对他说：“好的，你的意见是可以接受的。为了表示惩罚，我将会扣除伙夫半个月的工资。我把这些钱交给你，算做补偿。然后，你告诉邻居们我所做出的这一决定。你来，我这就把钱给你。等到了月底，我再从伙夫的工资中扣掉。”

我掏出三元钱，递给了管家。

没想到，管家不接受。他对我说：“您这钱，我不能收。如果我收下的话，会让事情变得更加复杂。邻居们知道后，一定会说，只要花三元钱，就可以对我的家人进行辱骂。”

“那你觉得，该怎样处理这件事情呢？”

管家说：“您把这钱给另外一个仆人，只需告诉他这钱的用途，他就知道该怎么办了。”

按照管家的意见，我把这钱给了马夫。我告诉马夫说，他可以采用自认为最好的办法，向邻居们证明这件事情已经得到圆满解决，并且伙夫还向管家做出了赔偿。在我看来，马夫一定会利用这些钱安排一座酒席。之后，左邻右舍都被请来，一起吃饭喝酒。在酒席上，当着街坊邻居的面，伙夫会再一次向管家认罪和道歉。

但是，三天过后，马夫向我交差来了。他对我说：

“您交代的事情已经办妥了。我买了一些油漆，请来一名油漆工，交代了他应该做的事情。现在，一切都弄好了。买油漆花费一元四十分，请油漆工花费一元，最后剩下六十分。您看，该怎么处理剩下的钱？”

对于马夫的话，我感到很震惊，对他说：

“买油漆，请油漆工，你到底在说些什么啊？我真的不明白你的意思。”

于是，马夫向我提起了管家曾说过的“重新漆一遍大门”。这时，我才明白那句话的真正含义。原来，有一种风俗在北京流传已久。一般来说，凡是辱骂别人家属的人，为了表示认罪和道歉，需要把受害人的家门重新漆一遍。当然，这其中的费用由侵害人承担。

因此，马夫按照这种风俗，买油漆，请油漆工，把管家的大门重新粉刷了一遍。就这样，周围的邻居们才算解了恨，受害者的尊严和荣誉也得到了恢复。

最后，我告诉马夫，把剩下的那些钱，全都交还给伙夫。

第十三章　会做生意的中国人

在中国，没有等级制度，也没有分明的、固定的阶级差别。这一点，是美国社会所不具备的。如果非要划分等级，中国人通常采用人们所从事的行业来进行。所有的中国人按照这种方法，被划分为士、农、工、商四类。这四类范围从高到低，依次排列，为每一个中国人所熟知。这四类人在西方的社会阶层中，相对应的就是学者、农场主、手工业者和商人。从这种排序中，我们可以看出中国人对各种职业的评价和认可程度。

乍一看，中国人的这种分类方法很有哲学思辨的味道。一个人的大脑，显然比身体重要，所以，中国人把学者放在第一位，成为社会各阶层之首。农民由于能供应生产和生活资料，支持各种建设，可以说是“无中生有”，因此，他们排在第二位。事实上，农民所干的活儿，其他阶层的人员也可以干。工人或者手工业者运用自己的智慧，通过体力活儿，对一些物品进行加工改造。这些原始物品或者半成品，经过他们的提炼，可以满足人们的各种需要。就这样，它们的使用价值较原先大为提高。因此，工人或手工业者的次序没有排在最后。商人既不生产，也不提高物品的使用价值，只是起到了媒介的作用——把他人的劳动成果和另外一部分人的需求进行交换，因此，他们被排到了最后。以上观点不管正确与否，每一个中国人都是这样认为的。

此外，“士、农、工、商”这四个字的含义是极为丰富的。从最低阶层说起，“商”是指各种各样以经营商业为主的那类人，他们数量很多；“工”是指各种工人或者手工业者，而不管他们的技术是否熟练；“农”是指那些在田间地头劳动的人们；“士”，不仅仅指那些当官的人，还包括所有接受过教育的人。

在中国，尽管商人的社会地位不高，但是与世界上其他国家或地区的商人相比，他们一点也不逊色。中国商人作为一个社会阶层，他们诚实守信，受人尊敬。因为他们当中的每一个人，既灵敏机智，又积极向上，不断开拓事业。良好的商业信誉，在他们心中占有重要的地位，因此，他们无时无刻不在维系着它。就这一问题，几年之前，一家外国银行的经理说过：“对于我们外国的商号，我很欣赏，因为它们拥有良好的信誉。然而，在这方面，中国人做得也很好，并不比我们差。实际上，在全世界范围内，我更加青睐于中国的商人和银行家。在此我想说明一点，我们在过去的二十五年间，一直与中国人有生意往来，其数额已经超过亿万两银子。不过，直到今天，我们没有遇到过一次中国商人失信或者不履行合同的情况。”这家外国银行的经理所在的银行，实力雄厚，地处东方最重要的商贸金融中心城市。我想，不管是西方还是东方，这位经理还是有发言权的。还有一位英国学者，最近作出了如下评论：“凡是与中国商人打交道的外国人，没有一个不尊重他们的。”

中国的商人拥有如此良好的信誉，这背后当然是有很多原因的。

其中，有一个很重要的原因就是，在清朝内部，在每一年的时间里，国家设定了专门的“清债日”。在这段时间里，每一个阶层都要清算自己的来往债务。如果双方当事人同意，清算的时间可以往后推迟，但是最后一天必须清算完毕。换句话说，每一笔生意和每一笔账目，在每年的最后一天，必须有个了结，不能存在任何尾巴。关于这条规则，很少有人去违反它，或者不严格遵守。尽管如此，我们不能说，这条规定是毫不留情的催命鬼。在大清帝国内部，债务人可以向债权人提出请求，要求把借贷的利率降低几个百分点。当然，这是有一定的时间限制的，必须在每年还债的最后十天时间里。然而，像这样的要求，几乎没有人会提出来，除非是那种极其贫困的人。这是由于，提出这种要求人的信誉就会降低，直接影响到以后的借贷。

在中国，有一个不成文的习惯，就是，到了晚上，不管月色如何明亮，出门的人都要提着一个灯笼。于是，在中国的街头巷尾便出现了一个奇怪的现象。在大年初一的早上，一群穿着新衣服的人们，在晨曦中走来走去。他们一手提着灯笼，一手拿着票据，忙碌地收回一些钱，同时又归还一部分钱。在他们看来，只要手中提着灯笼，就还是前一年的最后一天。等把所有的债务结算完毕，他们才会吹灭灯笼。这时候，他们才舒缓一口气，浑身轻松地享受这新年的第一缕阳光。

中国人智慧丰富，头脑灵活，可以说是天生的商人。在生意场上，他们勤勤恳恳，在使用人力、财力和物力时，计算得很精细，同时具有长远的眼光。另一方面，他们具有很强的毅力和耐力，不超过对手绝不罢手。在经营生意的过程中，中国商人使用的手段和方法，名目繁多，方式奇特，让人不由得称赞。与西方商人一样，中国商人也很精明。他们也意识到，如果把商品的定价控制在成本以下，有时候可以收获丰厚的利润。

在北京，有一个中国人，开办了一个小旅店。按照中国人的看法，他算作一个商人了。曾经有一段时期，这位中国商人就运用了那条规律。那一次，他到领事馆来找我们。起因是，他那里有个美国房客，一直没有给钱。他想把那个美国人驱赶出去，并将其行李扣押。他问我们，按照美国的法律，是否可以那样做。我们的答复是可以。然而，我们又建议他，最好不要扣押那位美国客人的行李，因为那些不过两元半钱，如果他执意要驱赶那个美国人的话。

“对，说得没错，”他回答说，“但是两元半的钱，总比一分钱没有的好。实际上，”他又接着说道，“那个人住到我的店里后，我让他每天缴纳一元的食宿费。然而，在此后的六个月时间里，他一文钱也没有交。为了弥补一些损失，并防止日后更大的亏损，我后来把价格降低到每天半元钱。”举这样一个例子意在说明，中国人的精明有时候让人很吃惊，而不是想说他们是怎样精打细算的。

与西方的同行相比，中国商人有很多不同寻常的地方。商品的成本高低，质量如何，以及市场上行情，是西方商人非常注重的地方。一般来说，市场上对某种商品的需求，成为他们确定这种商品具体价格的依据。

对于以上诸多因素，中国商人在做生意时一般会考虑在内。但是，除了这些之外，中国商人还特别留意每一位顾客的身份和心理特征。只要顾客来了，他首先要做的是，从上到下，仔细打量一番。就在这短短的一瞬间，他就可以判断这位顾客的心理特征，顾客的出价是否大方，以及顾客对市场价格的了解程度等。做完这些预备工作，他才会开口告诉顾客，要买的商品需要多少钱。可以说，在这样的情况下，商品的价格不是按照实际价值来定，而是根据不同的人来定。在中国，同样一件东西，外国人买的价格总比中国人要高一些。有些不会讲中国方言的外国人，在买东西的时候，付出的价格往往要超过原价的百分之十，甚至百分之百。

一次，有个花匠在市场上的某个地方卖花。这是一位年老的花匠，满脸皱纹。他卖的花是紫罗兰，两文钱一束。在花匠的周围，满是人群，大家纷纷购买。我站在一旁，仔细地观察了一阵行情。后来，我艰难地挤到老人身边，打着手势，意思是问他多少钱一束。“三十六文钱一束！”老花匠随口而出，一点也不犹豫。“你真是个强盗，”我很气愤，“你管别人要两文钱，而对我的出价，却是别人的十八倍。”“噢，”他说道，“原来您会说中国话啊！不好意思，刚才我不知道。好吧，就像对待中国人一样，我给您算两文钱一束。”说完这些，老花匠和周围的其他人哈哈大笑起来，算是对没有捞到暴利的一种掩饰吧！

对于顾客，中国商人有一套特殊的察言观色方法。以下事实可以充分说明这一点。在中国，你走进一个商店买东西，自然要询问商品的价格。这时候，如果商店里只有一位店员，那么你很快就会得到答复。但是，如果店里有好几位店员，你可能不会立即得到答复。此时，他们一定要先确认一下，看看有没有人已经告诉了顾客某个价位。于是，他们会互相询问一遍。等情况搞清楚之后，他们会以一个统一的价格说给顾客。如果他们忽视了这一点，就会导致每个店员报出的价格不一致。如果是这样，他们就露出了破绽。同时，这也表明，他们对顾客的判断是不一样的。不过，这样的情况是很少发生的。

有意思的是，曾经有一次，我碰到两个店员，他们就发生了上述失误。在他们所在的商店里，有一件价值两元钱的商品。其中，一位店员向顾客索要的价格是五元。过了五分钟，另外一名店员说话了。这位店员声称，整个商店要赔本甩卖，决定降价销售。结果，他最后报出的价格是每件商品十五元。

在中国，根据不同的人，商人会给出不同的价格。只要我们稍微留意一下，外国人在中国购买日用品的价格，很快就能体会到这一点。

同样一件东西，外国人购买的价格，要比中国人的高很多。即便两个外国人购买同一件东西，也有可能会遇到不同的索价。甚至有时候，在名义上他们被索取同样的价格，但是在实际的重量上，经常会缺斤短两。像这样的情况时有发生。在北京，有一个理发匠，独自一人居住。在他的理发店里，不同的顾客，要价是不同的。如果是外国的大使到他这里理发，他的要价是五十美分；如果是大使馆的秘书，他的要价是二十五美分；如果是一般的外国人，他的要价是十美分。而当一个中国人来到他的店里时，他的要价却只有半美分。看来，他对要价，与对外国人的发式，有同样深入的研究。

在中国，当外国人需要挑水工、清道夫为他们服务的时候，那些中国劳工对他们也采取同样的索价方法。

有一次，路过日本。当时，因我身体有些不舒服，便请来一位中国医生。这位医生住在日本，专门治疗手脚病。很快，我们见面了。他先告诉我他的收费标准。对一般的日本人来说，每一次看病需要支付十美分；对于其他外国人，每一次需要五十美分；而他的同胞中国人，每次则需要五美分。

在治病的过程中，我免不了要和他谈论一番。突然，这位中国医生问我："我听说，今天中国驻日本大使来到这里。不知道，他是来看望谁的？"

"哦，是的，"我说，"他是来看望我的。"

"这么说，您也是一位来头不小的官员了，"中国医生继续说，"要不然，大使也不会来看望您的。"

对于他的这种说法，我谦卑地承认了。然后，我们谈话的内容转移到其他方面。为我治病结束后，他向我索要一美元的薪酬。前文已经交代，除了日本人外，其他外国人的索价是五十美分。于是，我对他表示不满。然而，他操着一口流利的"洋泾浜"英语，理直气壮地对我说道：“既然中国的大使都来看望您，可见您至少和他是同一个级别。既然这样，那您的官阶算是很高了，所以，您务必支付一美元。没有比这价格再合适不过的了！”（“Sposey that China minister come see you, you b’long all same he, you b’long same he, you makey pay one dollar all same. That b’long ploper.”）

与中国人做交易，你会发现，无论是大买卖，还是小生意，他们毫无例外地都要与你争论一番价格。这已经成为他们从商的一个特点。实际上，他们每次做交易，就像是参加一场战斗一样。在他们看来，商场就像战场，每一个人就是一个武士。各个带上齐全的装备，雄赳赳，气昂昂，摆出一副视死如归的架势。有时候，他们在同一个地方，絮絮叨叨，竭尽所能地大费口舌，仅仅只是为了两斤橄榄菜、一个冰凉的煮红薯，或者一根黄瓜。这时候，你会发现，有人不断地拐弯抹角地骂人，意在使得别人死去的先人不能安宁；你会看到有人在不断地煽情，妄图获得周围人的同情；你还可以听到满腹诗书的人，正在滔滔不绝地引经据典地与别人争论。当然，你也可以看到一些合理的讨价还价。总而言之，他们这样做，仅仅只是为了几分钱的好处。

在每一次交易中，每个人都想贪图对方一点便宜。然而，几乎每个人都是这种想法的胜利者。这是因为，买方总认为自己少花了钱，而卖方也因缺斤短两而沾沾自喜，这样一来，双方都很满意。举个例子，在某个鲜鱼市场上，有一些中国人，穿着打扮就像绅士一样。你总能看见他们手中拿着一杆秤，一本正经地走来走去。在那杆秤上，有三个刻度。不过，每一个刻度都不是标准计量。这杆秤，是他买鱼时，专门用来与卖家讨价还价用的。从水盆里，这位绅士捞出一条鱼来。那盆子里有十几条鱼，都是活蹦乱跳的。他先用自己的秤称了一下，接着再用卖鱼人的秤称。结果，卖鱼人嫌买鱼人的秤，称得太少了；而买鱼人嫌卖鱼人的秤，称得太重了。就这样，双方之间展开了第一次唇枪舌剑之争。

就是这么一条不大不小的鱼，两个人的秤，称出来的重量居然相差半斤，甚至是一斤。经过一番讨价还价，如果双方同时做出让步，便可以达成一致；如果双方就鱼的重量可以达成妥协，但是价格上却还有较大分歧，那么少不了一番更为激烈的争吵。每一个人都理直气壮地声称，自己已经做出了让步，并且达到了最大的限度。与此同时，双方都力图向对方表明，谁也不愿意在这几文钱上浪费太多的时间和口舌。因为这不过是一件小事而已，不要看得太重。然而，他们每一个人又以正义之士自居，一定要在大庭广众之下，维护社会公平。就这样，他们不断地争论下去，一直到彼此口干舌燥，几乎说不出话来。只有到了这个时候，双方才会做出一定的让步，终结这次交易。

实际上，中国人并不喜欢刺激发音器官，或者增加肺活量，也不喜欢与他人争吵辩论。他们所真正关心的，是一种满足感，而不是几文钱。这种心理上的满足感，建立在力争使得对方让步的基础之上。面对商人的第一次报价，如果顾客迅速接受了，那么商人的伙计就会认为，这个中国人是个笨蛋。同时，这位商人也会感到一定程度的失望，甚至是痛苦。这是因为商人感觉，顾客正在侵害或者愚弄他的正当权利。

在中国，如果你不想买东西，却询问东西的价格，这将会被视为不礼貌的行为。同样，当卖家告诉你价格之后，你头也不回地一走了之，也会被认为是一种相当无礼的做法。比如，在大街上，一个过路人碰到卖毡子的商贩。过路人问道："这种毛毡怎么卖？"

"二十五元一块。"卖家回答。

"哦！"过路人随口答应着，但随即就走开了。

当那个过路人还在走着的时候，小商贩盯着他的背影，就开始大骂起来。他讲了一连串难以入耳的话语，其中自然涉及到了对方的八辈祖先。他就这样，不停地骂着。霎时间，周围变得天昏地暗。那个过路人，先是放慢了脚步，接着停下来，转身，迎着小商贩的摊位走过来。虽然一路上，那个过路人有些犹豫，但还是到了摊位跟前。此时，他也早已火冒三丈。一场激战就要开始：

“你为什么骂我？”过路人怒气冲冲地瞪着对方。

“你为什么问完价格，转身就走？”小商贩也不甘示弱。

“不打听一下，有你那样的天价吗？”

“那样的价格，怎么啦？作为一个实在人，你是知道的，我们做生意的，只是喊个价格而已。你应该明白，第一次的要价，自然是不确定的。如果人人都像你这样的，那我们的生意怎么做啊？你应该停下来，和我共同商讨一个价格，才是最为可取的做法。”

于是，那个过路人和小商贩开始讨价还价起来。很快，双方争吵得异常激烈。不过，最后两个人终于达成一个双方可以接受的价格。就这样，一桩买卖成交了。

顺便提一句，在中国人的民族性中，始终存在着一种喜欢讨价还价的做法。在中国，讨价还价的现象，每时每刻都渗透在每一个人的生活中。就一些重要事件或问题，政府官员和其他国家代表进行商讨的时候，喜欢讨价还价；普通的老百姓在菜市场上买黄瓜的时候，也是如此。在这种情况下，他们自己不想做什么，却对别人要求很多；有时候他们或许是不想多付出，但往往导致不好的结果——连本钱也搭进去了。为了留有更多的空间，人们在进行讨价还价之前，都会保存自己的真正实力。在很多次圣谕中，康熙皇帝曾经多次使用“让”字。“让”是中国语言中最为重要的一个字，意思是要人们学会谦和忍让。之所以要求人们这样做，是因为“让”是一切和谐人际关系的基础。这种观念始终存在于大清帝国的每一个角落，并对社会生活的各个方面产生了深远的影响。

在中国，没有严格的法律机制，自然也就没有办法在全国推行严格的、统一的度量衡标准。在各种商业活动中，存在很多欺诈行为，其原因就是没有统一的度量衡。可见，关于度量衡的统一问题，很值得我们去研究、讨论。在市场上，随处可见有卖杆秤的。这种杆秤一般有两套刻度。其中，在买东西的时候，使用一套；在卖东西的时候，使用另外一套。在棉花的买卖中，不同的斤两比例，与不同的等级相对应。在棉花的收购过程中，商人通常使用定斤定量的方法。如果是粗棉花，他就按照十六两一斤计算；如果是中等棉花，就按十二两一斤计算；如果是最为优质的棉花，就按照二十一两一斤计算。当他做布匹生意的时候，就按照尺寸计算。在卖出的时候，他使用的是短尺；在买进的时候，他使用的是长尺。

一般来说，用于量丝织品的尺子要短于量毛织品的尺子；而量毛织品的尺子又要短于量棉布的尺子。不同的度量衡，与之相对应的通常是不同的价格。因此，商人们约定好不同的度量衡，并成为一种潜规则。这样一来，就可以产生相互抵消和平衡的效果。不过，这样的度量衡没有什么实际的意义，只是使得一部分不小心的人经常受骗，并成为人们时常聊起的话题。到现在为止，这种现象还没有得到中国人的合理解释。关于不同度量衡的盛行，他们不知道从什么时候开始，更不明白为什么持续这么长时间。对于此，我们也只能说，自从有了中国人的那一天起，这种现象就产生了。

在西方人看来，与其他的传统习俗一样，没有统一规则的做法显得很荒谬，让人没有办法接受。虽然这些习俗给人们的日常生活带了很多不方便的地方，但是仍然被人们奉为圭臬，从来没有人尝试阻止或者改变它们。这种现象的产生，只有一个原因。那就是，从远古时期，这些传统习俗就已经产生了，而老祖宗留下来的东西是无论如何也不能改变的。在游历中国西部的时候，曾经有一天，我乘着车，来到一家小店。这家店铺在乡村，院子里有一大堆车轴，很破旧。看到这些，我感到很惊奇，便向店主打听它们的用途。

原来，小店门前的大路，宽度不是固定的，到了这里已经发生了变化。向东边走的路，比向西边走的路，其宽度要窄六寸。然而，显而易见的是，不管就地形还是交通便利程度而言，这种做法都是没有必要的。但是，凡是来到这里的车辆，必须换上新的车轴，或宽或窄，接着才往或西或东的方向走去。不管是长途跋涉的大车，穿越了千山万水，还是刚出道的新车，只要到了这家乡村小店，必须换上新车轴。这种事实就摆在面前，让你感到不可理喻，摸不着头脑。然而，为什么要那样做呢？对此，人们给出的可能解释是："凡是到达这家小店的车子，不管是什么样的车子，都要换车轴。"因此，在中国人的头脑里，始终恪守着从远古时期传下来的习俗。在他们那里，这已经成为一种普遍的思想感情——一种没有逻辑，没有办法用理性分析，让人捉摸不透的东西。

毫无疑问，中国没有统一的度量衡制度，加之货币价值的波动空间较大，因而所有的商业贸易变得极其不稳定。与之相应的是，贸易的交易额也没有办法计算出来，更别说准确的数字了。在经营的某一个具体时间段内，或者就某一项具体生意而言，商人可以大概估计出自己的经营状态：盈利多少，亏本多少。然而，与其说中国人是个数学家，倒不如说他们是个哲学家。在经营方面，他们从不计较无关紧要的事情，总是忽视具体的细节，而在大的方面下文章。

对于中国商人来说，只要财源广进，就是最高兴的事情。他们想方设法地利用时机钻空子，谋取暴利，甚至不惜走私贩毒。对他们而言，只要能挣到钱，可以从事任何性质的活动。这样，做生意在中国商人看来，就是一场智力上的斗争。在这场拼斗中，不是你死，就是我亡。在生意场上，只有最聪明的人和最勇敢的人，才是最终的赢家。

因此，做生意对他们而言，绝不是单调乏味的物物交换。在中国，人们向来认为，按照常规做生意，把布匹卖出去，再收取相应的金钱，只有笨蛋和傻瓜才那样做。谁要是那么做生意，简直无聊乏味极了。而且，那样做的话，一点也显示不出自身的聪明才智，更别说艺术和技巧了。此外，中国人还认为，只有真正的男子汉才是做成生意的料。

在中国的商界，还有一个很有意思的特点。那就是，一种合作精神普遍存在于商人之间。其具体表现是，在一家商号里，上至老板，下至招待客人的小伙计，甚至拖地板、擦桌子的仆人，他们都是一个共同体，有了利益，大家分享；有了风险，大家共担。每一个人所承担的职能不同，有高有低，有轻有重。按照这个标准，每个人在整个利润中相应的得到属于自己的那一份。虽然红利的分成是因人而异的，但是大家都有一个共同的愿望，那就是把生意越做越大，越做越红火，那么每个人得到的钱财就越来越多。一般说来，老板和他的雇员们就像是一家人，他们一起吃，一起住。所有的人，就像一条绳子上拴着的蚂蚱，只要其中一个人受到损失，大家都脱不掉干系。对于商家来说，这具有十分重要的意义。一旦群体中出现了不安定的行为，或者大家做不到齐心协力，很快就有人出面，将这些现象消除，或者将其影响减小到最低程度，以避免造成危害。

另外，对于中国的商业合作精神，我们还发现了一种特殊的用途。虽然它并不值得人们称赞，但确实广泛存在。在外国人看来，这种商业合作精神的另一种用途就是“揩油”(the squeeze)。只要是关于中国商业的文章，作为一项重要的生意经，“揩油”是无法回避的。否则，那将会导致整篇文章不全面。

这里，“squeeze”是指中国的一个商业用语——揩油，而不是表示友好地握手，也不是恋人之间的拥抱。在中国，“揩油”有具体的含义，是指商人在做生意的时候，通过使用各种方法，让流经自己手的钱，有一部分白白地进入自己的口袋。当然，经手的那部分钱不属于商人自己的。白白流进口袋的那部分钱，在中国被称为佣金或者回扣，虽然没有经过对方当事人的同意。而且，像这样得来的钱财，在中国被认为是合法的，并且得到了人们的认可。在此过程中，受到损害的当事人称“揩油”为盗窃；而相对的那部分人则认为是情理之中的事情，他们有权得到这部分额外的好处。

在中国，几乎每一个人都是“揩油”的受害者。但是，每一人又都是采取“揩油”手段的受益者。与中国的历史一样，揩油这种做法也经历了相当长的历史时期。相传，这种做法源自一个古老的习俗。很早的时候，在主人家中劳作的仆人，是没有固定的工钱的。仆人所得到的，只是主人赐予的住宿和饮食，另外还有每年一套衣服。一般来说，中国家庭是深宅大院，只有一个大门可供出入，这就为守门人揩油提供了前提条件。从大门口进入主人家的日常用品，守门人要收取每一件价值的五十分之一。这样，时间一长，他就积累了些许钱财。然后，按照每个仆人所从做事情的高低贵贱，每年有三次瓜分这些钱财。

事实上，守门人在这里充当了一个收税人的角色，而奴仆就是通过这种方式得到了他们的工钱。对于一家商号来说，其中发生的所有交易往来，守门人都是一清二楚的。如果有个商人不想提交“揩油”这部分钱，那么就会被守门人挡在商号的门外。确实，关于“揩油”的解释，我们不敢妄自做出任何结论。但是，有一个显而易见的事实却是存在的。那就是，在与店员做交易的时候，除非你们达成特别的协议，否则你是不会得到满额钱款的。换句话说，那五十分之一的“揩油率”，你是怎么逃，也逃不掉的。

关于中国的店伙计，我们有必要做一番专门的论述。在中国，各个行业，各个社会阶层，你都会看到店伙计这类人。按照主人或者老板的吩咐，他们与顾客打交道，每天进行着各种各样的交易。可以说，从广义上来讲，店伙计也是一种商人。在工作中，他们几乎从不抱怨干活时间太长，或者工作太累。对待工作，他们态度认真，做事总是一丝不苟。他们对主人或老板忠心耿耿，遇到意外情况时沉着冷静，办起事来动作麻利。可以说，他们身上有着浓厚的敬业精神。对于他们，你可以完全信任，可以将任何宝贵的东西，比如精美的台布、稀有的银器以及价值连城的珠宝或古玩等，托付给他们保管。在北京的十五年间，美国领事馆里雇佣了很多中国伙计，很少出现由于疏忽大意导致东西残缺的情况，更没有一个人从事过偷窃行为。在一般人看来，由于中国的仆人提供的服务一直很优秀，许多国外的女士在中国居住一段时间回国后，竟然忘记在家里怎样操持家务了。

尽管中国的伙计如此值得信赖，并且具有优秀的品质，但是碰到揩油的时机，他们还是照做不误。他们那些良好的品质——吃苦耐劳，毫无怨言，眼明手快，其实是在揩油的利益驱使下使然的。在他们看来，从事的活儿越多，揩油的机会和数量也就越多。所以，在平常的生活中，他们从不抱怨自己的工作多累，活儿太多，或者还得做其他的什么事情。相反，如果老板的门庭冷冷清清，他们就会义无反顾地离去。理由很简单，因为在这种情况下，他们没有什么油水可以揩。对于主人或者老板的喜好和弱点，每一个伙计都心知肚明。同时，他们对于自己的表现，能否赢得东家的欢心，也相当有把握。更为重要的一点是，他们深知其中的利害关系：对于东家的油水，不能过于揩，必须保持在一定的限度之内，否则，他们的饭碗就保不住了。对于人们的内心感受，中国的伙计可以琢磨得很透彻。这一点，可以从他们丰富多彩、变化无常的面部表情上看出。

在中国，“揩油”的做法由来已久。曾经居住在中国的外国人，无论他们怎样想方设法，总也逃脱不了被揩油的命运。如果有人亲自到市场上采购自己所需要的东西，那么，隔上一段时间后，就会发现，他的仆人正悄悄地跟随着他。他的仆人会到他所去的每一个地方，索要回扣。同时，还有一个很意外的发现就是，如果让仆人去买东西，即便加上回扣部分，总共花费的钱财要比他亲自去买的要少。正因为如此，一个外国人自己买东西，无疑是搬起石头，砸自己的脚——既浪费了时间，又多花了钱。

如果他脑子一转，想出一个办法，即弄清楚仆人所买东西的一般价格。这样的话，仆人就没有办法再投机取巧了。然而，仆人又开始在所买东西的分量上做文章。通常，仆人会买四斤的东西，但是向主人却要五斤的钱。于是，主人再生一计，将所买的东西都要亲自一一过称。这一次，主人觉得万无一失了。但是，没过多长时间，主人会发现，自己所用的秤是十四两一斤，而不是十六两一斤。事实上，他的仆人一直在揩他的油，但是他丝毫没有发觉。

于是，主人经过思考，重新想出一个办法。他找来一杆标准的新秤。仆人每次买回来的东西，他都要仔细检验，然后将那些东西锁在一个安全的柜子里。这一次，主人自我感觉很好，认为不会再有任何闪失。因为之前的所有漏洞，他都能确保万无一失。可是，主人的做法虽然稳妥，但是仆人的计谋更高一筹。比如说，经过检查，主人确认仆人所买的羊肉是一斤。然而当他转身刚走，仆人就拿起刀子，砍下一大块肉。之后，仆人将那块肉直接送到屠夫那里，换取钱财。

我有一位朋友，曾经使用过上述方法，但仍然感觉不可靠。在他的心底，始终充斥着着一种怀疑的情绪。这种情绪告诉他，仆人一直在背后揩他的油。有一天，厨师被主人喊到餐厅里。原来，餐桌上摆着一块烤羊肉。但是，这块肉已经干缩得非常小了。面对主人的质问，厨师表现得很镇定。他用惯常的口吻对主人答道："先生，您说得不错，那块羊肉确实变小了。但是，您不要忘了，与您所在的国家相比，北京的气候是多么干燥。既然如此，那么羊肉自然免不了要收缩，且收缩的程度远大于在贵国的时候。”

如果主人实在无法容忍，将一个喜好揩油的仆人解雇。就其结果而言，未必就是最好的策略。也许，主人很快发现，新来的仆人比原来的揩油更加严重。这是因为除他自己之外，他还要给原来的仆人揩油。作为一种回报，他将会把非法收入中的一部分，分给此前被解雇的仆人。多年之前，北京有一家外国使馆。面对日益疯狂的揩油事件，大使决定要采取一些措施，以遏制这种现状的发展。于是，使馆的守门人被大使解雇了。谁也没有想到，那个被解雇的守门人，正是揩油体制中十分关键的人物。过了很长一段时间，使馆的人们才得知，前任守门人每个月都会定期收到一定的钱财。钱财的数额是按照以前的标准送的，一直要送到他去世为止。这些行为，就是仆人们在新任守门人的带领下做出来的。被解雇的守门人去世后，那些仆人们为他举行了一个隆重的葬礼。在这群人中间，有专门记账的。不但如此，他们还在银行开立了一个户头。所有揩油得来的钱财，全被存进银行里。每一年，他们要分三次红利。

就揩油这种习俗，不要向中国人追问到底有什么永恒的意义。任何争辩和探究，对于他们来说，无疑是缘木求鱼，一点作用也没有。对于中国的这种习俗，我们只能将其控制在可以接受的范围内。毕竟它是中国历史的产物，我们没有办法杜绝，只能小心翼翼地加以预防。如果中国人的劣根性可以彻底根除，那就另当别论。不过，很明显，这一点无论如何也做不到。当中国人揩油的时候，他们首先危害的是他们自己，而不是外国人。这是因为，外国人说话做事比较直接，从不睁一只眼闭一只眼行事。而且，当他们询问所有物品价格的时候，总是怀着彬彬有礼的态度。然而，中国人好面子的本性以及虚假的尊严，使得外国人面对此种情况时，往往退避三舍。于是，这些外国人就成了中国人陈规陋习的牺牲品。那些仆人可以尽情地揩油，即便他们的主人损失再大，也是不会有半句怨言的。

最后，我在这里补充一点。本章节的最后部分，论述了中国人做生意的种种习俗和陋规。对此，我只是随意地写了一些内容，并没有把它们当做中国商人的本质来加以陈述。在前半部分，我们论述了中国商人所具有的崇高品质。与此相比，后半部分的内容明显不同。在整个人类群体中，人们的本性是普遍一致的。俗话说，林子大了，什么鸟都有。在中国这样一个人口众多的国家，很多人怀有严肃认真的态度，做起事情来一丝不苟。他们对于自己的信誉看得很重，为人正直。可以说，像这样的一些人，是永远值得我们信赖的生意伙伴。但是，他们当中也有不少人，为了追求金钱和利益，总是喜欢玩弄一些小把戏。人，在从事伟大的事业时，总是显得很伟大；而当他做一些渺小事情的时候，却又显得极其渺小。在本章节的后半部分，我之所以持有批判的态度，原因多半在此。

第十四章　底层民众的本色

某些人，想当然地认为，作为一个民族，中国人是很富裕的。殊不知，这种观点是极其错误的。确实，大清帝国地域广阔，拥有十分丰厚的资源和无穷的潜能。尽管如此，这些优势资源并没有得到有效的开发。在那里，广大的民众还处于比较贫困的状态。这种状态，恐怕是我们所不能想象的。如果我们拿中国与美国做一番比较，你就会发现，中国人均财富几乎不能与美国的相比。美国人均财富量是中国的数倍。可以说，这两个国家对“贫困”含义的理解，是截然不同的。

在中国，一个人如果每天赚取两美元，那么他就会被认为很富有；而在美国，一个人挣两美元，却要养活一个家庭，这是相当贫困的状态。在中国，一个体力劳动者，即便认为自己的收入相当丰厚，他一个月也没有办法吃起一斤肉；而在美国，如果一个劳动者没有办法让他和家人一天吃上两次肉，那么无疑他们过着极端贫困的生活。在中国，贫困意味着没有吃的东西，也没有穿的衣服，家里人衣食无着，虽然人没有被饿死，但也是濒临危境；而在美国，贫困只是指人们的生活没有达到奢侈豪华的地步。

在中国，劳动力的价格与食品的价格，紧密相关。当然，这种不可避免的关系，这与其他国家的情况一样。如果劳动者的工资不是很高的话，与之相对应，生活资料的价格也会降低。这些生活资料可以维持劳动者的生存，以及帮助他们恢复体力。如果不是那样的话，两者价格相差悬殊，劳动者就没有办法活下去。中国人平时很节俭，总是精打细算地过日子，安排好每一天的花销和开支。这一点，与其他国家或民族没有什么两样。正如世界上其他任何地方一样，量入为出也是中国人最为基础的生活消费观念。不过，中国人骨子里透着一种乐观的态度，对于自己的生活，他们从来不会感到艰苦。同时，他们安于自守，很少做超越自身身份的事情。一个穷人，他有自己的打算；而一个富人，他也有自己的活法。对于一个有钱的中国人来说，他可能会穿得比较讲究，而住的地方也会有一张豪华的桌子。也许，在别人看来，他的做法很让人感到奇怪。其实，与西方国家的人们一样，他只是为了保持体面而已。

在中国，一般劳动力的工资都在二十美分以下，唯有技术比较熟练的劳动者，他们每天可以挣到十到三十美分的工钱。而那些纯粹的苦力工，也就是中国人所说的“卖力气的人”，每天只能挣到五到十美分。就他们而言，平均工资水平远在七美分以下。在中国，既没有单身的男子，也没有不结婚的妇女，他们就是依靠自己的体力，赚取一丁点儿工钱，去养活自己和家人。一般来说，每个中国家庭有四到五个人。

在我经常雇佣的人里面，就有一个送信人。他每天要跑三十多英里的路程，而所得的报酬不过八美分而已。此外，拉纤的船夫也是我们经常雇佣的劳力。这些人从天津出发，逆着京杭运河而上，一直到达通州。这一路走来，大概是一百二十五英里的路程。除了负责他们单程的饮食外，他们所得报酬仅有五十美分。而对于他们的返程，我们则不予理会。回去的时候，一般来说，他们都是步行的。换句话说，他们为了获得五十美分，以及几顿饭菜，要走很长的路程。像这样的距离，其实已经超过了波士顿和纽约市之间的路程。

在中国，你会在大街上看到为了争抢路边的一堆马粪，十多个大人和孩子争吵得相当激烈。对此，你不要感到奇怪。像这样的情况充分说明，对于人们来说，贫穷究竟意味着什么。如果他们一天没有动手干活，或者丢掉了工作，那么毫无疑问，这一天他们将会挨饿。

就上文所述，我们很容易得出，在四万万中国人当中，有很大一部分人的生活过得十分艰辛。那么，像这样的一种生活，他们究竟是怎样度过的呢？对此，我们根本没有办法想象。在夏天，人们的家常菜是黄瓜。通常，整根黄瓜全被人们吞下。在秋天，人们吃萝卜和胡萝卜等。有时候，他们也会吃点儿西瓜。一般而言，那西瓜连瓤带皮，都会被吃掉。在平日里，人们吃米饭，还有一些甘蓝。甘蓝通常是水煮过的，并且煮得很透彻。如果他们的饭桌上，再添加一些生萝卜咸菜，那就是一段美味大餐。生萝卜咸菜是人们用浓度很高的盐水腌制的。如果再奢侈一点，买点干的西瓜子，就像是点心一样，反复在嘴里咀嚼。在清朝帝国的某些地区，小麦、燕麦和玉米代替大米，成为人们的主要食物。不管是农村，还是城市，那些整年不断劳作的普通人家，就吃上述的那些东西。至于路边的乞丐以及特别贫困的人，他们恐怕连肚子都填不饱呢。

在北京城东边大约一百多里的样子，有一个四周环山，风景优美的山谷，坐落着一座佛教寺庙。曾经有个晚上，我在寺庙里过了一夜。那时候，正值金秋十月。虽然寺庙里的和尚喜欢帮助并招待外来的客人，但是他们拿不出什么像样的吃食来。他们所有的，仅仅是一些生板栗。再有，他们的院子里有一个泉眼。从那里，有一股清泉冒出。寺庙里有个老和尚，专门负责寺庙的事务。当我说起那里的食物不怎么样时，老和尚听后好像很惊讶。接着，他对我说："对于我们的板栗，您可能不是很了解。它们可不是一般的水果，很神奇的。您只要吃上一斤板栗，再喝点我们的泉水，那可是一顿饱饭。这样，您一定不会感到饥饿的。"

另外一次，在中国的西部，我和几位同伴一起游山玩水。在一个周六的傍晚，我们来到一个小山村。那里，有个很小的店铺，所能提供的食物，仅仅是一些面条。那面条是将面粉和水和在一起，直接擀成，然后下锅，用开水煮熟。这种食物既难吃，又不好消化。吃起来，一点味道也没有，还硬得像皮革。但是，店铺里就只有这些了，其他的什么也没有。我们四处寻找，经过很长一段时间，才终于找到几个鸡蛋。那几个鸡蛋，还是一位热心而又真诚的当地人提供给我们的。实际上，整个小山村，再也找不到可以吃的东西了。

第二天，街上有人喊卖肉。这种意外情况，被我的一个仆人发现了。当时，我们备受煎熬，饿得几乎什么都可以吃下。于是，我的这个仆人什么也没有多想，就直接买了一些肉回来。买来的那些肉，已经煮过了。仆人着急地热了一热，就把肉端到我们跟前。那种肉的气味很特别，但我们具体说不清是什么感觉。仅仅尝了一口，我们就不再吃了。这时候，我们的胃感到很难受，里面不断翻腾着，原先的饥饿感也一扫而空。于是，我们赶紧找来仆人，问问他这到底怎么一回事。仆人也不清楚那是什么肉。但是，根据判断，仆人认为好像是牛肉。

此外，仆人还对我们说，卖肉的是一个老人。他推着一个独轮车，就在那家店铺附近叫卖。我们所吃的肉，就是从老人那里买的。很快，我们出去寻找那位老人，并找到了他。于是，我们与老人进行了一次如下的谈话：

“老先生，您好啊！今天，生意怎么样啊？”

“生意真是太好了。早上出来的时候，还是满满一辆车的肉，您看，现在，剩下的已经没有几块了。”

“您卖的是牛肉吗？”

“不，不是牛肉。我住在另外一个村庄，离这里只有几里地。我们家有一头老骡子，生病之后死掉了。要是把它白白扔掉，我真是舍不得。于是，我把它的皮剥掉，卖给了别人。而它的肉，我也给煮熟了。瞧！现在卖得就剩下这么些了。”

还有一次，在中国的西北部，我和另外两个同伴一起游历。不清楚怎么回事，我们迷路了。我们一直在前面走，赶骡子的人、行李和仆人都在后面跟着。慢慢地，我们把他们远远地甩在了后面。然而，我们却因此走错了路。夜幕降临之后，我们才摸索着走到一家小客店。当时，已经十二月了，天气很冷，随便一滴水，马上就可以结冰。在我们身边，没有一个照应的仆人。就我们这三个人，显得极为狼狈。我们身上没有带多少钱，三个人的钱加起来正好一百文铜钱，大约相当于十美分。就这么一点钱，我们却要用它支付住宿和吃饭的费用。与一般的客店相比，这家算是比较好的了。当地有什么东西可吃，这家客店就提供什么。为了照顾我们，客店以及所在的村庄，几乎把最好的东西都提供给我们。而我们，也很愿意为此付出应有的费用。在店里，我们住了一个晚上，吃了一顿晚饭和一顿早餐。最后，我们算完账，手里还剩十二文钱。我们三个人的住宿饮食，总共花了不到九美分。

不过，话说回来，这家客店要那么多钱也就足够了，因为我们吃的东西不是很好，住的地方也很一般。我们的食物其实就是用盐和水煮成的爱尔兰式土豆，在当地，被人们称为地蛋。还有一种食物是荞麦粥，也是用水直接煮成的。我们睡觉的地方就是一个用砖支起来的土炕，上面有一张干净的席子。除此之外，什么被褥也没有，因为在中国，长途旅行的人都是自己带铺盖的。而我们的铺盖全都放在了骡子身上，到现在还不知道它们的去向呢。于是，我们只好把冰冷的鞋子当做枕头，也没有脱衣服，就直接躺下了。在这种土炕的另一端，人们会燃烧大量的煤。烟火进入土炕下面的通道，可以释放出一定的热量。就这样，我们睡在上面，倒是没有感到多冷和不方便。

上面所讲的三件事情，都是我亲身经历过的。这三件事情，发生在相距几百里远的不同地区。其中，有两件发生在地处交通要道的村落里。那里，每一个月都会有数以千计的人过往，并分别在那两家客店住宿。之所以列举上面的事实，主要是想说明：在中国，即便是那些经济条件稍微宽裕一些的家庭，日常生活也很节俭，因为吃的东西不是很充足。即便如此，他们还是那样过日子，一顿饭、一顿饭地将就着。一名普通的中国劳工，即使十分勤劳，也有养活不了全家的可能。而与他地位相差不大的一个美国人，却可以购买保险债券或者公债券，而这些开支最起码也得几千美元。

在中国，任何一个城市或者村镇，有一种景象特别常见。那就是，一个男子或者一名女子，神情严肃地走在大街上，一只手里拿着几只粗瓷的器具，另一只手里攥着三四文钱。他们这个样子，是去买一些家庭所需的柴米油盐。他们一般会这样支配花销：一文钱，买木炭；两文钱，买米或者面；再有一文钱，买青菜。当他们的经济状况稍微好一些的时候，也许会买点酱油或者食用油之类的东西。当然，这些花费不过一文钱而已。遇到特殊的情况，或者正值盛大的节日，他们会买一汤匙的水酒，在家里吃饭的时候喝下。而这也仅仅需要再多花一文钱。

对处于贫困状态下的中国人来说，与他们的饮食一样，他们的衣着也很简单、朴素。在夏天，他们的全部服饰有鞋子、袜子、单裤和棉布马褂或者大长褂。鞋子、袜子以及单裤，一般都是用棉布做成。但是，只要天气的温度允许，他们一般是不穿马褂或者长褂的。

在春季或者秋季，人们会在衣服里面加上一层衬里，以便让衣服厚一些。当然，这只限于那些虽然贫困，但多少还有些经济能力的人。到了冬季，只有气温下降到像纽约和费城那样冷时，他们才会穿上棉裤和棉袄。有些人甚至还穿上了羊皮袄，但是里面并没有夹衣。对于贫困的中国人来说，他们不知道什么是内衣，更别提穿内衣了。只要有一套衣服，他们就感到很欣慰了。不管是劳动的时候，还是睡觉的时候，他们都会穿着那一套衣服。在中国，有一部分穷人，他们能劳动，有稳定的收入，被称为“舒适的穷人”。像这样的人，只需要花费三美元就可以买一大堆衣服，足够他们穿一个夏季。而另外一些没有能力的穷人，他们身上的破衣烂衫，价值不过二十五或者三十美分。

在中国，凡是乞讨的人都有一个共同的特点：从来不会光着脚走路。对于一个乞丐来说，最为重要的家当是一只碗。有了这只碗，他们就可以用来接收人们的施舍。一般来说，这些施舍有食物和金钱。除此之外，乞丐还有一双鞋子。对于他们来说，鞋子远比饭碗更重要。一个乞丐，他可以没有饭碗，但绝对不能没有鞋子。在中国，我们从来没有发现一个赤脚走路的人。

中国的穷人，住的房子很差。它们一般是用土坯或者碎砖做成的。在房子的顶部，大部分覆盖草秸，再往上面敷一层泥灰，最后，在泥灰上面加一层草。有时候，他们也盖一些瓦片。通常，每一座房子都很低，不及一层楼高。就在这样的几间房子里，一般会住上五六口人。房间内的地板，有可能是砖块铺就的，也有可能是泥土地。人们从来不使用木板铺地。在窗户上，随便用纸张糊住即可。房间的门，可以自由地拉开或闭合，空气可以自由地流动，效果很好。整个房间内没有一处可供取暖的设施，因此也就不会有什么烟囱之类的建筑。不过，在土炕的底下，有一个烟道，做饭的时候，烟火可以从中通过。这样一来，便减少了热量的损失。不管是冬天，还是夏天，如果看到房内有烟火的话，那一定是人们在忙着烧火做饭。在家中，一张桌子，一两条凳子，偶尔也会有一个衣柜，便是所有的家具了。除此之外，家中还有一张供全家人睡觉的床。这张床其实就是用砖块砌成的土炕，上面铺着一张苇席。而在中国的南方地区，竹子或者价格便宜的木材，是人们做床的主要材料。

随便找出一个西方人，问问他们如果在上述条件下生活，是否会感受到生活的价值和意义。我想，他的答案一定是否定的。在这样的环境下生活，人们难免会变得自私自利。甚至，当他们面对另外一些人的遭遇时，会表现出极端的冷漠，以及对人性和责任的漠视。如果人们发生这样的变化，在我们看来，也是意料之中的事情。然而，我们必须实事求是地说一句，绝不像我们所想的那样。就像世界上的其他国家或地区一样，在中国，就每个人所拥有的财富而言，往往穷人比富人更加富有同情心，也更能仗义大方地帮助那些处于困境中的人。

在这里，关于中国穷人生活中各方面的美德，我们可以鸿篇巨制地畅论一番。中国穷人之所以能乐于助人，想别人之所想，急别人之所急，就是因为他们自身就处于极端贫困的境地。即便他们穷得叮当响，也不会放弃照顾老人或者身体病弱的人。还有一点，我们不容忽视。那就是，在那些贫民大众之中，历史上涌现了很多优秀的学者和杰出的政治家。在很大程度上，就是这样的一批人创造了中国的悠久历史和灿烂文化，从而使中国在世界民族之林始终屹立不倒。可以说，他们是真正的国家统治者。生活，是一幅又一幅美丽的画卷，其上的色彩炫目，让人看起来赏心悦目。在中国，即使在极端贫困的家庭中，我们也可以从中获得些许生活的真谛。

自从美国成立以来，有一个棘手的问题始终困扰着它。这个问题就是，我们一直在寻求一种方法，试图节约劳动力，或者发明一种器械，可以有效地减少劳动力。最近，我们就在尝试制造一种可以代替十个人每天劳动量的机器。竞争是存在的，只有那些适应竞争的人，才会生存下去。我们相信，人们在剧变的环境下会变得越来越聪明。因此，我们刚才提出来的想法，一定会变成现实的。在发明、制造机械以求更好地节省劳动力方面，美国人已经走在了世界的前列。与美国相反，中国却处于极端落后的地位。中国的劳动力，一直就有过剩的问题。这种现象可以追溯到美洲大陆被发现之前。换句话说，国内这么多的剩余人口，使用什么样的方法可以使得大部分人维持简单的生活，怎样才能将有限的劳动机会分配得更加均匀，甚至进行第二次分配。不难想象，面临此种难题，生活在中国的人们必然要变得更加勤俭节约。如果仅仅从大的方面来说，中国人确实没有多少创造性。关于这一点，也许是正确的。但是，从经济学的角度来看，中国人在这方面又的确做得很优秀。

在中国，你根本不会发现任何浪费的现象。哪怕是一点布条，也会被人们收集起来，用浆糊粘在一起，做鞋底用。对于一些小木板，尽管十分零碎，但是人们也可以将其用钉子连接起来，做成一个大的板子或者柱子。诸如此类的东西，可以被人们巧妙地利用起来。在北京，绝大部分的房屋是用碎瓦破砖建造起来的。这些建筑材料通常经历了几百年的历史，其中有些还会继续为人们服务几百年的时间。同样的情况也发生在北京。你会看到，人们使用废弃的牡蛎壳、罐头盒之类的东西，制造出一种灯具。这种灯具卖得很好，生意异常红火。在农村，田间地头和路边的杂草，都被妇女和孩子们收集起来，用来当做烧火的材料。玉米以及其他农作物的根，也被人们从地里弄出来。他们把根部的土敲打完之后，直接放在太阳底下晾晒。最后，那些晒干的根也可以当做燃料。

在我们看来，中国人在某些方面的做法，说的是节约，其实就是在浪费。就经济观点而言，他们的与我们的，一点也不相同。这是因为在中国，人们的劳动力是市场上最为廉价的商品，一点也不值钱。因此，人们只要能得到一份工作，不管工资怎么低廉，他们也是很乐意干那份活的。

在中国，处于穷困状况的人们，几乎每一个都要参加劳动，而且很少有休息的时候。然而，他们家中唯一一个可以闲着的，便是小孩了。当大人们在田地劳动的时候，他们会把小孩安置在地头。在那里，铺着一张垫子，孩子直接放在上面。之后，他安静地躺在那里，眼望着太阳，握紧小拳头，跟太阳玩耍。如果孩子很听话，就是对大人的最大帮助。在中国，采茶和摘桑叶，是妇女最为擅长的工作。每一天，她们起早贪黑地干活，所得的报酬不过一到三美分。在中国的北方，有个省区，那里的妇女专门编织草帽。她们的收入很低微，每天一个人最多可以得到两美分。我们头上戴的帽子，其实就是她们用草编织的。

在中国，政府没有下发任何救济或者帮助乞丐的条文或者规定。但是，作为一种行当，行乞已经逐渐成为一种合法化的职业，并且人们私下里也承认了它。因此，如果有一群乞丐，大约有五十到一百个左右，个个衣服破烂，身体病弱，臭气熏天，在一家商店或者官府门前围堵，那么，即便是警察看见了，也会熟视无睹的。这个时候，唯一的办法就是满足他们的要求，给点钱，将其打发走。也许，警察会说话。不过，他通常会说："不就是那么一点东西吗？他们要什么，就给什么吧。一旦你给了他们，马上就会散去。他们不会赖着不走的。"像这样的一种说法，其实也是有一定道理的。实际上，乞丐们每个人都有自己的活动范围，很少成群结伙地乞讨，甚至连两个人搭班子的情形都不多见。只有当他们遭到不公平的对待时，才会联合起来，一起行动。

对于乞丐来说，他们所要求的，仅仅是一两美分而已。这对其他人来说，一点也不过分。但是，你千万不能立刻就满足他的请求。一旦你这样做了，他会再一次找上你。因此，正确的做法应该是，你让他在那里多待一会儿。经过一段时间后，你再把钱给他。如果你不但不给钱，反而将其侮辱了一番，那么你便犯了一个错误。第二天，他还会找上你的门来，并且带着另外几个乞丐继续行讨。他带来的新伙伴，与他相比，衣衫更加破败不堪。如此一来，你花费的不仅是五十美分了。这一次，如果你再撵走他们，那么，很快将会有一大群的乞丐来到你的门前，将你的家门团团围住。这样一来，你花费的不是刚开始的一两美分，而是至少一百美元。

在中国的很多大城市，对于乞丐，商人和店家都要支付一定的补助金。至于给多少钱，可以与乞丐们进行商量。双方达成协议之后，商家和店家就会在自己的门上，画上一个神秘符号。这种符号只有乞丐的同行才能明白。它的含义是，只有专门负责收钱的乞丐才能来这里，其他的人一律不得来骚扰。当固定的日期到了后，那个负责人会收取这笔类似敲诈性质的钱，并做出一份收据。当然，那些不愿意与乞丐达成协议的商家和店家，一般也不会轻易撵走乞丐。这是因为根据以往的经验，他们深知其中的利害关系。

在北京，与其他东方城市相同，也有很多流浪的乞丐。那些人模样奇特，浑身脏乱。除了男性之外，还有一部分是妇女。而且，每个人的年龄也各不相同。对于他们而言，乞讨就是一种职业，是一件正儿八经的事情。他们这些人，从刚出生时开始，就接受行乞的思想。其中，有些人长大后，确实做得很出色。一名职业乞丐，与一名业余的行乞者，两者之间存在明显不同的地方。他们之间的区别，就像分辨一匹马和一头骡子那么简单。在这里，业余的行乞者是指那些突然遭遇不幸，而不得不到街上要饭的人们。

在北京，乞丐都有固定的组织。在这种组织内，通常会有两个管事的，一个是男性，一个是女性。这两位领导人的产生，是经过全体乞丐选举而来。所以，在整个大清帝国内，只有乞丐这一社会阶层才享有选举的权利。据说，对于丐帮的帮主，一般人是没有办法见到真人的。然而，有一次，我在北京却有幸见到了女帮主。并且，我们之间还进行了一次交谈。这位女帮主是个老太太，年纪大约六十五到七十岁之间，穿着整洁、得体。谁见到她，暗地里都会产生敬佩之情。

在北京城内，丐帮划分了很多小区域。每一个区域，都有专门的人负责。不管是谁，不能随意侵犯别人所在的区域。这样一来，丐帮的管理和运作就方便多了。然而，就像在其他的任何一个行业一样，丐帮中也有很多危害整个群体的人。无论是在乡村，还是在城市，有那么一群被称为“云游乞丐”的行乞者。他们不属于丐帮，没有固定的区域，也没有自我和他人权利的概念，到处乱窜。在他们看来，流落到哪里，就在哪里安身。在丐帮兄弟看来，那些云游乞丐没有固定的区域，更没有任何组织纪律。因此，他们一直对云游乞丐抱以厌恶和鄙视的态度。

在中国，乞丐有一项特殊的技能，就是可以装疯卖傻，或者佯装残疾。这样一来，他们就能最大限度地博得围观者的同情，从而获得人们的施舍。在北京，我经常被一位年轻的妇女跟随。这件事情干扰我很长时间，以至于每一次出门，就能遇到这位妇女跟过来。她一只手里领着一个孩子，另一只手里抱着一个孩子。那两个小孩子嘴里不停地嘟囔着：“先生，可怜可怜我们吧！给我们一点钱吧！”同时，那个年轻妇女也发出一种难听的声音，同时还用一只手比划着，意思是自己不能说话，也听不见声音。在我看来，那个年轻妇女其实没有什么毛病，耳朵和嘴巴也是正常的。我说不出为什么，就是凭个人的感觉。为了证明这一点，我采取了一个措施。

有一天，她领着一群人，在我的身后跟着，比平时更让人感到厌烦。他们不停地大呼小叫，我突然调转回头，对着那个年轻妇女说了一通难听的话。我知道，如果她能听见的话，一定会变得很愤怒。果不其然，她操着一口流利的汉语，对着我破口大骂。当周围的人看到这个场景时，很快就大声笑起来。那个年轻妇女意识到自己当场出丑后，很快就溜之大吉了。从此以后，每当我在路上遇见她的时候，她再也没有向我乞讨，并表现出一副很友善的样子。

在我的记忆中，北京有很多鱼龙混杂，样貌招人可怜，甚至惨不忍睹的乞丐。不过，曾经有一个乞丐，确实让我产生了同情之心。几个月之后，我心中的那份纠结才得到解决。当然，这种情况也是我平生的第一次。那是一个年迈的乞丐，虽然穿着几件衣服，但看上去很单薄。每天，他都会坐在大街上，在冷风中不断地颤抖着。还有，他的双脚已经溃烂、化脓，上面的皮和肉已经分不清。就这样，他把脚伸出来，放在地上，样子很凄惨，没有办法用语言形容，直叫人不忍心看。然而，有一天，我突然发现老人在路上走着。他从行乞的地方站起来，朝着家的方向飞快走去。看到这种景象，我很吃惊，决定追上去问个究竟。费了半天周折，我终于追上了老人。到了跟前，我发现，他那双不成样子的双脚早已不知去向。

“咦？”我和他一起走着，同时好奇地问，“您那双脚，真是太可怜了，难道还能用来走路？”

“哦，”老人回答说，“你说的那双脚，藏在我的怀里。我要是穿着它们走回家，一定会弄坏它们的。”

接着，老人没有任何犹豫，伸手向怀里一摸，掏出了一双袜子。那袜子用粗帆布做成，里面塞满了棉花，看起来很鼓囊。在袜子的表面，涂上一层颜色之后，就像一双人的脚。使用精湛的技艺，可以使这双脚变得肿胀，变形，血肉模糊，就连上面的指甲也是溃烂的。之前，我曾经亲眼见过那双脚，但是一点也分辨不出真假。

知道实情后，我当时很生气，对老人说道："我觉得，像您这么大岁数的人，居然还在行骗，难道不感到可耻吗？工作，也可以挣口饭吃。难道您是过于懒惰，而不愿意付出劳动吗？"

关于我的问题，这个骗子给出了一个直率的答案。他说："不，我有一份工作。原本，我是一个修鞋匠。对于这种骗人的把戏，我早就不想干了。由于我这双出名的脚，已经有很多人在关注我，并且看出了一些蛛丝马迹。而且，与以前相比，我现在能捞到的钱，越来越少了。每天坐在那里喊着'给我一点钱，可怜可怜我'，并不是一件轻松的事情。因此，我决定要重新修鞋去。"他说这番话的时候，显得十分光彩，好像近来的行为应该得到赞扬。

过了一两天，在我们领事馆大门的附近地区，他想摆设一个修鞋摊。很快，他的请求得到了我们的批准。从此，他在那里修鞋，一干就是十年。每天，他都会带着自己的工具和一条板凳，准时出现在那里。他去世后，他的儿子继承了他的家业。刚刚去世的那会儿，他的儿子来找我们，希望我们可以帮忙料理老人的后事。他儿子之所以有这样的请求，是因为老人生前与我们的关系很好，我们理所当然地应该做一些事情。

第十五章　货币及其经济制度

在中国，作为辅助货币，铜钱和纸币非常流行。就它们而言，一个货币单位就是一两纯银。在一些对外贸易比较发达的地区，墨西哥银元也是一种极为流行的货币。不过，像墨西哥银元这样的，都是按照重量计算价格。当它们从海外来到中国时，绝大部分都被扔进了熔炉。经过重新提炼后，它们才被铸造出来，然后再在市场上流通。在世界上，墨西哥银元是通用货币。这是因为不管是成色还是重量，它都堪称标准。不过，在中国，墨西哥银元却受到了冷遇。听起来，这件事有些荒唐，但背后确实存在着很多原因。

在中国，商人的眼睛是十分犀利的，尤其是当他们判断本国银两的成色时。与中国的银锭相比，墨西哥银元截然不同，因为它没有可供人们辨认的符号和条纹。虽然这并不能说明什么问题，但是疑心重重的中国商人总是相信，像墨西哥银元这样的货币，在国外一定是用一定比例的合金铸造而成的。所以，中国商人把墨西哥银元重新回炉，铸造成自己喜闻乐见的形式。这样一来，判断钱币的价值就变得轻松，因为只需要随便看一眼即可。在中国，政府接受、认可或支付的货币只有纯正的银锭。除此之外，再没有其他形式的货币。

最初，墨西哥和西班牙银元，是通过中国南方的港口城市流入。原本，这些银元的流通无非是想说明，当地的居民是可以信任和接受它们的。但是，事情的结果却不是那样。它们都被送进了熔炉，不管是先流入还是后流入。这种现象的发生，是有原因的。那就是，沿海地区的人们逐渐形成了一种习俗：作为一种定额兑换的信用标志，当地的钱庄或者银号，都会在钱币上刻写上自己商号的印记。很快，这种做法又被其他商号效仿。于是，一块银元上面，会有很多密密麻麻，杂乱无章的记号。结果，一块银元被人们搞的面目全非，几乎没有办法辨认出来。当这些银元没有办法辨认后，还能凭借自身的重量流通一阵。不过，它们最后还是没有办法逃脱重回熔炉的命运。

多年之前，有位在当时很有名气的美国女士来到中国的广东旅游，想用墨西哥银元在当地购物。于是，她拿出自己的信用卡，希望能在钱庄获得五百元的墨西哥银元。然而，钱庄的老板却建议她，不要带着现钱而是凭借一份购物证明买东西。买好东西后，她把所花的钱提交给钱庄老板，对方会在账户里扣除相应的额度。这位美国女士还是想自己带着钱买东西，便拒绝了钱庄老板的好意。无奈之下，钱庄老板拿出了美国女士想要的银元。当夫人看到银元从一个麻袋中倒出时，就好像看到了一堆破铜烂铁。接着，钱庄老板让夫人仔细核查一下她所需要的数目。在那堆银元中，没有一块可以称得上是完整的。这样，只能按照银元的实际重量来计算。后来听说，那是广东省最好的墨西哥银元了。

在中国，有一套通行的银子成色标准，是由清朝的中央政府颁布的。凡是符合这一标准的银子，统称为“库平银”。这种标准规定，银子的成色是百分之九十八。按照这一标准，政府收取一切进项，并同时支付一切开销。尽管如此，对于民间的交易活动，这条标准并没有约束力。关于每一两银子的实际重量和成色，政府也没有制定相关的任何法律。这就导致在银子重量和成色上出现了许多问题，并且一直没有形成统一的标准。在北京，人们逐渐形成了五种不同的银两标准，一定程度上，阻止了个人在银子重量上作弊。这五种标准分别是：海关银、政府的库平银、官银、商业银、二两银。海关银，主要用于海关进出口货物税的缴纳和征取，是五种标准中最重要的一种。这种银量标准产生于近代，但比清政府的“库平银”还要重，至今不明其因。二两银，按照其标准规定，一百两银子只有九十八两，也就是说，与实际重量相比，它少了百分之二。在所有标准中，这种是最轻的。

在中国，其他的城市或地区，与北京的银两标准截然不同。而且，它们彼此之间的标准也不一样。实际上，即使是同一个城市或者同一个地区，银两的重量和成色也是不同的。可以说，全国各地根本就没有一条统一的标准。很明显，这种情况极大地阻碍了商业贸易发展，并有可能导致其产生经济风波。对于各个城市不同的标准，银行和钱庄必须有明确的认识和把握。如果在两个城市之间，他们在商业上有往来，比如汇票业务或者现银交易等，一定要给自己准备一条后路。

在中国，已经有很多事实表明，人们的行为在很大程度上受制于习俗。双方在事前如果没有达成统一的协议，那么可以按照此类生意的惯例行事。也就是说，双方使用某种固定成色的银子作为相互支付的手段，已经成为商界一条不成文的规定。比如说，在北京租房，人们用成色最轻的银子进行交易；“市场银”或者“商业银”可以偿还赊欠商家或店家的债务。如果是其他的一些账目往来，人们必须找出更为重一些的银两标准来权衡。这种通行于商业贸易的标准是什么时候开始的，又是基于什么样的理由设立，对于这样的问题，你最好不要感到好奇，因为你是没有办法得到答案的。对于一种银两标准，一个人可以要求成色最重的。但是，当面临其中的道德律时，他不得不中止这一要求。这是因为每次遇到这样的情况，总会有人站出来劝说他，甚至与他争论。这样，他就会降低原来的要求，而屈从于他人的意见，并接受现有的银两标准。道德上有修养的人，往往深明大义；而那些心怀鬼胎的人，却只知道自己的利益。为了表明自己的立场，他最终接受了他人的建议。不然的话，他是不会白白浪费一番口舌的。有一句老话，是这么说的："勇于尝试，总不会全是有害的。"关于这一点，中国人深谙此道。

关于熔铸银锭的事情，政府向来袖手旁观，而由各个私人钱庄和商号自行处理。铸造出来的银锭，通常是椭圆形的，就像中国人所穿的鞋子。于是，外国人将其称之为"足银"。一般来说，每一个银锭是五十两。但偶尔也会有小一点的，每一个银锭大约有十两左右。在每一块银锭上面，有商号和特殊的标志。商号就是铸造者所在的商家，而特殊标志用来表示银锭的纯度。一般来说，这些标志是由久负盛名的商家做出的，很值得人们的信赖。前文中我们已经说过，中国商人只要看一眼银锭的铸造方式，就能很快地判断其成色和纯度。铸造银锭的模子，通常是用石棉做成。银子熔化以后，倒进铸模里，然后猛然摇晃一下。等到冷却之后，将其倒出来，就是银锭了。在银锭表层，我们会看到一些波纹，非常细小。在银锭的各个边缘和底部，还有一些小孔，就如针孔般大小。人们根据针眼和波纹就可以判断银锭的纯度是怎样的。一般来说，针眼越多，波纹越密集，证明银锭的品级就越好。在日常的生活中，这些银锭往往被人们切割成小碎块，以方便支付或者使用。

在中国，做生意之前，双方首先要明确使用哪一种成色的银两作为支付手段。不管这种生意是大还是小，人们先要搞清楚这一点。有一次，在中国的某个城市，一群暴民殴打了一位美国公民。最后事情的结果是，作为惩罚和补偿，暴民需要交给美国公民几百两银子。这项罚款交由我来向该城市的主管官员索要。当时，我们达成了一个协议，使用“库平银”进行支付。很快，那些银两送到了我住的地方。它们被分成了好多包，每一包上面都贴着封条。看起来，这些包裹弄得很整齐，每一包上面都标明，其中含有五十两银子。

我深知，与中国官员打交道，必须时刻小心谨慎。因为他们很少守诚信，总是喜欢做一些偷奸耍滑的事情。于是，我找来一杆秤，随便拆开一包银子，仔细地称起来。很快，我发现，这包银子只有四十七两，而且成色只能算是三等品，很差劲。我又打开了第二包、第三包，与第一包一样，也是同样的结果。我告诉送银子的差役们，要求他们将这些银子送回原主。同时，我很不客气地要他们带话给原主，希望他在一个小时之内用库平银支付，不然的话，我将取消之前的协议，并将这件事禀告给他在京的顶头上司。我的话被原封不动地带了回去。结果，在最短的时间内，对方将足够的银两送到我住的地方。这一次，银子的成色也很好，其质量甚至超过了协议中所规定的条件。

然而，事情并没有到此结束。就在那一天的下午，那位官员邀请我吃饭。刚一进门，他就冲我哈哈大笑，同时对我说：“今天早上，我先是用稍次的银子糊弄您。我想，作为一个外国人，您应该是不懂其中的奥秘。然而，我发现，我的判断错了。关于银两，看来您比我更加了解。”然后，这位官员有对我说，他其实预备了两份银两。一份是按照协议的要求来的，另一位就是第一次给我的那些银子。作为一个玩笑，他先将那份量轻质次的银子送到我那里。他的盘算是，如果我没有察觉，就没有什么事了。万一被我发现，他立刻将合格的银子送过去。

在中国，铸币是在铸模里做成的，而不是用机器制造或生产的。作为金钱，它们的使用历史可以追溯到远古时期的盘古开天辟地。据说，第一枚有记载的铸币，铸成于公元前 2300 年。那个时候，地球上正遭受洪涝灾害。以下是三种铸币，都流行于两千多年以前。那种最大且最长的铸币，叫做“刀币”，形状奇特，大约在公元前 221 年的时候开始流通。那时候，万里长城很有可能已经修建完毕。在大卫国王统治耶路撒冷前后，圆形钱币的铸造和使用就开始了。与当前流行的铜钱相比，它们的形状大体上相同。不过，唯一不同的地方在于，现在使用的铜钱上面铸有文字，且那文字是凸出来的。从这些文字可以看出，铜钱是在哪一个朝代，由哪一个皇帝负责铸造。按照中国人的话来说，这种钱币被称为“国家通用货币”。

在中国，收藏古币，是很多知识分子的爱好。一般来说，真正的古币，其价值是不菲的。有一些钱币，其自身的历史没有超过三四百年。像这样的钱币，是没有资格称作古币的。于是，我们经常会看到这样一些现象：那些没有资格成为古币的钱币，依然被穿在绳子上流通。如果你突然发现，在中国的小型交易市场上，人们使用一种在美洲大陆发现的铸币，那就更不用感到奇怪了。因为那种铸币被发现时，仅有三百多年的历史。

在中国，铸币的形状往往是一个圆板，材料是纯铜的。这个圆板的直径大约是四分之三英寸，中间部位是一个方形的孔。通过这个孔，人们可以把铸币串起来。每一枚铸币的重量，大约有几千毫克，与一两标准银的千分之一价值等同。铸造铜币的造币厂，遍布北京和全国各个省会城市。在造币厂的工作人员，不管是白天，还是黑夜，都必须停留在工厂区内。遇到有特殊情况的人，必须采取特殊的安全措施之后，他才能离开工厂区。在中国，伪造铜币和个人私自造钱，都是不被允许的。关于这一点，政府制定了严格的预防措施。政府规定，公家的铸币有一套严格的标准，即成色和重量以及实际价值是有明确规定的。如果私人仿造钱币的话，必须达到这一标准。这样一来，那些仿造或者假冒行为，就没有办法获取利润，或者说利润十分微小。可见，这条规定对于制止仿造铸币有很大的作用。

在以往的历史上，在控制货币并自由升值或者贬值方面，中国政府与西方政府的做法简直如出一辙。一句话，中国与西方都很有智慧，善于发明创造。早在几百年之前，中国就实行了一种称为“不兑现纸币”的政策。这种政策规定，国家可以没有限制地大规模发行纸币。1368 年，中国皇帝命令全国的臣民一律使用纸币。这种纸币与硬币具有相同的单位价值。与欧洲相比，中国的纸币发行历史早多了。从理论上来讲，通过使用专制手段推行的政令，应该可以彻底贯彻并实施下去。然而，事实上却不是那样。纸币的发行和流通，最终宣告失败。

今天，有这样一张残存的纸币，保存在大英博物馆里。虽然在那个年代，这张纸币不是很显眼，但是经过历史的变迁后，它现在却是无价之宝。在中国古老的历史上，已经尝试推行过纸币的发行。对于世界上其他国家或地区，正在推行的纸币政策来说，这已经不是什么首创了。每一次尝试，每一次新的办法，好像都没有取得彻底的成功。对于中国的历代统治者而言，强大的经济实力才是实行新政策的有力后盾。否则，人们是不会相信皇帝的任何诺言。在这个世界上，不管他是位高权重的皇帝，还是一般的老百姓，没有人可以强求别人接受高于市场价格的东西。关于这一点，中国历史上有很多事件，已经充分地证明和检验了。

在中国，像类似于上述的金融“实验”，国外的旅游观光者和从事这方面研究的学者，经常会遇到。在他们看来，这些现象很有意思，不过也让他们为手中的钱感到有些迷惑。今天，清朝政府的金融“实验”一直在进行着。这一点，从经常变化的铜钱与银子的比价，我们就可以清醒地看出这一点。前文我们已经提起过，一两标准银子的千分之一，就是每一枚铜钱的价值。在铸造铜币的时候，如果减少每一枚铜钱的实际重量，可想而知，它在流通的过程中一定会受到影响。今天，铜钱的价格又发生了改变，每一千八百枚铜钱，才能兑换一两银子。当然，每一天这个比价都在变动。在大城市里，以及商业贸易较为发达的地区，人们设有专门的商会。在那里，人们可以每天决定铜钱对银子的比价。

曾经，有一个皇帝，非常聪明。他大笔一挥，下了一道政令，在原先的基础上，将铜钱贬值一倍。也就是说，皇帝规定，以前一枚铜钱的价值，相当于现在的两文铜钱。对于这位高高在上的天子意志，国家的绝大部分地区顺从了。但是，有一些地区却不肯接受。他们认为，这是一种极为荒谬的做法。虽然绝大部分地区按照皇帝的做法行事，但是他们有自己的独特方式。而这种方式，是皇帝万万想不到的。根据这条规定，现在使用两倍于先前的铜钱，才能购买一两银子。如果有人不知道这一规定的话，那么，他在帝国各个地方游历时，不免会遇到一些事情。而这些事情，一定会让他感到很奇怪。

比如说，在一个村子里，兑换一两银子，他需要花费三千六百文铜钱；而在另外一个村子，仅仅相隔十二里路，兑换一两银子，却只需要花费一千八百文铜钱。更为奇怪的是，如果在这两个地方，他分别卖出一两银子，那么两处所得的铜钱是相等的。在上面所说的例子中，一个村子虽然接受了皇帝的贬值令，但是相应的，所有的物价也已增加了两倍。这样一来，所有的生意还是像以前那样，并没有受到实质性的影响。在另外一个村子，那里的人们更加理智。对于皇帝的政令，他们根本不予理会，而是按照自己认为对的方式去做。

在国家的银库紧缺的时候，另外一位皇帝想出了一个办法，决定下一道指令，用铸造出的铁钱来代替铜钱。皇帝的这种做法，实在不是高明之举。很快，满朝上下，所有的人一致反对。不管采用哪一种比价进行兑换，对于铁钱，人们无论如何也不能接受。如果把这些铜钱发给军队的士兵，他们马上就会将其扔掉。如果你想找一些这样的铁钱留作纪念，那么到北京城外，随便找一个地方，你都可以捡到一大堆。在人们看来，这些铁钱一点价值也没有。于是，人们早就将它们扔到野外，现在差不多快成古董了。

铜钱被铁钱所取代，这一政策在清朝帝国的实施，导致某些地区产生了一种奇怪的现象。这种现象表明，在中国，与皇帝的任何旨意相比，民众的意愿具有决定性的影响。可以说，民众的意愿是一部法律，在国家内部拥有最高的权威。同时，这种现象还说明，在中国人的性格里，不仅有包容忍耐的一面，还有勇于反抗和斗争的一面。因此，我们有必要对这种现象作一番必要的论述。

在一些地区，人们为了应对铁钱，开始使用不同数目的铜钱。这些数量不等的铜钱，被人们拿来当做一百文使用。曾经，我发现了如下情况：在一个镇上，人们把七十七文铜钱当做一百文用；在另一个镇上，人们把八十五文铜钱当做一百文用；而在第三个镇上，六十一文就是一百文的价值；第四个镇上，七十二文代表一百文。这些比价，看起来杂乱无章，让人摸不着头脑。实际上，这种现象很容易得到解释。这些地区根本对铁钱的发行不予理会。于是，地方政府便提出了一个建议，把铁钱与铜钱的比价调整为一比一。也就是说，一百文铸币中，有五十文铜钱，也有五十文铁钱。然而，这个建议也遭到了人们的拒绝。接着，就这一问题，当地老百姓与地方政府继续争论和交涉。最后，经过各自的让步和妥协，双方达成了一个意见。

由于铁钱作为流通货币这一政策的实施牵涉到了很多城镇，自然双方妥协达成的结果也不是唯一的。一个城镇统一将八十五文铜钱当做一百文用，另一个城镇却是七十七文，而第三个城镇则又是一个不同的比价，等等。这样一来，名义上的一百文钱与实际的钱数是有差距的。这种差距说明了各地人们对这项政策的屈从和对抗程度也是不同的。结果，全国的会计工作将变得比从前复杂，到处存在着一些理不清的头绪。比如说，有一种比价是七十七文铜钱兑换一百文铁钱。当我在实际操作中，使用这一比价的话，我就有可能得到很多这样的铁玩意儿。另一方面，当人们在实际购物的时候，所进行的交换价格，必须先按照实际钱数与名义上的一百文铁钱的比价推算出来。因此，一个人，如果他想买一百文的大米，那么他实际上得到的是七十七文铜钱所能买到的数量。

有个皇帝曾经下令，铸造一种大型的铜钱。他规定的比价是，普通铜钱十二枚相当于大型铜钱一枚。在时间上，这是距离现在最近的一次危害中国通货的行为。皇帝的意思是，想要大型铜钱参与到流通当中。然而，这种做法开始实行后不久，人们就发现，每一枚大型铜钱的实际价值，充其量相当于四枚普通的铜钱。因此，在全国范围内，这种大型铜钱根本没有办法流通。在京城，它也只能按照本身所具有的实际价值，在一定的时期内为人们所用。

每一枚铜钱的价值不大，因而在流通过程中，作为人们的支付手段，它使用起来很不方便。银子的价值虽然高些，但也面临使用不便的问题。面对这种情况，各个城市以及具有一定规模的乡村，逐渐开始使用纸币。在不同的地方，纸币的发行和流通也是不同的。它们往往带有鲜明的地方特色。这些纸币经由私人银号或者银铺发行，一般不需要经过中央政府的批准或认可。不管是铜钱也好，银子也罢，只要持有这些纸币的人有这方面的需要，就可以随时进行兑换。当然，发行纸币的银号，必须满足地方政府规定的条件。那就是，它们必须具有足够强大的经济实力。因为只有这样，才能保证纸币的信用安全。如果纸币没有办法兑换，出现了信用危机，那么发行该纸币的人就像是一个欠了巨额债务的破产者，最终会受到严厉的惩罚。正是有这条规定的存在，很少有纸币丧失信用的情况产生。

下面有一些事实，我们可以发现，在中国发行纸币十分有必要。在中国，有很多银锭，每一块可以达到四斤的重量。这样的一块银锭，大约相当于墨西哥银元七十块。而说到铜钱的使用，则更加不方便。这是因为仅仅在北京，一美元就可以兑换大约七百文的铜钱。而这每一枚铜钱的大小，与半张美元的面积差不多。

纸币的纸张材料既硬朗又结实。每一张纸币，在发行之前，会被铺在一个账本上。这个账本是作为存根用的。然后，发行者会在纸币与账本空白纸张的连接处，打上自己的商号或者银铺的标记。此外，在纸币和空白纸张上面，还要画上一些线条。这样一来，发行的纸币数量，与存根上做过记号的纸张页码数是相吻合的。这种方法虽然比较简陋和原始，但是有效地防止了纸币的伪造。

1883 年，在北京，有两家实力雄厚的钱铺先后破产，从而使得京城出现了一种奇特的金融现象，并直接引发了人们的恐慌。于是，许多银号和钱铺，虽然信誉十分良好，但是它们在人们用银子兑换纸币的时候，一律用铜钱支付给人们，而拒绝使用自己发行的纸币。不但如此，他们还向人们允诺，为了收回之前发行出去的纸币，它们情愿付出高于本金百分之十五的利息。他们的这种承诺，与他们发行纸币的时候，要求人们一年之内不得换回硬币的说法截然不同。像这样的现象，的确让人感到很奇怪。对此，没有一个人可以做出合理的解释。即使在朝廷主管财政的户部尚书，对这种现象也摸不着头脑。

这样的现象持续着。整整过去了两年，它还在延续。终于，政府再也没有办法容忍了。于是，经过仔细认真的讨论，朝廷决定给地方政府发一道政令，要求银号和钱铺在人们兑换钱币的时候，要将铜钱和纸币同等对待。并且，关于想要哪一种钱币，顾客有自由选择的权力。这道政令很快就发出去了，但结果，如同石沉大海，没有起到任何效应，就像以前政府颁布的任何有关金融的指令一样。可以说，不惜花费高于本金百分之十五的价格，用铜钱收回纸币，这种情况只有在中国购买东西的时候才会出现。

另外，全国各地分布有银号，它们专门经营汇兑业务。所有的汇款，经由这些银号，可以寄往全国各个不同的角落。

中国自古以来，就有这样一个理念："普天之下，莫非王土；率土之滨，莫非王臣。"因此，在整个大清帝国的疆域内，所有的不动产和动产，都归皇帝一个人管理。在整个国家，皇帝就是臣民的父亲，是全国这个大家庭的家长。对于他管理之下的任何事物，他都有权按照自己的喜好处治。一个人，对于自己来说，是不可能向自己借钱的。所以，从理论上来讲，中国政府是不会存在内债的，而且永远也不会。当国家出现一些特殊的紧急情况时，便会出现名目繁多的自愿捐献的名头。自然，这些名头会被强加给大臣和百姓的身上。在此过程中，朝廷还会赐予某些人一定的名誉称号，以表彰他们的积极捐款和慷慨雅量。

在中国，每一个人还得上交人头税。虽然从名义上来说，人头税比较轻，但是这种税款由于比较固定，不受任何外在的因素影响，因而对于老百姓而言，也是一笔不小的负担。政府垄断了盐业，仅就这一项收入，每年就可以聚拢好多钱财。在国家所有的收入当中，土地税是最为丰厚的一项。每一亩土地，要征收大约二十五美分的土地税。每一年，政府的收入可以超过一亿五千万美元。此外，还有很多税种，多得就像牛毛一样。在这里，我们没必要再进行全面而又详细的描述，就可以知道：尽管从法律的角度来看，这些税收不会给人们造成多大的沉重负担，但是这种税收制度波及的范围广，十分全面，几乎没有任何一个人可以逃掉皇粮和国税，即便是那些远在天涯海角的人。由此可见，这个国家中的每一个人，都要为国家的存在而付出自己的辛劳。

关于每一年朝廷的总收入，要想准确地予以判断，并给出一个具体的数字，对我们来说，是没有办法做到的。就算是中国人，不管是在朝廷内部，还是在朝廷之外，没有人可以给出一个准确的估计。对于国家而言，每年的收入是一个巨大的数字。但是，关于这个数字，究竟是多少，却没有人能够给出答案。这一问题之所以这么费劲，没有办法弄出个究竟，是因为国家征收税款的手段、措施，中央政府与地方政府各自承担的比例，以及收税人各种合法和违法的侵占等因素所致。加之，还有一些不确定的因素，算起来可以达到十几种，从而使这一问题根本无法得到解决。

在中国，还有许多税收，是实物形式的，比如大米。在某一些省区，每一年都要将生产的大米运往北京。在那里，这些大米将作为皇粮储藏起来。同时，在北京城及其附近的八旗军队，也依靠这部分粮食生活。作为内陆水系，大运河是一个浩大的工程。开凿大运河，主要是为了将南方的大米运到北方。大运河从杭州起，北上一直到达北京，全长约七百英里。它的开凿从七世纪开始，一直到十四世纪才算完工。在此过程中，人们充分利用天然的河流，因此，整个运河自然包含了许多天然水系。大运河的开凿，是一项耗费时间、人力和财力的工程。与万里长城相比，大运河没有太大的名气，却有着更为实用的价值。现在，由于年代久远，大运河的某些地方已经没有办法修理。

即便如此，它仍然发挥着巨大的作用。作为一条重要的水上交通要道，每年大量的粮食，都要通过它运送到北京。

与盛产大米的省份一样，出产丝绸的地区为了完税，必须向中央政府上交一定的生丝或者丝绸制品。北方边远的蒙古地区，要上交马匹税。一般来说，清朝的士兵会使用这些马匹。当然，马匹不仅限于军事用途，还会用在其他方面。而产茶叶的地区，则要上交茶叶税。

在中国，汇票是绝大部分税收的形式。它们会被寄送到北京。但是，也有一些散装的银子会运往北京。当然，这只是极少数的省份或地区才这么做的。一般来说，这种散装的银子，装运的方式十分原始、特别。有时候，我们会看到这样的景象：有一列长长的车队，向着北京城慢慢地行进。那队人马，长途跋涉，历经无数坎坷，早已人困马乏。一面三角形的黄色小旗，插在每一辆车子上。那面黄色的旗子，表明车上的东西都是给皇家的。除了旗子之外，每一辆车还有一个士兵把守。远远看去，每一辆车子好像装的都是圆木，一根根又粗又大的圆木。每一根"圆木"上，都缠绕着一圈又一圈的铁箍。此外，每一根"圆木"上贴着封条。那封条上面，写着签名。事实上，每一根"圆木"分为两部分。上面那部分是空的，大概有几英寸的深度。就在这部分空间里面，装满了银锭，每一块银锭大约为五十两。这些银锭就是通过上述方式，运送到北京的。经过长途跋涉之后，它们最终停留在皇家银库里。

在中国，财政金融制度从来都不是严密、完整的。现在清朝政府所制定的金融制度，存在着严重的漏洞。这一点，已经导致险象环生。就拿政府的税收来说吧，到处都存在着缺陷。在中国，任何一项税收得到的税款，并不是完全按照法律的规定征取的。关于这一点，我们完全可以肯定。纳税人总是上缴超过自己理应缴纳的那一部分。然而，多余的税款并没有进入国库，而是落到了官员的口袋里。至于皇帝，多余的那部分税款，他一文钱也得不到。政府官员对于老百姓，免不了要做一番徇私舞弊的行为。他们通常会敲诈老百姓，甚至明目张胆地进行巧取豪夺。每一年，政府会出台各种名目，比如举办一些公益事业，修建一些公共工程等。通过这样的方式，老百姓手中的钱或者财物被征收。如果我们认真比较一下，你会发现，在公共事业和公共工程上花费的钱财，远远低于同一时期为此目的而征收的财物数额。这两者之间的实际差额，会让每一个看到这一结果的人，惊讶得瞠目结舌。

但是，从某种角度来讲，清朝政府已经发现了金融制度的漏洞，并急切希望改革。比如说，为了保护自身以及子孙的利益，也为了消除各种徇私舞弊的社会现象，他们一再表示，一定要建立一套货币制度。这样的制度要比从前的更加严密、准确。金融制度的改革，使得很多官员没有办法继续盘剥老百姓，也没有机会贪赃枉法。因此，对于这种突如其来的改革，各级官员几乎无一例外地表示反对。在他们看来，这无疑侵犯了他们的利益。

1877 年，各个国家的驻华大使齐聚北京，在那里起草了一份关于金融制度改革的备忘录。人们用极其认真的态度完成了这份备忘录。它不仅在文字上处理得很好，而且内容全面，证据确凿。清政府的内阁成员看完后，认为那些内容属实，具有很强的说服力。因此，他们一致表示，愿意接受其中的建议，并力求用最快的速度实行改革。然而，当他们很快给我们答复时又说，各级地方官员的意见，在处理全国各阶层的重大事务时，起着十分重要的作用。因此，政府一定要听取这些意见，而这已经成为清朝的一种惯例。同时，他们满口答应，等地方各级官员的意见全部收齐之后，一定将其意见和看法如实反馈给各国领事馆。后来，正如他们所说，地方官员的书面意见转交给了我们。结果，所有的意见都是一样的，没有一个不对任何形式的改革，怀有强烈的敌意和反对意见。

对中国的未来，有一部分人充满了信心和希望。对于中国的发展，他们时刻关注着，并且急切盼望能在金融制度等方面，实行彻底的改革，清除掉其中不合理的地方。他们之所以有这样的认识，是因为他们意识到，对于中国来说，不管是国民素质的提高，人民生活的改善，还是国家综合实力的增强，推行改革，革新变旧，不仅必不可少，而且至关重要。

图书在版编目（CIP）数据

本色中国人 ／（美）何天爵（Chester Holcombe）著；冯岩译．—南京：译林出版社，2016.12
（西方视野里的中国）
书名原文：The Real Chinaman
ISBN 978-7-5447-6606-7

Ⅰ.①本… Ⅱ.①何… ②冯… Ⅲ.①民族精神－研究－中国②民族心理－研究－中国 Ⅳ.①C955.2

中国版本图书馆CIP数据核字（2016）第221130号

书　　名　本色中国人
作　　者　〔美国〕何天爵
译　　者　冯　岩
责任编辑　王兰英
特约编辑　苑浩泰
出版发行　凤凰出版传媒股份有限公司
　　　　　　译林出版社
出版社地址　南京市湖南路1号A楼，邮编：210009
电子信箱　yilin@yilin.com
出版社网址　http://www.yilin.com
印　　刷　三河市中晟雅豪印务有限公司
开　　本　640×960毫米　1/16
印　　张　16.5
字　　数　200千字
版　　次　2016年12月第1版　2024年9月第6次印刷
书　　号　ISBN 978-7-5447-6606-7
定　　价　36.00元